价值投资丛书

# 股市稳赚之道

## 证券投资20年感悟

孙 军 赵金红◎著

MUST BE A WAY TO
MAKE MONEY FROM
STOCK MARKET

经济管理出版社
ECONOMY & MANAGEMENT PUBLISHING HOUSE

**图书在版编目（CIP）数据**

股市稳赚之道：证券投资 20 年感悟/孙军，赵金红著 . —北京：经济管理出版社，2019.4
ISBN 978-7-5096-6407-0

Ⅰ . ①股… Ⅱ . ①孙… ②赵… Ⅲ . ①投资经济学 Ⅳ . ①F830.59

中国版本图书馆 CIP 数据核字（2019）第 032033 号


组稿编辑：王光艳
责任编辑：李红贤
责任印制：黄章平
责任校对：王淑卿


出版发行：经济管理出版社
　　　　　（北京市海淀区北蜂窝 8 号中雅大厦 A 座 11 层　100038）
网　　址：www. E-mp. com. cn
电　　话：（010）51915602
印　　刷：北京晨旭印刷厂
经　　销：新华书店
开　　本：720mm×1000mm/16
印　　张：18
字　　数：343 千字
版　　次：2019 年 9 月第 1 版　　2019 年 9 月第 1 次印刷
书　　号：ISBN 978-7-5096-6407-0
定　　价：68.00 元

# 序　言

目前流行的观点认为，金融市场是现代市场经济的核心，而证券市场又是金融市场的核心，可见证券市场对宏观经济发展的重要意义。

当今世界经济毋庸置疑，证券市场对宏观经济形成了巨大影响，而且经济越发展其影响也越大。几乎可以肯定，现代经济趋势的形成或危机的出现，无一不是首先在证券市场上提前表现出来。亦表明，证券市场的波动十分密切地影响着实体经济的波动，进而深刻影响整个宏观经济的波动，甚至世界经济的波动。当然，这种影响是深刻的、复杂的，并不总是表现为一种十分清晰而直接的关系，而往往是一种整体的、混沌的、结构性的极为深刻的关系。证券市场，除了它一般所说的融资基本功能外，它的发现整个宏观经济新的投资方向、新的科技发展方向、新的商业和管理模式、潜力巨大的优秀公司等方面的功能，都是其所谓重要意义的具体注解。显然，这些具体注解基本上囊括了现代经济发展中最为重要、复杂的问题之一———解决经济发展效率问题。也许这就是其"重要意义"的一方面解释。

而"重要意义"的另一方面解释，则表现为，为了体现和适应证券市场对现代经济的重要作用，大量最为优秀的市场经济人才也集中于金融市场和证券市场。这些优秀人才的基本任务是，去解决提前认识、发现、尝试等种种极为复杂的、最为重要的宏观经济发展趋势和科学技术发展趋势问题。所以，金融市场、证券市场是真正的人才竞争的市场，是大量优秀复合型人才竞争的市场。其实，无论是企业人才、政府部门人才，还是金融市场和证券市场人才，都必须提前去预测、判断宏观经济发展趋势的重大问题，而金融市场和证券市场正是提前预测和反映宏观经济发展趋势最重要的地方。

如果我们这样来认识和理解证券市场的重要意义，也就必然会认识到证券市场问题的极其复杂性，会认识到掌握分析证券市场知识的思想性、理论性的艰难性。就我不太成熟的认识来看，任何知识体系的认识层次，由低到高大致可分为三个层次，一是专业知识层次，二是专业知识的方法论层次，三是哲学、历史思想层次，依次上升、依次提升难度显著加大（也许更全面地说，在哲学、历史层次上还有一个更高的类似于宗教思想或文化的层次）。就我的认识而言，专业知识层次，甚至方法论层次，能够达到的人还是不少的，但是要达到哲学、历史和宗教思想层次就非常困难了，也许不具有一定天赋的人无论如何是难以达到的。因此，如果仅仅用经济、金融、证券知识去分析和把握证券市场的走向，去分析和把握宏观经济发展的趋势是远远不够的，其结果往往是滞后现实证券市场和宏观经济发展趋势的，能够达到同步就非常不错了。证券市场上就有流行语："股市无专家""功夫在市场之外"等说法就非常深刻地说明了这个问题。证券市场中似乎还流行着一个规律：长期来看十个人做股票，一个人赚，两个人平，七个人亏。在大量人才集中的证券市场仍然出现这样的现象，也说明了这个问题吧。

值得着重指出的是，既然哲学、宗教、文化等处于人的认识的最高处，那么，它们的核心和意义是什么呢？就我的不成熟认识而言，我认为哲学、历史和宗教思想或文化的核心和意义是直指人心、人性问题的，也就是说，一切人类问题的终极核心问题最终都是指向人心、人性的问题。例如，著名英国哲学家大卫·休谟（David Hume）在其名著《人性论》引论中就说到："显然，一切科学对于人性总是或多或少地有些关系，任何科学不论似乎与人性离得多远，它们总是会通过这样或那样的途径回到人性。"因此，人们要最终认识科学及任何问题，就必须"直捣这些科学的首都或心脏，即人性本身"。他进一步说到："任何重要问题的解决关键，无不包括在关于人的科学中间；在我们没有熟悉这个科学之前，任何问题都不能得到确实的解决。因此，在试图说明人性的原理的时候，我们实际上就是在提出一个建立在几乎是全新的基础上的完整的科学体系，而这个基础也正是一切科学唯一稳固的基础。"由此他的结论是："关于人的科学是其他科学的唯一牢固的基础。"[1] 还有，我国著名国学家梁漱溟的最后一本著作的书名就是《人心与人生》，似乎也说明了这个问题的重要性吧。按照我自己的理

---

① 休谟：《人性论》，商务印书馆 1980 版，第 6-8 页。

解，人心、人性的问题在社会科学中，特别是在金融证券市场上更是表现得淋漓尽致，不真正解决这个深刻的问题，要解决经济、金融、证券认识的高层次问题，几乎是不可能的。也许还可以这样说，所有经济、金融、证券等知识只能是人心、人性问题所包含问题集下面的一个小小子集的问题而已。

当然，要认识哲学、宗教文化的意义和作用，进而认识人心、人性问题的意义和作用是非常不容易的。一个人也不是只有努力研究、学习就能够真正解决这个问题的，也许没有一定的天赋、持续不懈的思考能力和努力，仍然是难以达到的。同时需要注意的是，每个人对人心、人性问题的深刻认识往往不一样是非常正常的，也许对这个问题的认识没有对错之分，只有高低之分，没有统一的答案，只有因人而异的答案。只要达到较高境界的是好的认识，都是能够解决许多深刻、复杂问题的认识。也许能够真正解决每个人对人心、人性深刻问题的认识，才是每个人最终或终生要解决的终极问题，只有自己的认识，并且只有适合自己的认识才是最好的。因此，这个问题最终也只能依靠每个人自己独立地去解决，不存在任何模仿方式，也不存在唯一正确的答案。

如果把这样的认识放在证券市场上来看，则表明比赚钱更难的是解决你对人心、人性的认识问题，这种认识将深刻影响你的市场操作、持久心态，最终将深刻影响你的证券操作的长期的、整体性的效果（不仅仅是赚钱的效果，更包含你身心的效果。例如，有的人赚钱了，但是身心却垮了、扭曲了）。如何在现实中体现或衡量你对人心、人性问题认识的高度和重要性呢？也许在现实中，当证券市场出现巨大波动、同时你的账户金额出现巨大波动时，你的心态的波动幅度，你的饮食起居如常的程度（当然，这个程度也许只有你自己清楚吧，是难以量化的），就是衡量你具有人心、人性境界高低的直观标准吧。有一定经验的投资者稍稍想想，就应该知道，著名投资家巴菲特是解决了这个问题的，因为对一个习惯于长期价值的投资者来说，解决长期心理、情绪的波动问题是一个极为重要的核心问题，大部分人是非常难以解决这个问题的。总之，如果你较好地解决了自己的人心、人性问题，那么从长期来看，你的心态就会总是清澈如镜、心如止水，头脑始终清晰，眼光长远而不移，无坚不摧。就如中国文化传统所强调的那样，如"上善若水""宁静致远""无为而治""清静无为""无为无不为"。《大学》上说"知止而后有定，定而后能静，静而后能安，安而后能虑，虑而后能得"，在对人心、人性的认识上，中国悠久、博大精深的传统文化形成了极为深厚的积淀，值得我们长期好好去学习和理解。

孙军同志是我的学生，在学校学习期间就开始对金融投资方面的问题感兴趣，他的硕士论文、博士论文都是研究投资问题的，在理论上奠定了较好的基础。他在实践中坚持边工作、学习，边进行证券投资的实践，持续已达二十年之久，实属难能可贵。此书是他总结自己二十多年来学习、思考、实践的大量积累和收获，可以看出他在证券投资方面所下的长期功夫和用心，也表明他在证券投资的思想、理论、实践方面取得的明显进步，是值得肯定的。学海无涯，学无止境，希望孙军同志在今后的学习实践中取得越来越多的进步。

陈璋

2019 年春

# 前　言

　　时光荏苒，买第一只股票到现在快二十年了。我的人生如同投资，经常处在不确定性和变化中，学业跨了三个学科：工学学士、管理硕士和经济学博士。工作也发生了很大变化：事业单位和企业的工程师、行政部门的公务员、国有企业高管。但在学习、工作中有两个始终不变：一直与企业打交道，一直关注证券投资。二十年的证券投资也经历了几个阶段：第一阶段，懵懵懂懂入市，道听途说，毫无章法，误打误撞，输多赢少。第二阶段，主动学习，刻意模仿，形似而神不似，有输有赢。第三阶段，知识经验不断积累，形成自己的思路、逻辑，并得以验证，输少赢多。最近一段时期，集中阅读了近百本经济类书籍，特别是经典的投资著作，对之前的投资认真梳理、思考，颇有心得体会，写下来，以便和家人、朋友交流，越写越多，就有了成书的想法。最后看到代表多年经验、思考结晶的文字即将示人，真有几分不舍。作为价值投资者，有一份责任传播价值投资理论，让更多人汲取经验，少走弯路，也是莫大的欣慰。

　　投资理论与证券市场相伴而生，一类是关注市场趋势择时交易的趋势理论，另一类是关注公司基本面的投资理论。1948 年格雷厄姆出版了《聪明的投资者》，成为价值投资理论的奠基之作，系统阐述了价值投资的原理、方法。大批投资者将价值投资理论应用于实践，取得了骄人的投资业绩，最杰出的当是投资大师巴菲特，取得了年均大于 20% 的投资收益，备受人们的推崇。

　　价值投资理论主张对企业进行分析，评估其价值，对比价值与股票价格，在有一定安全边际时购买公司股票。价值投资从"道"的层面来看很容易理解。但投资决策时总要面对企业、市场、人三个维度，从哲学和心理学等角度探究，人参与的市场是非理性的，企业的未来生产经营是不确定的，人对企业和证券市场的认识受到认知能力、心理情感等的局限。投资者要拨云见日取得成功，就要有一双慧眼看清企业价值之源，用心中的标尺丈量出企业的价值，按照一定的安全边际购买低估的股票，这是认知方面的要求，与智商相关。另外，投资者要克服贪婪和恐惧，具有足够的耐心和坚持，在市场波动中做好自我控制，这是性格和心理的要求，与情商相关。

在"术"的层面，主要包含价值投资的选择品种、投资策略、投资案例。但这个层面更多地带有个人操作风格和操作经验，涉及的公司个案常常是个人的理解、认识。本书关于具体操作的内容主要是帮助读者更好地理解价值投资理论，并在证券市场中能灵活应用，形成自己的操作特色，千万不能刻意去模仿，否则会误入歧途。

本书的创新之处是，从哲学、心理学等层面对价值投资进行深入探究，将证伪主义哲学应用到投资实践之中。

投资理论指导具体实践，投资融理论与实践为一体。但沟通投资理论与实践之间桥梁的是人和人的信念。将对价值投资理论的学习、理解，提升到信念、信仰的高度，理论才能具有力量，指导成功投资。

本书主要内容：第一章介绍价值投资理论、原则，从哲学方面探究价值投资的渊源。第二章介绍企业内在价值评估，就是用你心中的标尺去测量企业的价值。第三章从商业模式、竞争力、行业、财务、管理等多角度分析企业，寻找企业价值之源。第四章理解、把握证券市场的脉搏，了解市场的一些规律。第五章介绍如何从知识、思维、能力等方面使自己成为一个合格的投资者。第六章介绍具体的投资方法、步骤以及投资品种、投资策略，找到适合自己的策略。第七章通过投资案例来更好地理解价值投资理论，列举5组案例，涉及的企业是作者投资过的或者是长期关注的，并附有当时的投资日志。第八章是关于投资、金融、宏观经济的一些零星感悟，包括价值投资经典著作的读书笔记。前三章偏于理论，后面的章节有较多的实例。理论部分不少是笔者对投资的理解和对个人投资实践的抽象，读起来可能会略显生涩和枯燥，读者可以结合有关实例进一步理解，也可以直接从第四章开始阅读。

本书不是证券知识的入门普及书，要求读者有一定的证券知识和证券市场投资经验，主要目标是帮助读者从理论和实践上更好地理解价值投资。投资需要你逆大众而行，茅塞顿开需要你静心思考。本书是我二十年投资的感悟，也是我远离喧嚣独立思考的结果。在碎片化、快餐式信息充斥的时代，也希望读者能细心阅读，一定会有所得。

理论永无止境，实践丰富多彩，价值投资永远在路上，希望与更多志同道合者一同前进！

# 目　录

# 第一章　价值投资理论

天地之道，博也，厚也，高也，明也，悠也，久也。

——《中庸》

## 第一节　与投资有关的哲学知识

哲学是智慧之学，传统的定义：哲学是系统的世界观、价值观、方法论。胡适讲，凡研究人生的切要问题，从根本上着想，要寻一个根本的解决，这种学问，叫作哲学。梁漱溟老先生在《东西文化及其哲学》一书中的叙述更准确："思想就是知识的进一步——就是从已有的知识，发生添出来的意思。所以思想的范围很广，诸如哲学、宗教等等都包括在内。所谓哲学就是有系统的思想，首尾衔贯成一家言的……"他认为哲学包括形而上学、认识论（知识之部）、人生哲学（人生之部）。我们从中知道哲学就是研究世界本原、人对世界的认识、人类自身的综合学科。哲学便于我们看清世界和我们自己。投资者不一定是学哲学出身的，但有很多学哲学的人成为了投资大师，信奉波普尔证伪主义哲学的索罗斯、信奉实用主义哲学的莱格梅森价值基金的掌舵人比尔·米勒，都取得了巨大的成功。

### 一、认识论告诉我们人类认知局限

人们如何了解客观世界形成知识，哪些知识真实可信，类似问题在哲学上又称作认识论，无数哲学家们在主观怎么才能真实反映客观世界上花费了大量的工夫，也很难有一个令人满意的答案。这些哲学家被分为几类：精神世界是人脑（物质）生理活动的结果，强调物质为世界本原的一元论叫作唯物主义；"吾心即世界""我思故我在"等强调主观意识的决定作用被称为唯心主义；还有一类认为主观（心灵）为一元，客观（外界）为一元，两个元相互独立、平等，虽然相互影响，但谁也不能完全决定另一个，这叫两元论。这三类论点延续到今天仍然各自产生着巨大的影响。主观指的是人的意识、认识，客观是主观以外的外部世界。主观与意识、社会意识相联系，客观与物质、社会存在相联系。我们从小知道物质决定意识，意识是物质的反映，意识对物质具有反作用。哲学的基本问题是物质与意识的关系问题，是区分唯物主义与唯心主义的标准。但哲学范畴中主观和客观并非如此简单，非白即黑，这包含着博大精深的内容。主观对客观的认识常常是不全面的，常是有偏差的甚至是错误的，需要不断证伪、修正。人的认识过程和人的大脑工作原理相关，但大脑工作机理是待解之谜。人在艺术创作中，常是胸中有丘壑，就是先有构思，然后去创作，"文章本天成"。在科学发现、认识物质的过程中，也常有假想，然后证实、证伪，最终可能成为科学理论。有人可能认为，理论是从客观、社会存在推导而来，苹果落下来砸在牛顿身上，牛顿发现了万有引力定律。但苹果砸在其他人身上怎么就没有发现万有引力定律，说明科学的发现与人、人的意识包括原来假想有关。物质决定意识，意识是物质的反映，但是反映过程很复杂。哲学家康德认为，人类所感受的世界都是经过人类心灵中某个特殊的机制加工处理过的，不是心灵去感受经验，而是心灵加工经验，心灵生产了经验。价值投资者对公司内在价值的认识、评估就是主观认识客观，但真正掌握、完全准确测算内在价值是不可能的，这是人的认知能力局限、未来不确定性因素共同作用的结果。

唯物主义主张物质决定意识，客观决定主观。若走向极端，就会变成唯生产论、唯技术论、历史决定论。过分强调主观和意识的反作用，就变成了主观主义、冒进主义。在人类发展中，过分强调物质，就变成了物本主义、消费主义，片面追求经济发展、唯 GDP 论，忽视了人这个主体。这些年我们强调物质需求，同时关注人对文化、环境、安全等精神方面的需求，体现了以人为本的发展理念，同时满足人的精神需求也为发展拓展了更广阔的空间。

证券投资涉及人的认识、市场、公司和经济的基本面三个方面，三者是动态的、变化的，并在动态中互相影响。通常认为，基本面被人们认识，又反映到市场价格上，是一种单向关系。其实人对基本面和市场的认识并不全面，人的情绪等非理性因素也会影响人的认识，进而影响金融市场，金融市场进而影响基本面。人们认识、知识、信息的不同，才导致交易，形成市场价格。

证券市场同其他社会活动一样是人参与的，人的情绪、心理对市场有很大影响，证券市场变得更复杂，主观很难真正认识、了解、把握证券市场。人们总是寻找证券市场的某些规律，不少人偶然利用某些方法、某些指标，操作几次稍有斩获，就认为看透了市场、发现了绝招。其实这些理论、操作方法只是偶然巧合、运气使然。这些操作方法可能因为不同的市场环境、不同的时间段、不同的使用者等"疗效大相径庭"。另外，各种经济活动中的主观预期、行为会对经济活动产生影响，你的绝招本身大量被运用，也会对证券市场产生影响，使绝招失灵。市场上出现的涨停敢死队、追涨杀跌等短线技巧，经常出现见光死，这也说明人与市场之间的复杂关系，也是主观与客观关系的复杂性、认识的复杂性。不同的认识论产生了多种流派的证券市场理论和各种操作方法，让人眼花缭乱。投资者要取得成功，首先要有一定的投资理论做支撑，也可以说有一定章法，另外要敬畏市场，在市场中灵活运用自己的理论方法。

## 二、辩证法提醒凡事要反过来想想

黑格尔是唯心主义哲学家，但却是辩证法的集大成者。马克思在吸收黑格尔辩证法的基础上形成辩证唯物主义。辩证法强调联系、发展、变化，认为矛盾即对立统一的矛盾无处不在，是事物的基本特征，也是事物发展的推动力。矛盾双方互相依存、互相影响、互相转化。美和丑是一对矛盾，没有美就没有丑，两者谁也离不开谁。同样生活中的苦与乐是一对矛盾、善与恶是一对矛盾。在股市中涨跌是一对矛盾，这对矛盾构成了证券市场的运行规律。生产力与生产关系的矛盾是人类社会发展中存在的一对基本矛盾，正是由于这对矛盾的作用推动了人类社会的发展。我国传统的阴阳说，古代人认为阴阳无处不在，凡事有阴就有阳，阴阳不是你死我活的关系，而是既有冲突也可和谐相处，就像阴阳鱼，阴阳鱼你中有我，我中有你，是互相冲突又互相依存的动态关系，阴阳也是一对辩证关系。中国的道家思想深含辩证的智慧"大白若辱，大方无隅，大器晚成，大音希声，大象无形，道德无名"。诸葛亮讲，大事起于难，小事起于易，欲思其利，必虑其害，欲思其成，必虑其败，这也体现了矛盾的转化。

辩证法强调一分为二，合二为一，物极必反。当我们看到一个现象时，只孤立地看这个现象，那样的层次是比较低的。假如我们找到这个现象的反题，再把正题和反题合在一起，分析正题与反题的对立统一关系，从而观察它们的合题，我们认识事物的能力就能提高一个层次了。国民党统治者镇压革命者是正题，我们会觉得统治者的势力强大很恐怖。可如果我们通过正题去找反题，统治者穷凶极恶，其实是因为反对统治的革命力量也很强大，统治者害怕了。我们把正题与反题结合起来，就可以得出合题：真相是反动势力空前软弱，有灭亡危险。正如查理·芒格所讲，凡事要反过来想想。在证券投资中，市场指数的涨跌、多空，各板块的冷热转化，我们要辩证地去观察。在市场上涨中，多方占优势，大家看好买入，随着价格上涨，看多的人开始变化，空方变强，市场下跌。辩证观点同样有利于我们观察企业的基本面，分析公司大小、强弱的转化，企业的产品具有生命周期，行业也发生盛极而衰、衰极而盛的周期性变化。企业在有利经济条件下的行为造成以后更为不利的因素，2007 年原材料价格疯狂上涨，中国很多相关企业盈利水平提高，企业纷纷进行大规模扩张，引起日后产能过剩，整个行业亏损。当时钢铁企业在国内布局新产能同时到国外购买铁矿。能源企业去国外购买煤矿、购买铁矿。后来证明，在行业高点购买的这些矿产成为了巨大的负担，有的开采成本高、有的没配套无法开采。2009 年国内投资拉动给钢铁、石油、煤炭等行业带来了有利的经济条件，当年的有利因素导致 2014 年、2015 年这些行业由于产能过剩出现整个行业大面积亏损，出现更为不利的局面。证券市场在有利条件下，很多看多者杠杆买入，使大盘快速大涨。当市场趋势改变时，大量的杠杆被迫平仓，导致更快速的下跌。这就是辩证法的哲学，它存在于方方面面，很多时候，我们的行为、各种事物本身都是一个硬币的两面：金融创新、审批上市制、熔断机制、宏观调控具体措施都存在这种情况，有好的一面也有不好的一面。我们用辩证哲学思想去观察，才能更全面、准确地了解客观世界，才能更客观地看待市场。

## 三、科学哲学中的证伪主义和范式理论

### （一）证伪主义

在科学哲学范畴，证伪主义哲学在"二战"前后被广泛传播，波普尔《科学发现的逻辑》成为其代表作，其主要观点：人们对世界的认识并不全面、准确，不存在绝对真理，科学的理论只有在一定假设条件下才是有意义的。科学发现通常的过程是科学家在头脑中有一定猜想，这些猜想、理论总是在实际中被验证的，科学理论被证伪后，形成新的科学理论，可证伪的理论、命题才有意义。科学理论必须经过实验证明或通过实践检验，不然理论是没有意义的。当实验、检验推翻了原有理论，原有理论被证伪，就可以建立新的理论，科学就前进了一大步。他提出一个检验科学理论的重要标准是证伪，科学理论必须提出可供证伪的事实，假如这个事实一经验证，便承认该理论是错的，没有证明它是错的，那它暂时是真的。如果命题不具备可证伪性，这样的命题是没有意义的，如"神是存在的"无法证伪，这样的命题是没有意义的。"后天将下雨"是可以证伪的。"一万年前的仲秋是阴天"无法证伪，这命题是毫无意义的。"你最近会有好运""最近大盘会反弹"，这种预言没有具体的时间，对好运和反弹也无明确的定义，因此不可证伪，这样的命题是没有价值的。"最近这几家公司的股价大幅下跌的话会有短线介入机会""这只股票质地不错，你可以长期投资，也可以短线波段

操作""你喜欢独处但又不甘寂寞"等，把相反的情况都包括了的这种命题，也是不可证伪的，也没有任何价值。"过去人们见到的乌鸦是黑的""中国证券年换手率比较高"，"贵州茅台营利和股价过去 10 年出现大幅度提高"，这样的命题肯定是真的，证伪主义认为这样的命题不可证伪，同样是没有价值的。证伪的标准让我们很容易把巫术、迷信、骗术和科学区分开来。

我们可以参考证伪主义哲学建立投资的方法，对企业进行分析，找出影响企业价值的主要因素，在公司的基本面、内在价值上做一些推论，这些推论建立在一定事实和条件上，根据这些条件可以估算出公司的内在价值。我们对内在价值的估算，与股票价格对比，做出投资决策。之后跟踪这些假设条件是否满足，用将来的实际情况验证假设条件和推论，从而证实、证伪内在价值和投资判断。假设条件与内在价值有一定的逻辑关系，也可能是直接的数学关系，假设条件是可跟踪的、可证伪的。因此内在价值的估算也是有意义的。我们在火电投资案例中说明煤价、有息债务等与公司利润的关系，并跟踪煤价、债务，确认火电企业的利润和由利润推算的内在价值。因此，证伪主义哲学对我们建立可验证的投资逻辑会很有帮助。

索罗斯是哲学家波普尔和经济学家哈耶克的学生，波普尔和哈耶克是学术上的挚友。索罗斯十分崇拜证伪主义，并将其在金融实践中具体应用，并致力提炼自己的哲学思想，但是其思想并没有得到哲学家的认可，被戏称为"一流的金融家，三流的哲学家"。他强调：人们对经济活动的认识是不全面、不真实的。出现在你眼前的经济现象是假象，这些假象是由人们的错误观念引起的，这些错误观念不断在人们的思想上形成、传播，并形成"流行偏颇"，"流行偏颇"进一步促成人们影响经济基本面，人们的错误观念与经济基本面相互影响，相互印证，形成反身性，最终使市场脱离均衡状态，造成暴涨暴跌。这种暴涨暴跌的市场经济造成贫富不均的情况，为了克服市场经济的缺陷，政府应该用有形之手或者社会救助弥补市场缺陷，避免贫富差距过大。索罗斯的思想自成一体，能够实现逻辑自洽，他利用其理论在市场中不断赚钱同时又是最大的慈善家之一。

证伪主义对我们对证券、商品市场的理解很有意义，石油价格在最近这些年的变化说明了这一点。2007 年有一种观念存在："石油在未来 30 年将枯竭"，这一错误观念被认可、被传播，买家争相购买、贮存，生产油的为了保有稀缺资源以备后用，减少开采量，这些行为进一步刺激油价上涨，更进一步验证人们的观念："石油将枯竭，因稀少会涨价。"油的价格逼近 200 美元/桶，完全脱离一般供求均衡。新能源被采用，开始替代石油，同时美国页岩油、页岩气量产，开采成本在 50~60 美元/桶，彻底打破了"油将枯竭"这一观念。又出现一种新的观念"石油将彻底被新能源取代"，消费国积极开发新能源，取代石油，减少石油购买。石油生产国担心石油被取代，自己的油将埋在地下没用了，就设法加大开采。错误观念和石油供求基本面、石油价格相互印证，相互加强，油价跌至30多美元/桶，远脱离一般均衡。中国房地产市场也存在着这种情况，被广泛相信并传播的观念是"土地越来越少，房子价格肯定会涨"，我不在这里具体分析，但这一观念是错误的，农村的城镇化，是土地集约使用的过程，土地是节约的，现在城市建设用地1亿亩，而农村建设用地2亿亩，在保证基本农田用地不变的情况下，农村实现城镇化肯定节约了土地。土地还在那里，不多也不少，只是人们的观念在变。

索罗斯提到偏离均衡的暴涨暴跌模式有更让人吃惊的地方，一些错误观念，即流行性偏见是人的意识，这种意识和观念的形成、传播又经常受到人为控制。事实、数字不会撒谎，但撒谎者会人为制造事实、数字。这些人为操纵可能加大暴涨暴跌幅度。

## （二）范式理论

"范式"一词由科学史学家、物理学家托马斯·库恩最早提出，指的是某学科研究中出现不同的范式，这些范式提供典型的问题和解答。范式包括基本理论和探索性实践，坚持这种范式的共同体有固有的理论假设、信念、术语、对事实的解读、实验方法和一贯的传统。库恩提出，不同范式之间彼此交流存在着极大的局限性，也称为"不可通约性"。不同的范式是相互竞争的，旧范式往往压制新的范式。"理论要作为一种范式被接受，它必须优于它的竞争对手，但它不需要，而且事实上也绝不可能解释它所面临的所有事实。""一个新理论之所以被选择来取代旧理论，与其说是因为其真，还不如说是因为一种世界观的转变。"范式转移或范式革命指占据主导的范式由于不断被事实证伪，旧范式让位于新范式，新范式能更好地解释事实。范式理论是科学哲学在证伪主义之后又一重要的理论流派，主要理论来源于对自然科学史的研究，但其思想首先在社会科学领域引起共鸣。自然科学研究有不同范式，社会科学、宗教哲学、政治等研究中都有不同范式。例如，经济学领域强调国家干预的凯恩斯主义和倡导自由市场调节、政府只做守夜人的新古典主义是两种范式，投资中趋势投资和基本面投资是两种范式。不同的范式能自成体系，并在一定的范围内对实事进行了较好的解释，没有绝对真理。在投资中总是存在不同范式、不同流派，不同范式在一定范围、一定时间内是有效的，不同的范式常无优劣之分，只是适合不同投资者、不同市场环境。我们相信趋势投资理论还是基本面投资理论，并不是因为其是真理，追根溯源可能是你的世界观和你的价值判断。但有一点是可以肯定的，基本面投资和趋势投资，投资和投机，具有不可通约性，你不可能两者都信、两种范式融合使用。这也是格雷厄姆强调的你心中一定要区分投资和投机的原因。对范式理论的理解能够帮助我们形成自己的投资体系或者投资方法论。

有的人在价值投资中总是对企业的内在价值耿耿于怀：内在价值到底是多少？范式理论揭示了人们对客观世界认识的局限性，库恩说道："想象存在着一种完全的、客观的、真实的对自然界的叙述，设想对科学成就的真正度量就是它在何种程度上接近这个终极目标，这究竟对我们是否有帮助？"同样道理，在进行投资时对企业的价值进行评估，用复杂的数学去找到精确的价值，常常是徒劳的，而且对投资决策没有帮助。企业和市场中的信息和事实是随机的、错乱的，被人们筛选性地应用。范式理论认为，自然科学和社会科学相关的事实存在"社会构建"的可能，这对投资也很有用。

## 四、演绎法和归纳法

逻辑是研究分析各种事物、事件之间的联系、关系。逻辑推理被认为是理解事物运转的重要方法。有很多投资者对各种因素描述很清楚，对投资结论也相当明确，但是因素、结论之间没有合理的逻辑关系，没有因果关系，两者的关联是生拉硬扯。例如，中国经济还会中高速增长，增长速度是 6%~7%，每 10 年翻一番，股市肯定会上涨，20 年后上证将超过 10000 点。这种推理似乎很有道理，但仔细想一下逻辑有问题：GDP 增长了，上市公司业绩就能同步增长吗？如果现在市盈率 80，业绩即使每年增长 6%~7%，20 年增到 4 倍，PE 降为 20 倍，并不低，股价却原地踏步并不涨。

休谟认为，人们获得知识有两种方式：一个是靠演绎推理（而且还不能得到新的知识），像逻辑和几何，既逻辑严谨又不依赖于外物存在的知识；另一个是靠经验，是我们感官体验到的知识。演绎法主要包括大前提、小前提、结论。"所有的鸟都会飞——麻雀是鸟的一种——所以麻雀会飞"，这是演绎法的三段论。归纳法就是归纳个例得出一般。"美洲的乌鸦是黑的——印度尼西亚的乌鸦是黑的——所以世界上的乌鸦都是黑的"，这是归纳法的推理。在投资实践中两种推理方法也经常用到，但我们应该知道两种推理也是有缺陷的。演绎法不会给我们带来新知识，演绎推理是等价的，所有演绎推理得出的内容其实都包含在它的大前提里了。演绎法的基础是大前提，大前提却常常是不正确的，大前提的错误导致结果错误。驼鸟叫鸟，但不会飞，这就证明演绎法的大前提"所有的鸟都会飞"是有问题的。"战争结束之后证券市场会大幅上涨，因此伊拉克战争后美国证券市场也会大涨。"但 2000 年伊拉克战争后，美国股市不涨反跌，为什么这种推理是错误的？大前提不对，"一战""二战"后美国股市上涨是因为，战前、战中美国股市已经跌了很多，越南战争后美国股市并没有上涨。

归纳法永远都只能立足于有限的事实之上，而不可能将所有现实全部囊括，所以归纳法得出的真理最多是一种概率真理。归纳法也有缺陷，你知道美洲、印度尼西亚的乌鸦是黑的，归纳出乌鸦是黑的，但哪一天有人发现有白色的乌鸦，就否定了之前归纳出的结论。可以说归纳法常是部分抽样的归纳法，不能保证归纳的结论一定是正确的。在经济、投资领域归纳法应用得更多，"从过去五年的统计来看，1月沪深会涨"，"今年我们在12月建仓，1月过后再卖出会赚钱"。这也是部分归纳法，前五年1月上涨并不能导致今年1月必上涨。有很多人根据大盘的前几次变化预测当前大盘是不是底部，也属于归纳法，结论当然不一定正确。正如休谟所讲，无论我们过去看到了多少重复发生的事件，我们也不能断言这事件在未来一定会再次发生，无论太阳升起了多少次，也不能肯定明天太阳一定会再次升起。

数学是逻辑的精确表达，数学是自然科学的重要工具，这些年数学在人文学科中广泛应用，并不精确的人文学科，想通过科学的数学方法使用显示本学科的科学性、准确性。数学是抽象逻辑，符号逻辑，本身是在公理基础之上严密的逻辑推理。要想把数学应用到人文学科，首先要把人文学科的理论与实践中的现象抽象为数据，并建立联系。人文学科以人的活动为研究对象，这样的行为很复杂，这种复杂性需要更复杂的数学。社会科学的数学化只是形式上复杂化，但实质上却是一种极度简化的世界观。经济学等人文科学与数学发展常是同步的，数学正在不能精确表达的经济金融领域中大量应用，很多人文科学也披上复杂数学的外衣，成为数学帝国的一员。但实践证明，证券分析、证券投资通常并不需要复杂数学，不然数学家就会成为成功的投资专家。数学能精确化我们的投资：内在价值评估，安全边际确定，但投资中最重要的是理解企业的生产经营、价值来源，而不是复杂的数学本身，数学只是我们使用的工具。数学是用来衡量世界的尺子，只是可以用其他系统来代替的尺子，数学崇拜者却把这些尺子当作世界的真相。更进一步说数学是通向真理的桥梁，但不是真理本身。

以笛卡尔、斯宾诺莎为代表的数学家，高度重视数学和演绎推理，也被称为理性主义，已经成为重要的哲学家流派。以洛克为代表的科学家，高度重视归纳法，强调实验数据、观测结果等经验，被称为经验主义。重视个别经验、强调个体、对独断论充满警惕的经验主义是英国人古板的民族性格的体现。试图从根本上建立大一统理论的理性主义是荷兰和法国自由浪漫性格的体现。在证券投资中，很多人是经验主义哲学的实践者，根据自己或者别人的成功案例制定下一步的投资选择，但要时刻提醒自己以前的成功经验，不代表今天仍然能成功。理性主义试图建立成功的模型，并通过计算机进行模拟，但将来的事件可能会超出模型规定的假设条件使投资失败。

## 五、混沌理论

物理学家在研究量子时发现了奇异的现象，你不能同时确定电子的位置和它的速度，这一规律叫作"海森堡测不准原理"。后来又发现了电子的波粒二象性。在量子级别没有决定性，科学家只能对电子的运动状态预测出一个概率，物理学在这里也成了一门缺乏确定性的学说。随着量子的发现，量子理论形成，人们开始认为世界的很多领域是复杂的系统，系统运行本身是不确定的、模糊的、混沌的，或人们现有的知识能力无法理解，混沌理论应运而生。

复杂系统包括生态系统、人的大脑工作系统、经济运行体系、证券市场、天气系统等。世界有一些研究机构集中了各学科专家，专门从事这种复杂系统的研究。凯文·凯利在《失控》一书中指出，混沌理论涵盖的这些复杂系统通常不是由中央系统控制，是系统内各组成部分分散各自运转，并互相影响、互相作用形成复杂系统。系统内的某一微小变化可能对整个系统发生巨大作用，像南美洲一只蝴蝶扇动翅膀，可以引起亚洲的一场风暴。他指出对复杂系统的预测要做到：首先，你可以抽取混沌系统内在的固有模式，才能取得好的预测；其次，进行一次有用的预测用不着看得很远；最后，即便是一点点有关未来的信息也是非常有价值的。这些预测的方法对证券市场的预测很有指导作用，特别是投资者利用计算机跟踪市场的趋势更有参考意义。

现代计算机、人工智能的大力发展，对人们认识复杂系统有很大促进作用。有人设定一些程序，对证券市场进行预测并进行自动化交易。这种方式在实践中也取得了较好的投资业绩，有两点需要注意：第一，这种自动化有效进行需要满足一定条件，在这些条件下操作有效；第二，这些自动化一旦被广泛应用，其投资方法一样会失效。人工智能应用在趋势投资上，计算机已经超过人类，但在价值投资上计算机很难超过人类，因为计算机毕竟不会思考、不理解企业的生意模式。

## 六、几组重要的概念

### （一）理性与非理性

人们能够对事物、行为进行充分的、客观的、理智的认识，对自己的行为、选择进行充分的考虑，这就是理性。非理性，人们的行为被感情、直觉、欲望冲动所左右，类似经济学通常所讲的"动物精神"。建立在理性基础之上的科学创造了各种人间奇迹和现代文明，这是理性蕴含无穷力量的证据，科学创造的奇迹也是理性创造的奇迹。查理·芒格用最简单的语言概括其投资成功时，讲了两个字"理性"。也有很多哲学家非常重视非理性，哲学家叔本华认为，生命意志是世界上本质的东西，是不可抗拒的，是永不停歇的，生命意志是非理性的，也是盲目的，对人来说生命意志主要体现在人的生存欲望上。尼采认为，如果形而上学、科学理论都是理性的，但作为世界本质的权力意志是非理性的，那么这些理性知识也不是真正的真理，只是权力意志构造出的假象而已，真理就是一种如果离开它某种生物便不能活的错误。佛教认为终极真理是超越理性的。

理性更加科学、客观，符合逻辑，在投资中保持理性是重中之重。理性在一定公理上进行逻辑推理，但理性并不意味着正确，并不意味着能全部认清外部。理性推理过程中有一点儿不可靠的东西，就会失之毫厘，谬之千里，整个结论会差很远。哲学家、神学家帕斯卡尔说："理性最重要的功能在于主人知道有些事情超越理性的范畴之外。""内心或感性能理解的东西，理智不一定理解。"非理性常意味着直觉冲动，意味着贪婪、恐惧。非理性特别是群体非理性导致股市暴涨暴跌。理性在一定程度上表明精打细算、患得患失。在市场经济中，如果市场主体都是理性的，那么市场处于均衡状态，在一定价格下供求平衡。西方经济学强调市场在资源配置中是最具效率的，能够实现瓦尔拉斯一般均衡，最终达到社会的最大福利。西方经济学的基石就是经济理性人假设，经济理性人就是假设人是理性的、自私的，追求个人利益最大化。人们生活、恋爱、结婚、工作是根据其理性选择的吗？真正驱动你的是欲望、冲动等非理性，这也使得市场本身存在缺陷。叔本华认为，理性与意志相比，常处于劣势，因为理性是短暂的、软弱的，理性不是没有用，只是实现意志的工具而已。证券市场中人的非理性，使市场常脱离平衡状态。推进人类技术进步、文明发展的有时是科学、理性，有时是非理性的激情。在人类精神领域，特别是文化、文艺创作中，非理性占主导作用，正是由于作者的感情、激情、直觉才产生伟大的作品，贝多芬的交响曲、米开朗基罗的作品《大卫》、托尔斯泰的小说全都不是来自理性、科学的计算。非理性帮助我们理解金融市场，也能帮助我们理解文化精神类产品服务的生意模式。

## （二）偶然性、必然性

任何一件事都是偶然性、必然性共同作用的结果。优秀的企业快速成长也有很多必然：适合市场的好生意，高效率的管理，团结合作的管理层。但也有偶然性：对手决策失误而破产，空调企业的产品正好赶上特别炎热的夏天等。作为价值投资者就是要通过知识、能力的提高理性地寻找、把握必然，同时要考虑经营中的复杂性，技术、市场等不确定性、偶然性，采取谨慎的态度，防止出现黑天鹅事件。这样才能使投资者心安理得、气定神闲。证券市场的涨跌也是偶然性和必然性的统一，市场下跌了很长时间，就有上涨的必然性，但何时启动具有偶然性：一支绩优股突然上涨，一项政策突然出台……

偶然性和必然性对我们理解投资，看待市场潮起潮落大有裨益。股票价格在短期内受到偶然因素影响较多，但在长期内决定于必然性，包括企业的产品、技术、管理等基本面。对我们理解人生的喜乐得失同样有意义，两个人的能力、天赋条件都不相上下，一个人成为著名企业家，另一个可能是普通员工。企业家不能过于高兴，员工不能过于丧气。成功有必然性，还有环境、机遇等偶然因素，这些偶然因素不是你个人能把握控制的。一名普通员工也有自己的幸福，也有企业家不能理解、享受不到的快乐。在投资中还要注意，经常发生的偶然性并不意味着必然性。有的人在股市成功几次，就把偶然性当成了必然性，把运气当做了能力，飘飘然认为自己具有炒股的天赋，自诩"巴菲特第二"，结果一次更大的失败将其打回原形。

### （三）主导因素、次要因素

主导因素、次要因素是指对事件起着不同影响的因素，按作用大小进行划分，也可称作主要矛盾、次要矛盾。主导因素是对事件起着决定性作用的主要因素。次要因素对事件起着次要辅助的作用。我们对事件分析时要找出主导因素、次要因素。主导因素，可能是一个两个，是关键的少数，列举出7~8个要素不分主次，说明对事件分析不到位。我国外商直接投资 FDI 在不同地区分布不均匀，与哪些因素有关，有的人列举与 GDP、基础设施、进出口、地理位置、人才环境、税收优惠政策、产业集聚效应、工业发展程度等多因素都正相关。虽然与这些因素也是相关的，但这样的结论毫无价值。进一步分析主要有两个：一是国家对经济特区、开发区的优惠政策；二是产业配套、产业集聚效应。把这两个主导因素找出来就有指导意义。某一地区要想提高 FDI，其一是争取建开发区，获得优惠政策，其二是形成产业集聚效应吸引外资。在证券市场上，个股上涨的原因有三要素模型——个股上涨与大盘、市盈率、上市公司规模相关。也有五要素、六要素模型。但确定主导因素更重要，也可以说三要素模型对具体投资更具有指导意义。

对企业价值进行分析，重要的也是找出关键的少数因素。如分析贵州茅台，贵州茅台利润增长的影响因素有很多：系列酒的开发、销售增长、竞争对手的策略、国家八项规定、原材料成本、销售费用增减、经销商增减、中国经济景气程度、年轻一代消费习惯、茅台酒文化价值认同、赤水河污染、茅台镇其他酒厂、市场中的假酒等，找到太多因素，都值得跟踪。但发现因素太多等于没有发现，对投资无任何意义。茅台酒 3~5 年后的利润还是主要取决于：其一，53°飞天茅台还能否继续实现涨价策略；其二，53°飞天茅台产量销量能否继续增加。这两个因素其实就是影响茅台利润的关键因素。同样，影响航空公司短期利润的关键因素是油价和汇率。燃油成本占航空总成本的 40%~50%，直接决定未来利润；人民币与美元汇率、汇兑损益直接决定其财务费用，对利润产生重要影响。康师傅有方便面、饮料、小食品等分部，其获取利润的关键因素是方便面销售市场份额能否保持、饮料价格能否提高。因为方便面是最大的利润来源，市场份额 40%~50%，有定价权，利润率约 10%。饮料销售收入很高，但在整体饮料市场上份额占比不高，靠广告战、价格战抢市场。饮料价格能提高，将直接大幅提高利润。小食品收入、利润都很低。康师傅的价值之源是方便面，其他饮料、小食品只是康师傅的品牌延伸。

我们分析企业抓住主导因素，就是抓住了关键，对企业的理解把握就深入了一步。如果主次不分，眉毛胡子一把抓，对企业价值分析还是没入门。抓住主导因素，不是不要次要因素，次要因素也是观察点，便于跟踪企业。

## （四）价值、价格、成本

企业的价值指企业内在价值，也就是这家企业未来创造的现金流贴现到今天的价值。企业的内在价值与未来经营有关，投资者评估内在价值，也是主观认识客观的过程，面对将来的这种不确定性，要记住评估内在价值不可能完全精确。企业的市值（价格）总是围绕其价值上下波动。普通商品的价值规律是：商品的价格围绕商品价值上下波动，最终决定于商品价值。商品的价值又取决于投入劳动、原材料等成本，因此商品价格与成本有关，亏本买卖没人做。很多商品的价值又脱离成本，画家几个小时的作品可能值 5000 万美元，也可能一文不值。我们可以看出价格经常脱离成本。股票市场同样有这种情况：IPO 的价格远超账面价值，二级市场的股价远超 IPO 的价格。一般来说，价格短期决定于供求，长期决定于成本，一些特殊商品价格长期偏离成本，价格超高说明供不应求，商品具有稀缺性。证券市场也存在这种情况，有的公司被大家看好，股价就高远远脱离价值，市盈率、市净率也都很高，有时这种偏离是长期的，可能长达 3~5 年，所以价值投资者要有耐心。企业价值的本质来自于企业产品、服务的价值，这些产品、服务能满足人们的需求。有时我们分析价值要有穿透力，超越财务数字本身。腾讯让几亿名用户方便、免费地在线交流，这就满足了人们的需求，肯定有价值，虽然起初没找到合适的盈利模式，并不赚钱。但满足人们的需求，就有价值，赚钱是早晚的事。从价值本原理解企业，可以更好地理解创新的商业模式、创新的技术。不然你看到企业特别赚钱时，其股票价格早上去了。

## （五）自然规律和社会规律

自然科学研究自然界的客观规律，如物理、化学、生物学。自然规律是可重复、可验证的，实验是自然科学研究的重要手段。社会科学研究社会领域的规律，如经济学、管理学、历史学等，社会规律和人参与的社会活动有关。社会规律通常是不可重复的，也不可能在完全相同的环境条件下进行验证。类比、推理通常是社会科学的研究方法。我们很多人首先学习自然科学，也运用自然规律去认识社会规律，所以常常出错。牛顿三大定理在欧洲、亚洲做实验得出同样的结论，但资产阶级革命在欧洲、亚洲是不同的结果。研究法国大革命的历史，不可能再把路易十五请出来，历史不能假设、不能重复。在经济领域、证券投资领域，由于人的参与使其更加复杂。有很多研究者本身也是参与者，对经济运行、证券市场产生影响。证券市场常由于人的参与、人的认知、人的情绪发生波动，也给研究者带来了困境。人类意识是自由的，科学是永远无法研究人的自由意志的。

历史唯物主义揭示了人类社会的发展规律，但如果走极端就会成为历史决定论，就会有很大的问题，历史不能完全决定现在，历史进程具有偶然性、必然性。黑格尔把人类都纳入到他宏大的形而上学和历史决定论中，把每个人都说成是历史棋盘上的棋子。其实每个人和他的人生、事业，有必然性也有很多偶然性。在证券市场，今天重复昨天的故事，但今天与昨天肯定不同。

实验是自然科学的基础，验证是社会科学的基础，理论没有实验和验证是没有意义的。自然科学和社会科学都要满足科学的精神和原则。科学的精神包含求实、创新和批判精神。科学的原则是多数人服从少数人，少数人把多数人的观点推翻了，科学才能前进。探求自然规律、社会规律，都要对自己有信心，做你认为正确的事情，不要怕困难，在实践中不能因为大多数人的反对改变自己的正确想法。

另外，总体与结构，过程与结果，定量与定性，理论与实践等的辩证关系在以后的章节将有论述。

哲学基础不同，对投资影响很大，形成各种投资理论和方法论，也是不同的投资流派。价值投资者是其中之一。投资是理论与实践融为一体的学科，甚至更偏向实践操作。支撑投资理论的哲学影响着投资，对投资相关哲学的学习理解更方便我们建立自己的投资模式，指导具体投资。另外，人的心理也影响着证券市场、影响着投资，我们将在第五章讲述影响投资活动的多种心理倾向。作为投资者要了解哲学、心理学等多学科知识，同时应用多学科知识对企业进行综合分析，这样才能最终看懂企业。

# 第二节　价值投资理论

　　格雷厄姆对投资与投机进行了区分："投资业务是以深入分析为基础，确保本金的安全，并获得适当的回报；不满足这些要求的业务就是投机。"上述定义至今仍然是最好的关于投资的定义。格雷厄姆所称投资其实就是我们现在通常所指的价值投资。价值投资就是以价值分析为基础进行的投资。价值投资也与证券市场相伴而生，价值投资的思想理论逐渐形成，1934 年格雷厄姆出版了《证券分析》，主要对企业财务等进行系统分析，1948 年出版了《聪明的投资者》，成为价值投资理论的奠基工作。在证券的历史上，格雷厄姆确立了证券分析的原则，纽约证券分析协会强调格雷厄姆对于投资的意义就像欧几里得对几何学、达尔文对生物进化论一样重要。格雷厄姆不仅为投资奠定了理性的基础，而且在他的学生和追随者们的头脑里烙下了价值投资的思想。之后不少价值投资大师实践了价值投资理论，并取得了巨大成功，巴菲特是最杰出者之一。价值投资听起来很简单，就是价值高于价格，形成安全边际时，就可以进行投资。但理论本身所含的深刻哲理很多人似懂非懂，操作起来就无所适从、屡战屡败，甚至开始怀疑价值投资的理论原则。

## 一、经济学中关于价值和价格的理论

　　西方经济学假定经济理性人，在市场经济条件下，理性主体自由选择，最终供需达到平衡，此时价格为均衡价格，边际成本等于边际收益。完全自由的市场能够实现一般市场均衡，社会资源实现最佳配置，社会福利最大化。诺贝尔经济学奖获得者珐玛提出了市场有效理论，认为股票的市场价格已充分反映公司市场各种因素，投资中进行公司甄别是没有任何意义的，买任何一家股票都是一样的。

　　马克思经济学强调了劳动价值理论、剩余价值理论，提出了商品的价值规律：商品是具有价值、使用价值二重性，凝聚在商品上的无差别的劳动决定商品的价值。价值决定价格，商品的价格围绕价值上下波动。一般商品的价格，会随着供求的变动而围绕着商品的价值上下波动，商品的一时过度需求会使得价格高于价值，而过高的价格又会抑制需求，从而价格会自行下降。

　　证券市场并不是自由竞争下均衡的市场，股票价格变化幅度比一般市场的商品大。由于市场信息不对称、市场垄断等市场缺陷，常使股价脱离均衡，甚至出现暴涨暴跌。行为经济学将这种暴涨暴跌归因于情绪、情感等非理性因素。在证券市场中，人们往往盲目跟风进市，股票价格的上涨不仅不会抑制反而会扩大对该股票的需求，使股票价格进一步上涨，甚至远远超过股票的应有价值，形成"泡沫"。在证券市场中有更严重的投机活动：人为地操纵股市来牟取暴利，投机商持其巨额资本，利用股票价格可以远远偏离它所代表内在价值的这个特点，操纵股市供求，使股价大起大落。甚至不惜采取制造舆论、造谣欺骗等一些手段来误导投资者。有很多股民也追涨杀跌，希望抓住时机捞一把再跑。

## 二、价值投资理论

投资者从基本面、市场面对证券进行研究。基本面分析主要是对公司经营、财务进行分析研究、预测。市场面分析主要是对总体市场、个股价格进行研究，并设法预测走势。也分别形成价值投资、趋势投资两种操作方法，价值投资强调公司基本面研究，评估公司的价值，然后决定投资与否。趋势操作主要预测市场趋势，择时交易。

价值投资理论认为，买股票就是买企业，依据股票所具有的内在价值的大小来判断企业是否具有投资价值。上市公司的内在价值不依赖于价格，股票的价格围绕其内在价值上下波动。上市公司内在价值的大小取决于公司未来创造价值的各种能力。因此，从长期来看，内在价值高的公司股票价格应该高，反之亦然。但是决定股票价格的因素很多，除了公司本身的因素外，还有供求关系、宏观经济因素、行业因素、市场因素、人的心理因素等，在这些因素的综合作用下，证券市场可能出现偏差，可能提前或推迟反映公司自身的内在价值。投资的主要目标是市场中那些被低估的股票，因为这些公司经过一段时期的发展，其经营业绩和营利能力会得到市场的认可，其股价也自然会向其内在价值回归。《巴菲特致股东的信》中曾经提到："内在价值是一个非常重要的概念，它为评估投资和企业的相对吸引力提供了唯一的逻辑手段。内在价值的定义很简单：它是一家企业在其余下的寿命中可以产生的现金的折现值。"企业的价值来自于企业未来产生的现金流，将这些现金流按照一定的贴现率进行贴现，就是公司的内在价值。把内在价值与股票价格对比，如果内在价值明显超过股票价格，股票就具有了安全边际，在一定安全边际下就可以买入这些被低估的股票。例如，通过贴现法计算出甲公司的内在价值为 20 元/股，若 10 元买入股票，那么购买甲公司股票的安全边际为 100%。投资者可以从连续的分红获得较好的收益，也可以把股票当作一种永续债券，将股息率与长期债券利率比较作为安全边际。如果以 10 元/股买入 ABC 公司股票，每股每年分红 1 元，股息率 10%，若长期债券利率为 5%，那么买入ABC公司股票的安全边际为100%。

价值投资理论被很多投资者广泛运用，取得了远高于平均水平的收益。其核心就是对公司进行透彻分析，不仅要理解企业的价值是什么，还要理解价值出自于何处、价值是多少，预测出企业利润确定价值，并确定价值与价格之间的安全边际。

经济学理论在一定假设条件下才能有效，同样价值投资理论也有假设条件，只有在这些条件得到满足时，投资操作才会有效。格雷厄姆的价值投资理论强调买入具有一定安全边际的价值高于价格的股票，这一理论也隐含着一些假设条件：①企业的价值是稳定的，人们可以测算。②价格围绕价值上下波动，但价格由价值决定。价格低于价值达到一定的安全边际，能有效规避价格波动风险。③便宜的价值股会由于多种原因被市场冷落，其价格足够便宜。也就是假设市场并非是有效的。④这些公司营利水平不会大幅下降，起码会保持平稳。因此其利润、分红不会有问题。⑤市场会最终弥补价值与价格的差距。⑥公司过去的经营财务数据、信息是有用的，公司的将来会延续过去。投资者不要过分寄希望于公司未来的成长，也不能完全了解证券市场的将来走势，也就是公司基本面和市场走势两个方面是不可把握的。

格雷厄姆在操作上为了防止个别公司的特有风险，主张买入一揽子（不少于几十种）廉价股票，通过投资分散化降低风险。巴菲特的投资方法与格雷厄姆稍有不同，他主张集中持有好公司的股票，巴菲特投资的假设条件在前面提到的假设条件下又增加了一些：企业的未来成长性是可持续的，未来的利润是可以测算的，通过公司未来增加的现金流能够估算出企业的内在价值。

价值投资理论的假设条件要满足，如果不能满足可能使投资失败：①价格一直长期偏离均衡，便宜的一直便宜。②廉价公司经营出现困难。③过于分散只能取得与大盘同步的收益水平。格雷厄姆认为价值投资的好处是以简单方法应对复杂的市场、人性的弱点，循环挑选廉价股票，通过分散减少个别风险。

巴菲特传承了格雷厄姆的投资理论，但又有所不同。共同点是选择价格低于价值的公司，相当于在价格上打5~6折。但巴菲特主张对公司进行深度分析，找到好生意、好的管理者、好价格的公司进行投资，这样的公司具有护城河，公司的成长性能够保持并可大致预测，因此通过公司未来产生的现金流进行贴现能评估出公司的内在价值，并与价格对比，决定是否投资。格雷厄姆强调高成长性难以保持，而且高成长性的公司股价已高估，因此强调对过去的经营、数据进行定量分析。巴菲特主张投资优秀公司，把握住机会下重注。两人方法如出一辙，但又各有侧重，也就是对公司的价值分析的侧重点不同，一个着眼于过去、现状，一个着眼于将来；一个更关注现有的价值，一个更关注未来成长的价值。你作为投资者也要扪心自问，你要选择的公司过去的经营能代表、预测将来吗？你选择的成长股能持续成长吗？巴菲特对公司生意的理解把握是无人能敌的，其投资业绩也是惊人的。格雷厄姆的观点看似简单但并不容易，需要你有一定的财务能力、足够的耐心，需要找到筛选公司的标准，然后有条不紊地选择、坚持。正如其在《聪明的投资者》后记中所写，由于投资政府雇员保险公司，1948~1972年25年的收益超过200倍，远超过开展其他各种业务获得的所有利润，一次幸运的机会或者说一次英明的决策所获得的结果超过一个熟悉业务的人一辈子的努力。这说明投资需要能力，也需要运气，成功投资是偶然性与必然性的结合。从此也可证明巴菲特投资优秀公司策略的优越性，经常持有优秀公司股票超过10年，收益率超过10倍。

证券市场和企业的市场环境都是复杂系统，由多个要素构成，这些要素互相作用、互相影响。市场经常变幻，无规律可循，常无法预测。证券交易主体多，市场信息五花八门，信息、人的情绪随时影响市场波动，市场价格趋势很难预测。但有很多趋势投资者相信今天会重复昨天的故事，市场价格总有一定趋势可以去把握。趋势投资用各种图表分析或计算机等工具去预测，跟踪趋势获得收益，趋势投资会在一定时间或一定程度上取得成功，一种趋势方法被广泛采用的话，肯定不灵。趋势投资者是在不确定性的市场中寻求确定性。

企业的经营取决于所在的市场环境。市场体系本身也是一个复杂系统，也是很难预测的，常常使企业未来生产经营状况很难预测，从而企业利润、内在价值也很难评估，这是价值投资者面临的困惑。但不少价值投资者总是能以独特的商业嗅觉、敏捷的洞察力，预测公司的未来状况，取得很好的投资收益，价值投资是在企业经营的不确定性中寻找确定性。如果价值投资理论被广泛使用，是不是也不再灵了，肯定存在边际递减效应，但由于亘古不变的贪婪、恐惧的人性使然，因此价值投资者今天与几十年前一样会取得不错的业绩，美国和中国也一样会取得不错的业绩。另外，市场的非理性暴涨暴跌，投资者应自我控制，不为市场情绪所动，保持耐心、坚守，这是对投资者的品格要求，只是应该在市场价格过高时卖出股票，在市场价格过低时买入更多股票。

投资者对企业分析、进行价值评估的过程是主观认识客观的过程。企业的生产经营取得利润是一个不以投资者意志为转移的客观事实，投资者这一主观去认识企业价值，同一般认识过程一样，主观认识客观受主观意识本身影响局限，企业生产经营这一复杂过程又增加了主观因素，对企业价值的分析、评估也因投资主体不同得出的结果不同。另外，企业价值的分析、评估还有一重要因素就是证券市场，证券市场报价和信息对投资者价值分析、评估产生影响，贪婪恐惧的人性以及各种心理倾向都会影响我们的认识判断。本书第五章专门探讨了自视过高、偏信、从众光环效应、攀比等15种心理倾向，这些倾向会或多或少地影响价值投资者。人们可能经常阅读一些分析报告，专家对同一企业的利润预测、价值评估相去甚远，有的第二年预测利润会相差到50%以上，这就是主观因素，如果是对3~5年后的利润预测差距更大，"菜鸟"和新手预测企业利润偏差更大，再将利润贴现叠加成内在价值，差距又放大了数倍，内在价值就不靠谱了。某投资大师或明星分析师买入了某股票，由于服从权威（光环效应）的心理因素影响，普通投资者会无意识地调高收入增长率，也会将内在价值高估。

## 三、价值投资理论应用中的两种倾向

价值投资中最重要的工作是内在价值评估，内在价值评估要对企业生产经营进行分析预测，这部分内容将在第二章中涉及。对企业内在价值进行评估时首先要对企业以前的经营历史、经营情况进行分析，然后对企业未来的经营做出评估，有的人认为企业的过去将代表着未来，主张对现在、过去的各种经营指标、财务指标进行定量分析，然后判断企业的股价是否便宜。例如，某企业账面净资产低于市值，PB=0.5，但市场整体PB=2，认为该股已经很便宜便可买入。某公司股息率为10%已持续5年，长期利率为5%，具有了较高安全边际，可以买入。买入的通常是价值股也称便宜烟蒂股。另外一种就是对企业进行定性分析，认为企业未来将会有很好的发展，并且根据企业的财务状况，预测出将来的利润，计算出内在价值，与价格比较，知道安全边际，这种倾向注重未来，对企业的生产模式、护城河、定价权、竞争力做出定性分析，最后选择的是优秀的成长股。有的人将这两种倾向分别称作价值股投资或成长股投资，两种倾向的本质是价值投资，只是价值分析的侧重不同：一种是过去法或定量法，另一种是未来法或定性法。

# 第三节　价值投资的原则和步骤

## 一、价值投资的原则

根据价值投资理论，价值投资者要对其投资设定一些原则，作为投资遵循或投资纪律。

## （一）安全边际

由于证券市场价格波动幅度较大，为了保证投资本金不受损失，不能在内在价值等于价格时买入，虽然此时是物有所值，但安全边际等于 0。价值投资者在内在价值大于价格时买入，此时是买入便宜货，便宜多少才具有较高的安全边际，安全边际的标准，不同的投资者有不同的要求，一般可以在价格是价值的 5~7 折时做选择。如果安全边际要求股票价格是价值的 6 折，即内在价值为 10 元，股价在 6 元以下时买入，被认为具有较高安全边际。

具体 5~7 折选择多少要看市场状况、公司情况、投资者个人。A 股整体市场估值较高，如果按 5 折作为安全标准，可能无股可选。公司经营有规可循，价值评估把握大，与公司经营上蹿下跳，价值评估很勉强，这两者安全边际当然不能采用同一标准。个人的风险偏好肯定不一样，安全标准也不一样。

价值投资把安全边际作为投资的重要原则，但具体安全边际标准可在 5~7 折做出选择，做了选择就要坚持，不能随意更改。

## （二）风险红线

一是投资适当分散。市场和企业的经营都具有不确定性，人们认知和把握这种不确定的能力有限，因此一般不要把鸡蛋放在一个篮子里，如果你是顶级投资大师，对企业了如指掌，对市场波动也有考量，那么你可以相对集中投资，否则，你的投资要适当分散。分散程度因人而异。二是不借钱，不做空。市场波动异常时，就算好公司的股票也可能长期低迷。假设茅台每股内在价值为 300 元，市场价格也为 300 元，你通过证券账户融资买入，融资额等于本金，就是加一倍杠杆，由于"八项规定"和"塑化剂风波"的负面影响，茅台跌到 150 元/股，那么你的账户强行清仓，清零后就不可能回本了。你自己的钱买入，跌得再多还有涨回来的机会，2018 年茅台涨到每股 600 元，你又赚了 1 倍。三是拿你资产的适当比例去证券投资。不能因为证券投资影响你的生活，证券投资中股票、债券的比例也要适当，格雷厄姆主张股票占比不超过 75%。

## （三）能力边际

能力边际就是你的能力极限和能力圈。你只能跨过 5 英尺的栅栏，不要试图跨 6 英尺的。"知人者智，自智者明"，其实能力边际的原则适合于学习、工作、生活很多方面，本来你当科长得心应手，一心谋上处长后，却吃不好、睡不好、干不好，为什么？超出了你的能力边际。不是你的能力圈越大越好，关键是你知道你能力圈的边界在哪儿，在自己能力范围内投资，就会取得较好业绩。不懂我不做，上市公司近 4000 家，那么多行业、企业你不可能全部了如指掌，要在自己熟悉的行业、企业内选择。

价值投资坚持三个原则——安全边际、风险红线、能力边际，也算投资的"三条红线"，不能逾越，三个原则其实涉及投资中的三个维度：企业、投资者、市场。安全边际偏重于客观，能力边际偏重于主观，风险红线偏重于市场。如安全边际中的价值、价格。价值虽然是客观，但要人去分析评估价值。价格又来自于市场，是市场主体人交易的结果。除去这三个原则的具体要求，还会有投资组合、财务指标、单个投资比例，这与实际操作有关，不在此详述。

## 二、价值投资的步骤

价值投资的应用步骤概括为"五大步"。

第一步，对企业进行分析，找出影响企业价值、利润的主要因素，预测、假定未来的这些因素（指标），确定这些因素（指标）与企业利润的逻辑关系，这种逻辑关系有时可用数学关系式表达。

第二步，对未来利润进行贴现，确定公司内在价值。

第三步，将内在价值与价格进行对比，在一定安全边际下购买公司股票。

第四步，跟踪、检验目标公司，发现假设条件中的因素（指标）变化或逻辑关系改变，按照第一步重新进行，必要时调整投资仓位。

第五步，个股大盘很高时卖出股票，或者发现更好的公司调整仓位买入更好的公司。

这些投资的步骤具体使用我们将在第六章详细讲述，我们认为最重要的是第一步和第四步。这 5 个步骤中前 3 步是决定投资的推论（投资逻辑），推论包括"假设条件（因素、指标）→利润→内在价值→安全边际→投资与否"，这就是推论的逻辑层次，假设条件决定是否投资。这些逻辑关系可能是定量关系甚至是数学等式，也可能是定性推理。假设条件可观察、可验证、可跟踪。第四步、第五步就是实证检验。这也可以说是证伪主义哲学在投资中的应用，在投资的逻辑推论中，重要的是找到假设条件并验证。

假设条件的可证伪性成为决策投资的重要方面。我们举例说明，是否投资中国铁建，首先要进行企业分析，了解业务增长、营运资本变化、有息负债等影响铁建的主导因素，假设 5 年内业务增长年增 5%，营运资本增加为收入的 1%，有息负债年增 15%，然后维持在此水平。根据这一假设条件预测利润，评估内在价值、安全边际，决定是否购买。在跟踪验证中主要跟踪业务增长速度、营运资本变化、有息负债增长率三指标，指标在实际中符合原假设，则被证实，原投资决定没问题。指标相差很远则被证伪，原推论、原投资存在问题，要进行调整。

第一步至第三步是决定投资的推论，也就是投资逻辑。价值投资有价值投资的逻辑，趋势投资有趋势投资的逻辑。投资推论（投资逻辑）总有明确的或隐含的假设条件（指标），这些假设条件是可观察、可证伪的。在"假设条件→利润→内在价值→安全边际→投资与否"这一投资逻辑中，有人会问为什么不把内在价值、利润作为要验证的假设条件？内在价值、利润也是可以跟踪验证的，找其他假设条件或指标不是更麻烦吗？内在价值本身是预估的，难以跟踪验证，也可以说可证伪程度低。利润每季度都公布，是可跟踪、可验证的，利润是生产经营的成果，可验证时间较晚。假设条件的可证伪性常代表命题（推论）的意义和价值。价值投资就是要跟踪验证产生利润的假设条件中的主导因素。找出并跟踪验证这些因素成为投资最重要的环节。中铁建中这些假设条件是业务增长率、营运资本变化、有息负债增长率，对投资逻辑是很重要的，也很有意义。再举一例，贵州茅台是大家熟悉的，若跟踪贵州茅台的利润，利润每季度公布大家都同时知晓，对价值投资者来说是一个"迟到的指标"。我们通过企业分析，知道影响利润、内在价值最重要的两个因素是主品牌茅台酒的销售量、销售价格，销售量和销售价格的年增长率成为假设条件中的主导因素，两个指标可证伪性较强。跟踪验证这两个指标就更有意义，对价值投资也更重要。不同投资者可能会在贵州茅台价值分析中找到证伪性更强的假设条件。投资逻辑建立在价值投资中是不可缺少的，但找到投资逻辑中可证伪性的假设条件是价值投资中最重要的工作。

价值投资步骤也说明企业内在价值虽然是客观的，但由于人的认知能力、情绪、心理的影响，使人难以准确地确定内在价值，只能在一定假设条件下推导出内在价值。只有将假设条件不断证伪、试错，调整内在价值估值使其更接近于真实水平。

本章主要讲述价值投资理论的哲学渊源，价值投资理论的含义、原则、步骤。所有投资理论都是集理论与实践于一体的。价值投资理论具有很好的实践效果，为投资者做出指导。投资者选择价值投资理论，就要有更多的坚守与信念，因为架通投资理论和投资实践桥梁的就是人、人的信念，对价值投资理论的信念、信仰，成为成功投资的关键。其他各种投资理论、流派也存在相同特点。这也要求价值投资始终要在心中划分投资与投机的区别，不能在思想上、行动上将两者混为一谈，投资需要能力也需要坚定的信念。

## ■ 投资感悟

投资的魅力在于不确定性，投资要与不确定性相伴而生。投资者是在不确定性中寻找确定的，价值投资是在企业经营的不确定性中寻找确定的，趋势投资是在市场价格的不确定性中寻找确定的。

投资之道是对投资实践的抽象，很多人看似明白，但操作起来无所适从。投资之术，直接教给你一招一式，但用起来经常失灵。

很多投资者投资失败将其归因于投资理论、投资方法的失败，其实是因为自己没有始终坚持理论导致的失败。

投资理论都是在一定假设条件下的推论，多数人只知道推论的结果，不知道假设条件。

择时投机常因择时错误而导致亏损，成长股投资者常因成长股不再成长而掉入"成长陷阱"导致亏损，价值投资常因价值判断失误导致投资失败。

精确的数学方法经常被应用于经济、投资、管理等不易量化的领域，结果出现"精确的错误"。

在股市中急于赚钱养家糊口的人输得更快。你在乎钱、在乎眼前的钱，你就常常赚不到钱，正如格雷厄姆所说的，大多数投资者失败的原因是你太在意当前的行情。

投机者短线操作被套却认为公司基本面不错可长期持有，改做投资；投资者总是想在股票价格变动时做几把波段挣点儿小钱，结果变成投机。两者错位导致投资失败。

赚钱了，投资者总认为是自己高超的选股能力的原因，亏钱了，投资者总认为是自己运气不佳。但聪明的投资者的重要品质是能恰当区分评价自己的能力、运气。

价格好像海中的小船，起伏不定，你心中要有锚。价值投资的锚就是价值，坚信价格会回归价值。趋势投资者的锚是价格的某种规律，价格会按照这一规律运行。就怕你心中没有这个锚，你的心比小船起伏得更厉害。

知识可以表达、传播，经验不易传授，经验主要来自你的实践、总结，这也是投资难以学习的原因。你的实践是有局限性的，芒格说读书主要是了解别人失败的经验教训。其实经验主要来自于你，大多来自你失败的教训。

# 第二章 价值评估

## ——用你的尺子丈量企业

作为一名普通人，你能拥有的最好的东西莫过于你的量尺。

——查理·芒格

投资中重要的是我们心中要有一个标准、有把尺子去丈量纷繁复杂的公司。价值投资的标准是什么，包含哪些？安全边际如何把握，价格是价值的5折、6折？当然标准太高，通过标准的备选范围会缩小，选择受限，标准太低，面临的风险会更大。标准要适合于不同市场，中国的市场估值水平一直较高，成熟市场估值偏低。确定安全边际时价值投资者不能只知道证券的价格，重要的是知道其价值，不仅要理解价值是什么、出自哪里，还要知道价值是多少，价值评估成为价值投资的重要内容。格雷厄姆说，积极投资者必须拥有大量证券估价知识，才能把自己的证券业务看成一种事业。估值方法五花八门，在证券投资中最主要的是内含价值法、相对价值法。估值方法是"大致的精确"，但估值方法是价值投资者必须掌握的方法，是很多人不能成为合格投资者的一道重要门槛。估值方法内化于投资者心里，高超的投资者"毛估估"就是知道目标公司价值，当你问他估值方法、重要指标时，精明的投资者可能也很难给出具体答案。在一次股东会议的问答环节中，芒格调侃说："我从未见过巴菲特计算现金流量。"巴菲特接着回答："如此秘密的事情我是不会当众做的。"这个故事虽有一些调侃的味道，但巴菲特究竟如何给一家企业估值，人们似乎了解得并不多。

## 第一节 贴现估值方法

证券市场上经常采用的内含价值法（也称绝对估值法）是贴现模型，贴现模型认为，公司的价值决定于公司经营过程中能给投资者带来的未来股息或现金流贴现的总和。贴现模型包括股息贴现模型和现金流贴现模型。

# 一、股息贴现模型

股息贴现模型（Dividend Discount Model，DDM）就是基于公司的价值等于未来收益的总和，然后对公司未来的收益进行贴现，便可以得到公司现在的价值。股息是此模型的重要估价变量，只有分得的现金红利才是投资者可以直接支配的经济所得，很自然成为传统的估值模型的主要参数。早在1938年，威廉姆斯（J. B. Williams）就将收入资本化方法用于计算股票的内在价值，就是将证券在未来各个时期内预期的现金收入用适当的贴现率折算成等价的期初资本。以后，又经过很多经济学家的努力，建立、完善了分析股票内在价值最常用到的股息贴现模型（简称DDM），假定股票是无限期的证券，它未来的现金收入表现为股份公司分配的现金股息。

人们在进行股票投资价值分析时，一般都是以货币的时间价值理论为基础来计算股票的投资价值，在计算股票投资价值时，就是把未来的现金收入资本化，或者说用贴现的方法以时间现值计算股票的投资价值。

$$V = \frac{D_1}{1+K} + \frac{D_2}{(1+K)^2} + \frac{D_3}{(1+K)^3} + \cdots = \sum_{t=1}^{\infty} \frac{D_t}{(1+K)^t}$$

其中，$V$为证券的内在价值；$D_t$为第$t$期的股息；$K$为贴现率或资本化利率，为投资者要求的资本收益率，与资金时间以及证券风险水平有关。

这一模型揭示了证券具有投资价值的本质，告诉我们证券的投资价值取决于它的未来收益，未来收益越高，证券的内在价值越大，未来收益来自公司的经营利润，经营业绩好的公司发行的股票就有投资价值。这个模型还能看出，证券的价值$V$与贴现率$K$有关。贴现率越高，证券的投资价值越小；反之，投资价值越高。证券的贴现率与证券的风险水平有密切的关系，经营风险越高的公司发行的证券，其贴现率越高，证券的投资价值越低。反之，经营风险低的公司，证券的投资价值就高。

股息贴现模型有几种转化形式，由于长期股息是不易甚至是不可能预测的，为了简化前述的价值模型，假设未来各期股息之间存在一定的关系。

## （一）股息零增长的价值模型

假设各期股息的增长为零，即各期股息为$D$，则价值模型为：

$$V = \frac{D}{1+K} + \frac{D}{(1+K)^2} + \frac{D}{(1+K)^3} + \cdots$$

$$= \frac{D}{K}$$

## （二）Gordon 增长模型

又称永续增长模型，是股息增长为常数时的价值模型（Constant-growth Model）。该模型的前提条件是公司的股息预期在一段很长的时间内以某一个固定的速度增长。在该模型中，公司价值 $V$ 对于股息增长率 $g$ 具有非常大的敏感度。因此在实际估值中，股息增长率的准确预测是非常重要的。该模型可用来估计处于稳定状态的公司价值。

$$V = \frac{D}{K-g}$$

其中，$g$ 为每年发放的现金股息比上年增长的百分比。

若一公司今年每股支付 0.60 元现金股息，预期每年增长 5%，如果投资者期望收益率为 8%，由公式可以算出这个公司的股票价值为 20 元。

## （三）股息政策对股票价值的影响

公司通过股息政策调节本期股息占全部利润的比例，并利用截留利润扩大生产，提高未来的股息，股息政策可以改变公司未来收益的时间分布和规模，从而影响公司股票的内在价值。

$$V = \frac{D}{K-g} = \frac{D}{K-fr}$$

其中，$f$ 为公司可分配利润的截留比例；$r$ 为公司再投资的收益率。

股息贴现模型的基本原理是股票价格等于其预期红利的现值总和。该模型基于股票的价值来自于未来的分红，因而受现有市场的影响较小。股息贴现模型的最吸引人之处在于其简单性和符合直觉的逻辑。股息贴现模型已经逐渐被国内很多分析人员所使用。

股票的内在价值决定于抽象的参数，而参数是变化的、相互联系和相互影响的，而且受到市场、公司客观条件的影响。因此，股票价值最终取决于所获得信息的质量。模型中一些重要变量，如贴现率、增长率等的取值比较困难，尤其是我国目前的证券市场甚至整个金融市场尚处于发展过程中，缺乏市场公认的取值标准与参照系数，很多变量需要使用者自己进行计算、修正，这就给最终计算结果加入了许多主观性和不确定性，同时也降低了估值结果的可信性与可比性。

我国上市公司缺乏 DDM 模型需要的稳定股息政策和可预测的股息增长率，由于我国证券市场有特殊的市场情况、股市文化与投资心态，我国上市公司大多历史短且业绩波动较大，业绩增长率较难预测。我国上市公司派现率较低，派现的数额是有限的，有的公司即使盈利较好也只是分配红股。许多分析者对于DDM模型的结论却心存疑虑，甚至认为，该模型在估价中实际上并没有真正的用处，除了针对少数几种支付稳定的高股息的股票之外。由于上述原因，有人建议利用净利润代替股息进行股票价值的估计，但用净利润代替股息进行投资价值的估价，有不少误差。净利润代替股息，也会让一些不诚实的公司虚报利润来迷惑股民，只是账上利润而不给投资者兑现真金白银。

在2018年的市场上，有不少公司的PE小于10，PB小于1，这些公司不断公布再融资计划，按常理上市公司应该回购股份，为什么会出现这种现象？这样的公司可能不是好的生意模型，报表上看似赚钱，但有资金饥渴症，任何时候都想融资。能否分红是企业持续营利和财务报表是否真实的试金石。另外，公司的利润可能不实。大家应该理解格雷厄姆对公司持续营利和持续分红历史要求的重要性。上市公司管理层应该把多余现金及时分红。上市公司如果分红率一直很低，但留存的利益无好的投资，不能使企业利润增长，碰上这样的公司时我们要认真分析。

## 二、现金流贴现模型

现金流贴现模型（DCF）说明一个企业的价值源于它产生的现金流和基于现金流量的投资回报能力。该方法先对企业未来的现金流作出预测，然后得出企业的内在价值。公司的内在价值是由未来的现金流量所决定的公司现在的实际价值决定。现金流贴现模型包含很多形式：自由现金流贴现法、权益现金流贴现法、调整现金流贴现法、经济利润贴现法等。其中，自由现金流贴现模型是比较常用的方法，我们对自由现金流贴现方法做介绍。

第一，首先对公司十年甚至更长时期的财务报告进行分析，找出经营收入、毛利润率、营业利润率、折旧、资本支出、营运资本增加、三项费用、收入增长率等财务指标进行分析。

第二，计算出每年现金流。根据企业以前的指标对行业发展进行分析，确定公司接下来7~10年的各项指标。这项工作很重要，但也很主观，很多指标的确认、调整只能依赖各自的经验、理解。看似预测企业将来的财务指标，但更深层的是对公司所在行业、业务的理解，在定性基础上定量分析。

现金流 CF =净利润-净投资+折旧-营运资本的净变化

=营业收入×营业利润率-税收-净投资+折旧-

营运资本的净变化

　　=经营收入×毛利率−三项费用−税收−净投资+折旧−
营运资本的净变化

　　第三，确定贴现率 $K$ 或资本化率。这与长期（10 年以上）利率有关，也与股市、公司的特殊风险相关。长期利率为 5%，美国 100~200 年的股市平均收益率大致为 7.5%，中国的股市风险溢价更高，可能采取 5%~10% 的中间值，取值很重要，但更重要的是一把尺子量到底。贴现率大家可以参考资产定价模型 CAPM 相关书籍。

　　第四，计算公司的现金流贴现值。可以采取两段模型，第一阶段是超额收益期，一般为 5~10 年，每年有一个增长率。第二阶段现金流不再增长，固定的现金流一直保持到永续，其价值就是公司此时的净利润除以公司的贴现率，将这一价值贴现到现在，第二阶段的贴现值也称为公司的残余价值，一般情况下它代表公司价值的 60% 以上。

　　第五，利用现金流贴现，测算出公司的价值。超额有价证券是在公司运作过程中，有些有价证券和其他金融工具并不是公司业务活动所必需的，这部分证券的现行价值也应该加进公司的估值中。公司的价值是现金流贴现值加上超额有价证券的价值再减去优先求偿权，优先求偿权包括长期负债、优先股等。

　　可以将现金流贴现模型简化为下列等式：

$$V = \frac{CF_1}{1 + K} + \frac{CF_2}{(1 + K)^2} + \frac{CF_3}{(1 + K)^3} + \cdots = \sum_{t=1}^{\infty} \frac{CF_t}{(1 + K)^t}$$

　　其中，$V$ 为证券的内在价值；$CF_t$ 为第 $t$ 期的现金流；$K$ 为贴现率或资本化利率；$t$ 为企业存续年限。

　　两阶段模型的情况，若第一阶段增长年限为 7 年，第二阶段 7 年后企业的现金流保持等值。

$$V = \sum_{t=1}^{7} \frac{CF_t}{(1 + K)^t} + \frac{CF_7 \div K}{(1 + K)^7}$$

　　在成熟的市场经济条件下，现金流贴现（DCF）模型是建立在现代财务管理和金融理论基础之上的理性的价值评估手段和方法。它符合会计学的正统计价观点，现金流量是企业价值的基础，将企业价值与财务上的损益表、资产负债表、现金流量表"三张表"联系起来，因而被公认为是概念上最合理的估值模型。由于理论本身的深入人心和实践中的不断摸索，使这些方法和工具成为分析师、投资人、银行和公司相互沟通的语言。我们在后面的章节以中国铁建、雨润食品等企业为例对现金流贴现模型的应用进行说明。

　　DCF 模型在投资过程中具有实践意义，市场过度地乐观和悲观，一只股票的价格可能长期显著地背离股票的内在价值，但多数股票的价格和价值应该趋向一致。DCF 模型能够帮助投资人发现价值被低估的股票。著名的投资人段永平曾说，DCF 是认识企业内在价值的重要思维方式，却未必真的要你去根据这个模型拼命地算。

## 三、近似估值方法

估值 = 当期收益 ×（8.5+2× 预期利润增长率）

这是格雷厄姆在《聪明的投资者》中推荐的简易估值方法，可以算作贴现模型在一定利率条件下的简化，使用于利润能在 7~10 年连续增长的公司。例如，一家公司的年利润为 10 亿元，预计公司今后 10 年的利润增长率为 20%，那么公司的估值为 485 亿元。

我们介绍的三种绝对估值方法，适用于不同企业，在实际投资中也经常被使用。股息贴现法 DDM、现金流贴现法 DCF 和还有人使用的利润贴现法在实质上是相通的，在一定条件下可以互相转化。近似估值法，可以说是一种简化形式。

# 第二节　相对估值法

除了绝对估值方法，人们经常使用的还有市盈率、市净率、市销率等一些相对估值方法。证券市场中经常采用的相对估价法，其理论基础是类似的资产应该有类似的价值。相对估价法的关键是选择合适的可比公司和与价值相匹配的交易乘数，通常选择的交易乘数对公司价值而言是很重要的指标，如盈利、账面净值或销售收入等作为估值的指数。

## 一、市盈率

市盈率 PE 就是市场价格与企业盈利的比值，是常用指标。初入股市一般开口就问"一股多少钱"，过一阵子稍微入行一点儿，就会问"这股票市盈率是多少"。因此市盈率已经成为评价股票的最基本、最常用的指标，就是久经沙场的投资者，选择股票始终有一个 PE 的尺度，PE 超过多少就高了，PE 低于多少就被低估了。PE 小于 10，股票收益率（按每股盈利 EPS 除股价计）大于 10%，若长期利率为 5%，超过 5%，安全边际是 100%，这时的股票是被低估的，可以购买。当然像 20 世纪八九十年代初利率是 7%～10%，购买 PE＝10 的股票，安全边际并不高，从这里我们应该知道，PE 是高了还是低了，还取决于长期利率（一般指长期债券利率）。2008 年金融危机后，各国通过增发货币的形式应对危机，促进经济增长，美国、欧洲等各国央行的资产负债表扩张了近 10 万亿美元，其中美联储的资产负债表从 1 万亿美元扩张到 3.5 万亿美元。中国的情况如何，广义货币供应量 M2 危机前年均增长 15%，危机后降下来了，在 10% 左右，但是金融创新已使 M2 失真。2007 年末，M2 为 40 万亿元、银行总资产为 53 万亿元，到 2018 年 4 月，分别为 174 万亿元、256 万亿元，说明中国的信用扩张速度也是很快的。各国的超级宽松，造成货币利率超低，欧美的一些短期债券甚至为负，但长期债券利率仍在 3%～5%。长期债券利率理论上与实体经济的资产收益率是相关的，也基本上是稳定的。

在历史的大部分时期以及现阶段，股市整体 PE 小于 10，可以认为股市是被低估的。股市的整体 PE 在 10～15，股票收益率位于 6.6～10%，股市处在均衡状态，不算太高也不算太低。股票投资中要针对不同公司具体评价。若 PE 大于 20，股票收益率与长期利率差不多都是 5%，但由于股票的高风险，股息率更低，因此这时股市是被高估的，整体高估具有高安全边际的个股肯定很少。但是股市疯涨，PE 到何种程度会下来很难判定，因为我们无法预测投资者的疯狂。2000 年纳斯达克涨到 5000 多点，后又降到 1400 点，2018 年又涨到 8000 点。2007 年 A 股上证综指从 1000 多点涨到 6124 点，整体 PE 从 10 涨到 50。2015 年创业板指数到 4000 多点，市盈率超过 100，2018 年 10 月到 1300 点，PE 约 30。经济学家希勒认为，PE＞20 时，此后股市回报率通常很低，PE＜10 时，此后股市回报率通常出色。

对 PE 高低的判断，应该区分整体和具体公司，上述只是整体 PE 的判断，在整体 PE 小于 10，低估的环境下，找到具有安全边际的公司更容易。但整体 PE 大于 20，甚至更高，PE 升高后，安全边际降低，风险也加大。中国股市的价值中枢 PE 在 10～15，2017 年 A 股总体盈利 3 万亿元，股市总市值 30 万亿～45 万亿元，对应上证指数 2000～3000 点。根据 A 股大盘整体估值，就可以对目标公司的 PE 和股价有大致的判断了。

分析 PE 要区别现实 PE 和未来 PE 的变化。对不同财务指标分析，可认为是在更深更远的角度思考 PE 是多少。大家都知道现在公司的 PE，3～5 年后 PE 是什么样子，就需要对公司盈利和股票市场走势做出研判，得出的结论对投资决策是很有用的。对未来 PE 进行预测的关键是对利润的预测，这和贴现模型介绍的内容相近。

PE 的值是股票的价格除以盈利，股价又与人们预期、公司未来盈利有关。著名基金经理比尔·米勒说："估算的方法不外乎是在深层次内看他们的价格与收益比以及价格与账面值比。"

大众情人类公司倍受青睐，PE 有可能居高不下。有的公司"门前冷落鞍马稀"，PE 很低，长期被低估，甚至让价值投资者经受心理考验，这时耐心更重要。2007 年金融类行业被一致看好，招商银行、民生银行、中信证券 PE 在 60~70，2015 年金融业发展仍然很快，但市场已认为这一行业是明日黄花，不再被看好，PE 在 10 以下徘徊。2007 年招商银行利润 70 亿元，PB 为 6~7，市值达到3000 亿~4000 亿元，但到 2015 年、2016 年，招商银行盈利 500 多亿元，市值仍然在这个水平，PE 从 40~50 降到 10 以下，PB 约为 1，盈利增加 5~6 倍，但股价不变。2012 年价值投资者可以在 PE 在 10 以下时买入招商银行，但到 2015年、2016 年投资盈利不多，到了 2017 年、2018 年招商银行的市值才到 7000 亿元以上。有人也就认为价值投资过时了，但作为真正的价值投资，更注重对招商银行的业务进行分析：盈利能不能保持，能不能增长，在互联网金融、房地产泡沫的影响下，能不能保持市场份额、每股股息率大于 5%，然后决定这样的股票是否值得投资。投资者以平静的心态看待低迷的价格，招商银行的基本面向好，市值长期维持不变，也需要投资者的耐心，有时要等待一两年甚至于 3~5 年。

## 二、市净率

格雷厄姆很看重市净率这一指标，以市净率为基础购买一揽子股票。通过市净率观察，2018 年 A 股主要公司市净率 1.5，创业板从 2015 年的高点近 10 倍到2018 年的 3~5 倍。

从理论上讲，账面价值（净资产）应该和市场售价相等时，为何市场价格大大超过净资产？第一种原因，若按等价交换原则 PB＝1 是公平的，但是上市公司账面价值是有形资产，有很多品牌、技术、管理等无形资产的价值还没有体现。第二种原因，上市公司本身在股票市场上的供求关系。物以稀为贵。沪深两市有近 2 亿名股民，但上市公司只有近 4000 家，就把上市公司的股价哄抬上去了。上市的审批制，造成上市公司"堰塞湖"，想上市的公司排长队。沪深二级市场的波动大，特别是下跌太多，监管层有浓厚的计划经济时期的"父爱思想"，大跌之后，政府的主要救市就是停止新股发行。但这种间歇式审批发行有很多弊端，也影响沪深两交易所有效配置资源的功能（更早时期交易所被定位为国有企业解决资金问题）。使一级市场上的新股高价发行，并在二级市场轮番炒作，高估价最终由二级市场承接，高估价只能在二级市场慢慢消化。新上市企业的经营增长几年后才能填平高估价，使新上市企业的 PE、PB 降下来。沪深指数在 2000 年就达到 2000 点，2018 年仍然徘徊在 2000~3000 点，上升较少，但沪深总市值由几万亿元上升到 40 多万亿元，中国股市的红利并没有被二级市场投资者分享。股市指数变化不大，大部分的投资者并没有赚到钱，但是上市公司的原始股东、机构投资者、上市前的股权投资者、少数庄家却不断出现暴富神话。发行价居高不下，一级市场对二级市场进行剪羊毛，二级市场中大户对散户进行剪羊毛，结果是证券市场不断造富，财富由穷人流向富人，就是前些年中国股市的食物链。

　　随着新股发行的常态化以及存量上市公司的增加，这种局面正在改变。金融市场配置资源的有效性，就是让好的企业能够融到资金，优质优价，让投资都能够买到好公司的股份，分享到好企业的发展成果。而不是逆向选择，劣质企业通过包装高位发行，一些庄家通过欺诈性的炒作，让二级市场上的投资者蒙受巨大损失，造成中国股市每隔几年波动一次的生态，这其实也是每几年新股民被剪一次羊毛。这些问题背后有更深层次的原因：国内市场不成熟，制度政策不完善，我们的证券市场是相对封闭的，只有开放性、竞争性的市场才可能是公平的市场。随着沪港通、深港通的开通，我国证券市场的开放性进一步增加，投资者会有更多的选择，这会倒逼股票市场生态发生变化。巴菲特多次提到美国证券市场更好地保护了中小投资者，这也给市场监管者以启示。

　　市盈率更易受市场整体影响，但市净率更易体现公司、行业的基本面。PE 低可能说明股票市场不景气，PB 低可能说明市场不景气、行业也不景气。2006 年、2014 年市场的整体 PE 偏低，市净率也很低，说明是很好的投资机会。2008 年港股中的航空公司、石化行业等多个行业市净率都小于 1，上海石化、仪征化纤 PB 为 0.3~0.5，这时恒指为低位，更低的 PB 预示着石化、航空等周期性行业确实不景气，但这时对价值投资者来说是绝好的机会。2011 年、2012 年在 A 股、H 股中的火电发电企业 PB 约等于 1，有的甚至小于 0.5，火电在高煤价影响下进入低谷，在 2012 年的高油价下，航空公司 PB 为 1，这时都是很好的投资机会，价格的低廉已经让不是好生意的企业进入价值区域。但是价值投资者面临价格暴跌，也会有彷徨和犹豫，理性的估值，让我们知道进入了目标区域，但何时出手，如何建仓也是投资者要考虑的，也显示出投资策略和偏好。股价下跌迅猛，常是非理性的结果，理性很难判断和理解。"千万不要接落地的刀子"，何时出手又不伤到自己，这是投资的技术，也是投资的艺术，是专业投资者的真功夫。这种真功夫来自天生的灵性，也来自后天的训练、实践、磨炼，需要投资者不断理解、思考，提高投资水平。当然最终投资业绩因人而异，投资大师毕竟是少数，虽不能成为巴菲特，但不妨碍你成为成功的投资者，在投资之路上寻找快乐和幸福。

　　市净率对周期性行业分析很有用处。市净率低的周期性行业、企业，可能会有机会，作为投资者应该区分是周期性还是永久性衰退。2015 年大盘暴跌后，一些公司的市净率接近1，如钢铁、造纸、煤炭、纺织等，我们如何判断，最重要的是看衰退的行业能不能周期性反弹，还是产业消失或转移。我们再也找不到生产马车的企业，因为这一产业已经消失被新兴汽车取代。纺织企业很难在欧美找到，但工业革命时英国最发达的是纺织业，"一战"前美国南卡的棉花种植业带动了其纺织业崛起，清朝末期、民国时期纺织业是我国先进的、新兴的产业，中华人民共和国成立后，"上青天"（上海、青岛、天津）的纺织业也是三个城市的主要产业。现在，纺织从沿海转到内地，从城市转到乡镇，更值得关注的是，很多纺织产能已经转到了越南、印度。纺织产业在中国不可能再兴起了，也可能逐渐转移、消失。但钢铁、煤炭等是暂时衰退，行业仍有机会兴旺，电力仍要用煤，基建、汽车要用钢铁。因此投资者可以选择周期性行业，这些相关公司已经受到股票市场、所在行业低迷的双重打击，坏消息已经充分体现，不会再坏了，会有机会。有的人会疑问，煤炭、钢铁同纺织品一样，中国也可以进口，这就还需要更多、更详细的专业知识去分析，这里不再详述。

## 如何解决新股发行堰塞湖

　　我国证券市场大涨大跌与新股发行存在某种联系。股市下跌了，也就是有了更多便宜货，新股IPO的价格也开始降低，真正的投资者应该高兴。正如有的投资大师所讲，如果你盼着股市下跌，就说明你距离价值投资更近了。讲得很有道理，投机者每天都盼望着股市上涨，在高位把筹码转给下一位，自己是股价上涨的受益者。中国股市的多年现状是：股市下跌了，老百姓急了，监管部门急了，各种救市政策出台，其实本质上就是非市场的手段（主要是行政手段）解决市场的问题，停发新股，大股东限期不减持、国有企业增持、成立证金公司接盘等。老百姓（股民们）也开始发泄不满，抱怨政府监管不力让股民受损，政府应该救市。更有甚者到证监委、财政部门前上访示威，真是不成熟的市场和不成熟市场的参与者相辅相成。每逢股市上涨，新股发行闸门越开越大，鱼目混珠的公司借机高位圈钱，最终损失只能由股民来承担。美国股市也有这样的特点：牛市后期，大量新股上市，然后崩盘。在二级市场高位接盘新股时，应该思考一下你的交易对手是谁，交易对手是上市公司发行人、投资机构者。他们比你更了解公司本身、公司的价值、行业走势，选择更有利的时机发行，更有利的时机减持。中国石油48元的接盘侠，中国神华100元的接盘侠，被放在山顶，至今未能被解救，2015年的股市泡沫也远不能让高位接盘者解套。在二级市场上的新股投机者应该牢记教训，当年"亚洲最赚钱公司""石油煤炭即将枯竭""FDA 认证药物"等醒目标题还历历在目，错误的理论、观念总会导致错误的行动。当然这些问题对价值投资者并不存在，坚持价值投资让你高枕无忧。

　　这种间歇式发行模式导致了两个堰塞湖：大量等待 IPO 队伍形成的发行堰塞湖，长期的高估值使证券市场本身成为堰塞湖，高悬在上给中国经济和金融带来风险。

　　大盘下跌，新股常规发行能够很好地解决中国股市估值偏高的问题，解决好企业融资难问题，也能让更多投资者买到质优价廉的股票。可这种好事被很多人的短视、偏见阻止。新的证监会领导推行常规发行，我认为是一项英名的决策，有利于股民、有利于长远。

# 三、市销率、市现率

　　市销率 PS 是市值与营业收入的比值。很多投资者并不关注这个指标，但它却在某些领域大有用处。例如，投资周期性行业时，行业反转向好，我们要找到那些企业业绩变化最大，当然也预示着股价涨幅最高，这时市销率比市盈率、市净率更合适。2011 年、2012 年的火电发电企业，2013 年、2014 年的航空企业，2015 年、2016 年的养殖、钢铁、造纸企业等，对这些企业进行分析知道所在的行业进入低谷，因为大多企业微利、亏损，估值都很低。当年港股中华能国际、大唐发电、华电国际市销率分别为 0.6、0.5、0.2。华电市值 60 亿~70 亿元，股价 1 元多，销售收入 500 亿元，行业反转时，华电市销率快速提升到 1，股价最高到 9 元以上，涨幅 6~7 倍。2014 年、2015 年航空企业也是一样的，南航 PS 最低，行业转变，其盈利改善最多，结果股价也上涨最多。上市建筑企业很多，2014 年市销率最低的是中国中铁、中国铁建、中国交建，结果 2015 年这些企业涨幅最大。大家也可以通过市销率对低谷中的钢铁、造纸、养猪相关的企业进行类似的分析。

　　市现率是市值与现金流的比值。对一些资本投入比较多的企业具有参考作用，大部分企业破产，并不是生意上亏损额很大，而是企业缺少流动性，使企业无法运转，即使发现好业务也无法开展，无现金流也不能积聚人才等生产要素。能够从财务报表中的现金流变化、市现率等发现蛛丝马迹，提前规避风险企业。市现率帮助投资者用一双慧眼去分辨真伪，像是能提前感知煤气的金丝雀。很多企业业务很赚钱，但企业总是很缺钱，市现率很低。我们就要进行认真分析，利润是不是财务伎俩制造出来的。从经营常识来看，现金流低常常是由于企业在扩张，增加资本性支出，企业应收账款、存货增加。这样的企业维持生存只能举债，但银行等放款人停止输血或紧急收回流动性，企业就会戛然而止。

# 第三节　如何正确使用不同的估值方法

## 一、估值应注意的问题

估值是投资的基本技能，投资者要理解并且会应用。方法类别很多，但投资者不一定样样精通，对一两种方法能准确使用即可。做好两个"比对"：将相对估值、绝对估值进行比对，将自己的方法、数据和估值结果与其他证券分析师进行比对。

估值需要应用数学知识、数学方法。通常是越来越复杂的数学被广泛应用于经济学、管理学、金融学等领域。但这些领域常是模糊的，不便于用数学度量。经济学经常使用复杂的数学来解释简单的问题，"个股上涨与大盘的相关性""财务业绩与股价的关系"等，但这些复杂的方法和结果对投资实践并无任何意义。我们在应用数学知识时始终要知道，数据只是对公司过去未来的抽象，但未来本身常常是不可预测的。精确的错误比大致的准确更容易带来可怕的后果。如果公司利润增长永续，公司的价值也是无限的，但这是不可能的，公司经营环境的变化都会导致公司财务数据的变化，这些变化因素复杂，不可能精确预测。数学的定量分析常常依托于公司经营、宏观经济、行业特点各方面的定性分析，定性分析错误，数据变化的1%，差之毫厘，谬以千里，最终估值可能差几倍。

会计知识必不可少，但财务专家不一定是很好的估值专家、精明的投资者。会计知识是理解公司经营的共同语言，投资者要掌握。估值时应用财务数据是必不可少的，主要是通过财务数据理解企业价值。

估值要重视结果，更重视过程。估值出来的公司价值是投资决策的重要依据，但是估值过程也是对企业价值分析、了解的过程，帮助我们更深刻地理解企业价值之源。估值后跟踪企业的发展变化、不断调整估值指标，也能更好地理解、更正、调整自己的判断。

估值是主观过程，也是主观认识客观的过程。企业内在价值不以估值者的意识和看法改变而改变，也不随价格波动而快速变动。但估算是由人承担的，是人对企业认识的过程。内在价值决定于企业，但估值受影响于估值人的水平、偏好，估值随着估值者的判断改变而改变。

各种估值方法都有前提条件，不同的方法各有偏重，适用于不同的企业。上述我们提到的现金流贴现方法，很多指标在金融行业就不适用。估值的侧重点也不同：公共事业与周期性企业不同，与科技企业不同。

估值方法要结合企业的财务指标和具体业务。估值涉及的一些财务数据和财务分析各项指标，在以后内容详述。估算方法常常源于对企业经营指标和财务状况的分析预测，更源于对企业价值的分析。

估值是对企业内在价值定量的基本工具，熟练掌握是一个渐进的过程。投资者要在实用中慢慢体会。但对资深投资者估值只是常识，大致估算用于投资决策已经绰绰有余，不需要再按照公式精确计算。就像胖子走过来，一眼就能看出来是个胖子，不用再拿体重仪去称。

投资者需要有自己的估算方法和其他一些标准对企业进行过滤筛选。就如价值投资是基本原则，但巴菲特和众多投资者选择股票不同、偏重行业不同、投资策略也不同。大道相通，而术各有千秋，价值投资中的估值方法原则、分析框架相似，但也给每一个聪明的投资者充分的自由想象、能动发挥的巨大空间。

## 二、不同类型企业的价值评估

价值评估的难点就是根据过去预测未来，不同类型的企业难度大不相同。容易的也就是依据过去、现在和其他信息能读懂将来。这类企业很多，不少公用事业企业：电力中的核电、水电机组建成后，每年发多少电，电价多少，利润多少非常清楚，水电虽有枯水期、丰水期，但多少年下来差不多，管理费用、销售费用（很少）相对稳定。财务费用随利率调整会发生变化，但很易测算。有新建核电水电项目可能会复杂些，但也有章可循。火力发电由于成本60%是煤，煤价的波动，电价的调整会引起现金流的变化，但只要跟踪煤价、电价，基本上能预测到盈利情况。其他公用事业：水务、燃气供应、电信、公路、铁路运输、管道运输，这些企业的共同点是，政府定价，市场并不充分竞争。因此其经营业绩容易预测，经营比较平稳，缺少成长性，当然也很少有讲故事的空间，因此其股价也较平稳。但股票市场整体大幅度波动或政府调价滞后，常成为价值投资者买入的时机。

工业企业大多是市场充分竞争的主体，企业总是你死我活、生死难料，经营大幅变化，预测利润更难，股价波动更大，一般投资者进行价值评估并决定投资很难。但这给专注某一行业的专业证券分析师留下了空间。某一门类的工业产品有广阔的市场前景，整体市场多年增长，但其中的企业盈利并不一定增长，市场蛋糕虽然大了，但是分蛋糕的更多，20世纪八九十年代电视、冰箱等家电连年增长，但企业整体盈利并不见好转。摩托车、汽车行业也存在这一特点。你要对工业企业进行准确估值，必须预测谁是市场最后的赢家，这可能要从企业的管理者、企业管理、企业文化入手，但很难。你很难想象到长虹电视衰落，海信电视胜出；春兰会倒下，格力会脱颖而出。现在的汽车行业，某一企业因为一两款车型畅销而兴旺一两年，最终冠军同样难以预料。这些工业企业可能不是价值投资的首选，因为一般的价值投资者预测不了未来盈利，也无法估值。某一新兴行业，开始进入者很多，竞争也很惨烈，当行业进行洗牌，形成寡头竞争时会给价值投资者机会。但好景不长，这些工业企业又会受到国外企业的竞争或者受到更新技术的冲击。这类工业企业的价值评估很难，也难以成为价值投资者的对象。

快消行业包括食品、饮料、化妆品。常常以品牌、规模效益为竞争手段，这类企业常常是好生意，而且出现赢家通吃局面。由于企业的产品品牌、体验能满足人们的心理偏好，企业形成一定护城河，企业产品具有定价权，企业利润率稳定能预测。要注意企业的销售费用、存货、原材料、新市场开拓、资本性支出等变化时，利润也随之变化。企业经营总是波动式扩张，未来经营处于不确定性中难以预测，投资者进行内在价值评估也出现困扰，不同投资者的评估结果不同。从市场总体角度思考，更能预测出行业中最终胜出企业的未来营业收入、利润，从而可能更准确地评估其价值，这时精明的投资者能选择找出优秀企业。巴菲特投资的可口可乐、喜士糖、麦当劳属于这类企业。中国的茅台、双汇、伊利属于这样的企业，这些企业在成长过程中不断打败竞争对手，扩大市场份额，变成了巨头。但企业现在已经长大，再快速增长不易。这类消费中的优秀企业大都是市场的明星，价格并不低，价值投资者何时能买进？巴菲特主张企业出现坏消息、亏损时是买入时机，但是前提是企业的困难是暂时的，而且坏消息影响股价过度下跌。20世纪80年代可口可乐的新可乐出现销售不畅时，巴菲特大资金买入。同样2012年出现瘦肉精事件的双汇发展也是买入时机。当然在这种情况下投资者能果断出手，首先要对企业的内在价值能够大致评估。

周期性企业。有些行业由于各种原因，行业景气、衰败总是交替出现。这些原因可能是市场供求周期变化、政策变化、宏观经济周期、产品更新换代、国际原材料价格波动导致行业周期变化。周期性企业的共同点是其产品差异化不明显，企业无产品定价权。这类企业包括很多行业：水泥、建材、钢铁等金属材料，矿产品，化工，汽车，造纸，房地产，证券保险，养殖业等。价值投资对这类企业关注不多，不像公用事业、快消行业被价值投资者所青睐。内在价值评估时必须拉长时间段才能抚平周期性因素，假设钢铁的周期性为 3~5 年，如果考虑 7~10 年的业务，预测年限也扩大到 7~10 年，就能消除周期影响。但考虑周期性行业更简单的估值方法是，当行业不景气时，股价也进入低谷，市净率接近或小于 1，净利润是零或亏损。只要确定今日衰败，明日将兴旺，否极泰来，将以前行业兴盛时期的利润率应用到分析，就能很容易地测算出复苏时的利润，也就可以利用相对估值法计算价值，并与价格的比较决定投资与否。当然行业同期性变化股价跟着变化，何时参与、何时退出有更多的技巧，我们在以后的章节中讲述。

金融行业包括银行、保险、证券、信托、资产管理公司等众多分类。证券、保险、资产管理周期性更强，银行周期更长或者说周期性不强。证券业务由于证券市场波动，业务也周期性波动，保险公司资产端包含证券、长期资产、债券，其资产端的收益变动会引起行业变动。银行与宏观经济紧密相关，宏观经济波动引起银行业绩波动，最近政府一直在利用有形之手熨平这种波动，另外银行也利用会计手段、金融创新手段使业务平稳增长。笔者认为这些措施手段只是延续减少波动，银行仍旧是周期性行业，可以参照周期性行业估值。

新兴企业包括相关的技术创新、商业模式创新企业，这些企业的创新常常吸引市场关注，在股价上充分体现。实际上，所谓的新技术常被更新技术替代，新兴企业被更多企业学习、模仿、超越。众多新兴企业谁能笑到最后很难预测，就像参加赌马游戏一样，要靠眼光，也靠运气，最后胜出的新兴企业会大获全胜，但是"一将功成万骨枯"，更多的企业会倒下。在 2000 年互联网泡沫中，纳斯达克的众多明星企业朗讯、北电网络、雅虎、世通公司等在泡沫破灭后陨落，但谷歌、亚马逊、苹果、高通等在废墟中兴起。我们对这些高新企业进行内在价值评估，找到潜在明星肯定不易。新技术的不确定、经营模式的变幻，很难对其内在价值进行评估，就好像在幼儿园里寻找将来的好莱坞明星。因此一般的投资者对这类高估的创新企业还是避而远之。除非有独特的投资能力，对一些技术十分了解，或者你懂得炼金术、占星术一样的巫术。对内在价值评估和投资选择很难，投资者可在创新企业泡沫过后，寻找一些廉价股。如果你不能找到潜在明星，你可以考虑买入创新企业指数基金。在新千年网络泡沫破灭时，纳斯达克在 1000 多点是不错的买入该指数基金的机会。

内在价值评估就是使用你心中的标尺，去测量不同企业，有难有易。评估者本身水平也有高低，经过不断的学习实践，你的水平会不断提高，会像剑客一样层次不断提高：首先是手中有剑，心中无剑；然后是手中有剑，心中有剑；最高境界是手中无剑，心中有剑。

## 三、内在价值评估小结

正如巴菲特所讲，你必须有能力对企业的内在价值有一个大体的估计，但是你并不能够给出准确的答案。作者也希望读者在投资上不要局限于知道很多理念、理论，还要形成你自己的度量标尺。在投资中价值评估等定量分析是不可少的，价值、价格、安全边际都需大致的精确，不然心里无标尺，选择公司就会束手无策。有的人认为，茅台酒有前景、高铁有前景、医疗健康行业前景广阔（从占 GDP 5%最终会上升到 10%），这样定性的概念对你的投资决策帮助不大，因为你没有对公司的内在价值进行评估。没有定量的概念，就不能与市场股价对比看合算不合算，也很难决策投资与否。许多初始投资者常常盲从打听买什么股票，别人买的就是好的。有的人采取彼得·林奇的方法：我经常在星巴克喝咖啡，就买星巴克的股票。殊不知这时定性判断对投资没有很大作用，彼得·林奇的观点是你使用某公司的产品，下一步就可以开始关注该公司，对该公司进行深度分析，当然包括定量分析。

有了内在价值的评估方法，我们就可以对公司进行估价，与市场价格进行对比，就能判断是便宜还是贵，安全边际就是价值高于价格的数值。评估内在价值，根据一定的安全边际决定投资与否时，我们每个人心里都需要有一个标尺，可能每个人标尺的精确度不同，但如果我们始终用自己的标尺去丈量每一家公司，就能比较企业的大致价值。重要的不是标尺的精确性，而是必须有这把尺子。精确度高能减少绝对误差，但用我们不变的尺子同样能测出不同公司的大致价值，给它们排个队，这样通常就能找到好公司。

价值高于价格的股票具有安全边际，对安全边际的标准不同投资者有不同要求。有的在安全边际达到一定数值时就开始买进，价格下跌越多安全边际越高，仓位就不断增加。也有的人每年总是买入市安全边际最高的 50 家公司，随着时间推移，轮番调整。这是两种价值投资的策略。安全边际可以被其他等效的指标代替，《股市稳赚》的作者乔尔·格林布拉特利用资本收益率与市盈率这两个指标组合成的股市"神奇公式"，采用轮番调整的策略取得了不错的投资业绩。

内在价值评估的过程就是对企业价值进行分析，寻找价值源泉的过程。下一章将对企业进行分析，寻求其价值所在。价值评估初接触者将其奉若神灵，认为其十分有用，选择企业先预测评估，这时"看山是山，看水是水"。随着时间推移，发现预测评估不准确，对这方法产生怀疑，这时"看山不是山，看水不是水"。最后能够更深入地理解并能够较准确地评估，这时"看山还是山，看水还是水"。这是哲学上的否定之否定，经过这些阶段后你的估值水平会有一个飞跃。

价值评估学习、实践，一步步的过程是不可缺少的，别人一眼能看出胖子，但是你不一定行，开始你要拿秤去量，有了经验后你也可能一眼看出胖子。

## ■ 投资感悟

巴菲特一直推崇现金流贴现在价值投资中的运用，现金流贴现也是最好的绝对估值方法。可以说贴现估值是更长远、更深层次上对市盈率 PE、市净率 PB 的理解，一般人可能只关注当期和过去的 PE 和 PB。

投资失败的更多原因不是你的方法太少、知识太少、信息太少，而是太多，方法、知识、信息太多，互相打架，让你无所适从。

组合管理、分散投资是你在价格与心理之间的一种平衡，也可以说是心灵的一种抚慰剂，这种抚慰剂很有必要，不同的投资者"剂量"不同。巴菲特说"多元化只是起到保护无知的作用"。这说明巴菲特不需要这种抚慰剂。

证券市场中投资赚钱，有时不是因为你太聪明，而是因为你的交易对手太傻。

价值投资重要的是价值，了解了企业的价值，你就知道了买什么。了解了企业的价值，何时买、何时卖的问题也就解决了。因此价值投资大师巴菲特的选股方略考虑的顺序是：选择公司、公司的管理状况、金融业绩（财务状况）及现行价格。

大家都知道的事件，事件实际发生时的影响远小于事件对心理预期的影响，这在股市、经济、金融等很多方面都是这样。

投资需要两种能力：一种是对企业的认知能力，另一种是对自我的控制能力，包括人性和心理上的考量。

决策投资时会考虑很多因素，你必须去伪存真，去繁就简，最后决定投资的逻辑支点会聚焦一两个点，关键的少数。如果会有很多因素同时困扰你，说明你的思考还不成熟。

投资过程是一个从混沌到清晰的过程，也是一段心路历程，起伏波折，一帆风顺的较少。

投资之道是对投资实践的抽象，很多人看似明白，但操作起来无所适从。投资之术，直接教给你一招一式，但用起来经常失灵。

很多人抱怨现在没有投资机会、投资标的，站在现在回看 10 年前，到处是投资机会，只是没抓住。站在 10 年后看今天，同样会有很多机会。从来不缺少机会，只是你缺少发现机会的眼睛。

安全边际是价格与价值之间的差距，是对未来不确定性的一种补救措施。

# 第三章 企业分析

## ——一双慧眼发现价值

雾里看花水中望月，你能分辨这变幻莫测的世界，涛走云飞花开花谢，你能把握这摇曳多姿的季节。……借我借我一双慧眼吧，让我把这纷扰看得清清楚楚、明明白白、真真切切。

——歌曲《雾里看花》

企业的价值，就是企业的产品服务能够满足人们的需要，实现"惊险一跳"通过市场交换成为商品，进而为企业带来利润，为投资者带来红利，为雇员带来工资，为国家带来税收，为土地方带来地租。利润以红利形式回报投资者或者留存企业再投资以后回报投资人。企业分析就是企业盈利能力的分析。企业分析包括以下方面：企业生意模式分析，看企业是否是好生意；企业竞争力分析，判断企业如何在众多竞争者中生存下来；行业分析是看企业群体的状况；财务分析是从财务来给企业进行体检，看企业是否健康；企业管理和企业文化分析是寻找优秀企业具有的管理和文化基因。企业分析是一个全面、系统、专业的过程，也是区分专业投资者和业余投资者的标志，证券分析师、投资经理有更多时间精力、更强的专业能力对企业进行跟踪研究。业余投资者没有太多时间去对企业进行分析研究。但是不意味着业余投资者不能成为价值投资者，不能成为成功的投资者。业余投资者可以在能力圈内对一定领域的企业进行透彻分析，并取得成功。专业人员有企业分析的优势，但并不意味着一定能成为成功的投资者。正如MBA教程所讲，有的企业家是天生的，也有的企业家是后天学出来的。成功的投资者也是先天性与后天培养的共同结果。

## 第一节 商业模式分析

巴菲特选择企业首先要求有好生意，也就是要有一个好的商业模式。巴菲特多次提到伯克希尔哈撒韦的纺织是一个坏生意，企业由好的管理者带领辛辛苦苦地经营，但是生产的纺织产品没有差异化，也就没有定价权。有的纺织企业购买更新设备，生产效率更高，就把纺织产品价格拉低，其他纺织品企业也需要更新设备，不然原来的生产线就会亏损，只能跟着进行资本性投资，伯克希尔哈撒韦一直微利或亏损，虽然企业账面价值相对于市场价格很高，只是便宜的"烟蒂股"。账面价值大部分是固定资产，设备更新后，这些账面价值很高的旧设备成为破铜烂铁，一文不值。收购该纺织企业后巴菲特一直很后悔，最后不得不把纺织业务关掉，使伯克希尔哈撒韦转型为投资公司。巴菲特还论及农业机械生产企业、航空公司等不好的生意模式。查理·芒格也谈及生产某些食品的企业虽然很多，但多数企业还是很赚钱，这是因为这些企业是好的商业模式。

为什么有的企业是好的商业模式，有的企业不是好的商业模式？怎样才算是好的商业模式？

按照西方有关厂商等微观经济学的理论，在完全竞争市场上，市场价格由供求双方的竞争决定，价格可以充分发挥其调节作用，在长期均衡中实现市场价格＝边际成本＝平均成本，从整个社会来看，总供给与总需求相等，资源得到了最优配置。企业在充分竞争下，不能实现超额利润，企业的利润率也接近社会平均利润率。任何企业、行业存在高额利润时，资本会流向高利润企业，企业的竞争加剧，利润就会下来。但是，现实的市场环境远远达不到完全自由竞争的市场条件：企业的产品无差异，市场买方卖方足够多，市场资源充分流动，企业无门槛，市场信息是公开透明的。企业间、行业间的利润率总是不一样，这与垄断、信息不对称、经济的外部性等市场经济本身的缺陷有关。

好生意的超额利润在某种程度上来自于垄断，垄断形成了企业的高利润。这种垄断可能是行政垄断或是自然垄断。垄断的企业就是具有护城河的企业，企业具有产品定价权，这种护城河可能来自于品牌、技术、规模优势、产品对客户的黏性、企业的销售网络、企业的地理优势、政府特许经营。按经济学中的垄断理论，垄断形成价格歧视，将消费剩余转为企业超额利润。企业或产品的独特性形成了企业的护城河，企业有了一定的定价能力（类似于经济学上的价格垄断或价格歧视），产品也就有溢价的可能，企业有实现超额利润的可能。真正的好生意可能不需要管理层费九牛二虎之力就能盈利很多，如某些河流上的水电站，位置独特的铁路、公路、港口，某些有良好口碑的百年老店。

# 一、好的商业模式

好的商业模式通常包括以下几种形式：

## （一）品牌优势企业

定价权就是企业具有护城河的表现形式，国内最好的例子就是贵州茅台，茅台酒从 20 世纪 90 年代就一直提价，这里边有茅台生产成本提高的原因，但主要是品牌溢价。东阿阿胶每块产品从 2004 年的 100 多元涨到现在的 1000 多元。这样的企业具有独特的文化品牌优势，不少其他企业效仿，但并不成功，白酒行业中也有一些企业生产年份酒、高价酒，但市场并不买账。黄酒、红酒纷纷效仿白酒涨价，但最终多以失败告终。甚至醋、牛奶、榨菜、肉制品、瓶装水等生产企业也纷纷生产高价产品，但市场反应不强烈，最终回归实际。最早的情况出现在服装企业，很多企业模仿国外奢侈品牌，不断提高价格，但最终消费者还是会返璞归真，不会成为"冤大头"，这也是近年优衣库、H&M 物美价廉服装流行的原因。茅台酒的定价权来自于茅台的品牌、客户黏性、中国的交往习惯、其品质和文化内涵，其实茅台酒涨价也是根据市场容量、消费偏好、生产量综合考虑，并不是任性涨价。但是其涨价有个"经济外部性"让排名靠后的酒企业有了腾挪、生存的空间。

## （二）技术垄断的企业

由于技术产品的独特性，企业有很高的利润。苹果具有大于 30% 的利润，其他高新技术企业包括生物医药、互联网企业的高利润都说明了这一点。但这些企业也有技术外溢和专利期满的问题，还有被新企业、新技术取代的风险。

## （三）规模优势的企业

在快消行业，有很多企业实行薄利多销，规模大具有成本方面的优势，一些小企业单位成本高，很难与之竞争。规模优势企业的低利润率策略给小企业生存空间以挤压，这也是快消企业经常出现的"赢家通吃"的原因。一些大的食品饮料企业，建立销售网络，采购有议价能力，企业形成了一定的技术开发能力，企业也有资金进行宣传推广，形成品牌优势。弱小的新进入企业很难扭转竞争生态，正如巴菲特所讲，给你再多美元，你也很难再建一个和可口可乐媲美的公司。同样一个企业想生产火腿肠，与双汇集团竞争也是不可能的，新的方便面企业很难把康师傅拉下马，小的食品企业连 CCTV 的广告费都出不起。这就是规模优势企业的特点。当然也有先发优势企业，由于自身犯错误，让后发企业超越，这需要投资者观察分析。这样的规模优势企业也不一定能坐享百年，有时产品也可能突然被取代，例如，爱多、新科的 VCD 就被革命性的数字音乐产品取代，诺基亚统领的传统手机被智能手机取代，乳品企业三鹿也轰然倒塌。规模优势企业也有天花板，企业的边界符合科斯定理，如果企业内部的效率低于外部市场的效率，企业规模将会缩小。

## （四）产品对客户具有黏性

麦当劳的汉堡包、茅台酒，也由于其独特口味，形成了忠实的消费群体，这样黏性甚至成为消费者偏好。美国一种基金专门从事消费者成瘾企业的投资，如游戏、香烟、博彩等企业，这家基金很成功。客户黏性一般不及成瘾的程度，但使消费者渐渐具有某种依赖性。这种依赖性来自心理、生理的某种感受，甚至错觉。这些产品的特点是常与口味、舒适感、心理需求、健康有关。具有黏性的产品常来自食品、饮料、餐饮、保健品、体验娱乐行业。客户的消费黏性带给企业护城河、定价权。

## （五）独特的地理位置

某些收费公路、管道运输、铁路、港口有这样的优势。大秦铁路是运煤的主要通道，联结煤炭基地、港口，实现北煤南运，其运输量随着铁道、机车改造不断增加，规模化低成本也得以体现，每年运量4亿吨，年收入约500亿元，利润100多亿元，已成为名副其实的印钞机。长江三峡、向家坝、二滩等水力发电企业，充分利用水力资源，水利发电成本低，发出的电国家电网照单全收。这种电站不需要技术更新和高超管理、市场营销推广，这就是地理位置垄断的优势。不过这种垄断的产品定价不是企业说了算，而是由政府定价，利润空间受控。独特地理优势的企业也不可能一劳永逸，煤炭运输通道、收费高速公路、港口可能受到新建铁路、公路、港口的影响。

## （六）政府特许经营

主要指具有特许经营牌照的企业，特别是在中国，由计划经济转向市场经济，政府在很多领域存在审批管制。一些领域的政府牌照是有含金量的：金融行业的牌照、施工资质、特许生产。我们要认真分析政府特许经营给企业带来的收益，防止鱼目混珠。随着市场化改革的深入，政府监管职能在转变，市场在配置资源上发挥市场的决定性作用，政府的特许经营含金量整体在降低。另外很多特许经营的企业是国有企业，企业负担重，在管理效率上不具优势。某些特许经营是这些企业长期生存的压舱石，但不能保证企业能发展壮大。亚当·斯密在《国富论》中重点论述了东印度、南海公司等政府特许企业破产的原因，这些企业在发展中也会遇到其他方面的竞争，政府特许和不断的资金支持没有让这些企业挽回败局。在风险比较高的市场竞争中，大型企业即使获得政府特许也不具备竞争优势，仍以失败告终。他认为政府掌控的企业不适合市场竞争的冒险领域，更适合水务、银行、保险等领域。

### （七）企业在上下游的配套中变得必不可少

客户要放弃使用该产品，转换成本很高。一些软件开发企业、专业设备提供商都具有这些特点。Windows 对个人电脑，安卓系统对智能手机，WORD 对编辑系统，甲壳虫对数据库处理系统，发动机对飞机总装企业都有这些特点，一旦适用，转换成本很高。

## 二、对商业模式的抽象分类

以上我们分析了属于好生意的商业模式。我们在进行企业分析时会发现更多的商业模式，笔者以自己的理解将这些模式进行抽象，帮助分析各种商业模式如下：

### （一）收费站模型

"此路是我修，此山是我开，要从此路过，请交过路钱。" 公路、铁路、飞机场、港口、管道运输、银行中间业务，这种模式经营简单，易理解，盈利稳定，比较容易分析预测。

### （二）平台式模型

我建平台，让大家交易，我收场地费。淘宝等电商网站、商品城、交易所、腾讯 QQ、共享汽车平台、P2P 网贷、券商的经纪业务。这种企业增长快，风险也比较低，但易受到更有效率的平台竞争。

### （三）克隆型

一个单位、一个工厂、一家店铺、一个地区成功了，我建第二个、第三个……连锁经营、一些工业企业、多分支的金融企业等属于这种形式。特点是扩张快，业绩提升快，窥一斑而知全豹。但易受同类企业竞争，易受高效率的互联网平台冲击。

### （四）高端消费型

衣、食、住、行、健、体、美、乐这些日常消费领域。有些企业定位高端，吸引了高端客户。企业的产品有差异性，与消费者体验、愉悦感、感官感觉、虚荣心等心理因素有关，顾客愿意出高价购买产品和服务。这类企业常具有前面讲到的好的商业模式的特点。

## （五）重资产型

企业固定资产占总资产的比例高，资产周转率低。这类企业包括公用事业、制造业、原材料等重化工业。这类企业高投入、高负债，投资回报率（ROIC）不高，企业的固定资产折旧率和市场利率会对企业产生很大的影响。

## （六）轻资产型

企业盈利主要来自无形资产（技术、商誉、人才），投入少、利润率高，这类企业便于复制、扩张。很多优秀的企业属于轻资产型企业。

## （七）跟随型

这类企业敢为人后，与行业老大如影随形。别人找到了成熟的产品、商业模式，我再跟进。很多先驱企业变成了先烈，这类企业不冒险总是跟随成熟者，结果风险较低。

## （八）延长产业链

这种综合型企业，为了避免受限于上下游的影响，就将自己的产业拓展到上下游。中粮集团提出从农田到餐桌的全产业链，"两桶油"也覆盖勘探、采油、运输、炼化、批零等石油石化的所有业务。中国能源集团重组后，也将煤炭、煤化工、发电链条打通。有的肉食企业将肉制品扩展到猪仔繁殖、养殖、屠宰、加工、销售等产业链。延长产业链的企业能应对产业链内的波动，看似大而不能倒。但企业最重要的特点是在自己的优势上发力，大而全常常意味着效率缺失、灵活性降低。有的企业不是在纵向产业链上发力，但是涉及多个产业，东方不亮西方亮。企业管理理论证明，无论横向拓展和纵向拓展都不能保证企业经久不衰，专注型企业更能快速发展。

## （九）技术创新型

在前面介绍过创新型企业，靠先进技术吃饭，利润率高。

## （十）借鸡下蛋型

共享单车、连锁电器、连锁超市都利用他人的资金、资产、产品去做生意。这类企业常常对原有的资源进行整合，创新为新的商业模式。特别是在互联网风靡的时代，我们的生活正在发生前所未有的改变。不过投资前要观察这样的企业，是否真的能找到市场的"堵点"，找到新的盈利点，要规避烧钱的忽悠。

### （十一）细分市场的老大

露露、福耀、谭木匠等在各自细分市场内是老大，细分市场虽然不是很大，但这样的企业有一定的垄断，利润率较高，日子很好过。

# 第二节　竞争力分析

企业的价值来自企业的产品、服务满足市场的需求。但是市场的本质是竞争，优胜劣汰，遵循丛林法则，在残酷的市场竞争中，如何让企业立于不败之地？靠企业独特的竞争力，特别是核心竞争力。这些竞争力来自于企业在人才、技术、管理、品牌、商业模式或其他稀缺资源方面的优势。如同人的价值决定于人的独特性也就是不可替代性，与众不同的你更有价值，否则你只是芸芸众生的一员，你的"边际效益"递减至平均的水平，当然收入也是平均工资。真正出类拔萃、具有独特竞争力的企业并不多，也不长久。多数同类企业的竞争力差不多，一家是否能超过另一家也不是一目了然，你从何入手分析呢？波特的竞争理论对企业的竞争力进行了系统分析。科斯认为，企业将市场交换内部化，通过管理降低交易成本。用最新的生态位理论来分析商业生态系统的竞争关系。即通过生态宽度和生态位重叠度描述一个企业的竞争能力和竞争环境，生态位宽度指企业对环境中资源生态因子的适应和利用范围，表示企业利用各种资源总和或对资源利用的多样化程度，也可以说企业的综合能力，生态位宽度与企业竞争力间呈现正相关关系。生态位重叠度是企业占据的生态位与其他企业生态位的重叠程度，也就是指竞争对手的数量，生态位重叠度决定了企业竞争的激烈程度。

我们从以下几个方面分析企业的竞争力。

## 一、科技竞争力

我们从企业上市时提供的资料、每年的财务报告中都能找到企业生产经营的描述，这其中会提到企业的生产技术实力。当然企业自己的报告，肯定对其自身的竞争力或多或少地夸大其词，投资者要有辨别真假的慧眼。特别是一些企业的竞争力常常被企业过分解读，有时会被别有用心的人过分解读。例如，申请 FDA

的药品认证，就被多次解读，其实有的企业只是 FDA 认证的一个步骤获得通过，就是通过认证，产品销量还是市场说了算。很多企业的专利其实技术含量并不高，其他一些技术同专利一样常是噱头。很多申请过专利保护的人对此会有了解，真正有含金量给企业带来经济效益的专利并不多。也有的企业为了形象甚至为了申请 IPO 才设法获得专利。在投资过程中，技术被过分解读的正是很多相信、迷信技术的"技术盲"。投资者分析企业的技术竞争力，有时要有专业能力或借助专家。

## 二、品牌竞争力

很多快消产品、耐用消费品都因为品牌实力被消费者认可，品牌知名度成为很多消费者购买商品时主要考虑的依据，因为消费者对产品功能参数不知所云，只能看牌子。最近几年，多种品牌在各行各业纷纷建立，消费者也有点儿审美疲劳。有的企业利用广告狂轰滥炸，然后去卖一般产品的套路，消费者也有所知。品牌的竞争力要企业去精心呵护，不能一朝一夕，如春都、三鹿等案例更能说明品牌是易碎的花瓶。投资者看品牌竞争力，也要看企业是百年品牌还是后来催生的品牌。品牌竞争力最终来自企业高品质的产品、深厚的文化底蕴、技术管理等方面的优势，品牌体现出良好的市场口碑、产品定价权、财务上的高毛利率。品牌与一定品类的产品相联系，有的企业将品牌扩充到其他产品，但通常品牌延伸后号召力不强，甚至会对原有的品牌影响力产生负面影响。白酒生产企业去生产红酒、啤酒，生产空调的去卖冰箱，有成功的，当然更多的是失败。

## 三、人才竞争力

科技是第一生产力，人才是第一资源，对创新型企业尤其是这样，企业常因特殊的技术人才、市场人才、管理人才而自居。其实这些人才能否真正给企业带来利益值得观察，很多被企业高薪引进的人才志大才疏，名声在外，也有的是水土不服，最后变成"劈柴"。另外人才是流动的，知识很容易传播，过一阵子人才的最初红利会消失。

## 四、商业模式的创新

商业模式就是生意模式、赚钱模式。商业模式常通过对现有资源、模式、流程进行整合，再赋予新技术支持，使企业形成新的盈利模式。商业模式能分出企业是好生意还是坏生意。

## 五、其他稀缺资源

企业拥有独特的地理优势、原材料、矿产、证照。企业拥有稀缺资源，才有话语权、定价权。盐湖钾肥拥有国内的主要钾肥资源，国际钾肥价格暴涨，盐湖钾肥也出现业绩与股价齐飞局面。

## 六、从竞争对手看企业的竞争力

市场经济是竞争经济，从同行对比可以看出企业的竞争力。正如一则笑话所讲，甲、乙两人在树林中看见老虎，甲提上鞋子拔腿就跑，乙说你能跑得过老虎，甲说我只要比你跑得快即可。同行竞争力对比更能看出优劣。如果企业的市场份额很接近，产品品质接近，谁能胜出，我们就需要对企业的竞争力进行对比。春都A、双汇发展是两家1998年上市的公司，同是河南省生产肉制品的企业，但最后企业的命运相差很大。1990年初，春都生产出中国第一根火腿肠，很快红遍大江南北，其他肉联厂纷纷跟进，全国有上百家企业生产火腿肠，仅河南省就十多家，其中春都、郑荣、双汇属于全国前三大。春都、双汇先后上市占据优势，包括郑荣等其他众多火腿肠生产企业逐渐失去竞争力退出市场。春都、双汇两品牌竞争力接近，春都更强。产品技术也接近，主要生产设备、火腿肠包装薄膜从相同的日本公司进口，产品质量也接近，其他的原材料、销售渠道也接近。20世纪90年代市场需求大，供不应求，两家都赚钱。但随着市场增长变慢，出现供过于求，企业的好日子已过，开始激烈竞争。两者在竞争力上的差别越来越明显，特别是在管理上。双汇按市场规律办事，形成与市场对接的激励约束机制，管理严、执行力强，年底考核目标完成好的中高层拿到高额奖金。春都国有企业计划经济的特色更明显，存在大锅饭现象，中高层激励不足，但中高层职务消费奇高、浪费严重。价格战血拼时，双汇产品有利润，春都已开始亏钱，只能降低产品质量，质量低，市场销量更差，进入恶性循环。竞争力的细微差别导致企业长期角力的过程中，竞争力差的被淘汰出局。投资者进行市场调研时能够发现管理的差别，两个企业的人气不一样。从上市后公布的财务报表也可看出端倪，两者的销售利润率、净资产收益率ROE都有明显差别。同行对手对比就看出武功的差别，双汇、春都的竞争力差别，在当年空调、电视机、冰箱、电脑等行业同样存在，竞争力差别导致有的企业胜出，有的企业败退。这种竞争力差别尤其在市场整体停滞、萎缩时，或者宏观经济环境变化时，影响力更大，直接决定了竞争企业的生死成败，疾风知劲草，路遥知马力。

## 七、从上下游分析企业竞争力

　　企业在产业链条上既是合作关系，又是某种竞争关系。在这个产业链条上，有竞争力的企业对采购的原材料、卖出的产品都有定价能力，直接决定上下游盈利，但有的企业只能看别人眼色行事。例如，A→B→C→D 产业链，A 供应 B，如果 A 行业有 A1、A2、A3、…很多企业，B 行业中有 B 企业一家，B 就有议价能力。如果 A 行业中有 A 一家企业，B 行业中有 B1、B2、B3、…很多企业，A 就有议价能力，竞争力更强。B、C、D 的关系也是类似情况，如果 B 上游 A 行业有许多企业 A1、A2、A3、…，B 下游 C 行业也有许多企业 C1、C2、C3、…，B 行业只有一家企业 B，那么 B 就有很强的议价能力。"南北车"合并成中国中车，中车上游零部件生产企业很多，中车对上游企业有较强的议价能力，有较强的竞争力。中车的动车组系列产品下游是铁路总公司，铁路总公司也是独此一家。地铁系列产品下游是几十座城市，中车的地铁车辆竞争力比动车组要强，盈利能力会更强。但要是地铁又有新的生产厂家进入，情况会发生变化。对动车组来说，如果国外、国内很多企业都来采购，动车组的竞争力就提高了。合并后的中车一般人认为会形势大好，但随后利润出现下降，原因与铁路总公司下调中车主要营利产品采购价有关。从产业链上的角度来看，同样可以用于分析电脑、手机等企业的竞争力。电脑 CPU 生产厂家，英特尔一家独大，但下游的电脑厂家很多，在 20 世纪 90 年代和 21 世纪初，英特尔的利润率一直保持在 30%～40%。随着新的芯片厂商进入 CPU 生产，智能手机对电脑的替代，英特尔的竞争力开始下降。

　　企业的产品线很多，我们对产品进行分类分析，哪些产品具有核心竞争力，具有较宽的护城河，哪些是一般产品。在众多建筑企业中，中国铁建在高铁建设上有独特优势，但在公路、房建、水利工程上优势一般；中国交建在公路、港口建设上有优势；中国建筑在房建上有优势；中国能源建设集团在水利工程建设上有独特优势。双汇在高温肉制品上优势明显，在低温产品上也有优势，在冷鲜肉上并无明显优势。康师傅在方便面上有优势，在饮料上优势一般，在小食品上基本无优势。对中国中车的产品分类研究，中国中车在高铁、地铁车辆上有优势，在车厢、机车、货车上竞争力一般。

　　竞争力是企业一定阶段的能力，竞争力在企业发展中逐渐变化，失去已有竞争力，获得新的竞争力，竞争力是动态的，我们分析竞争力也要有长远的眼光。企业本身就是创新的主体，只有保持产品、技术、管理不断创新，才能适应市场变化的需求，变成基业长青的百年老店。价值投资者要通过竞争力分析等多种手段找到这样的优秀企业。

# 永辉超市的竞争力是什么

沃尔玛、家乐福、麦德龙、乐天玛特、乐购等全球大型零售集团纷纷落地中国，华联、大润发、易初莲花、丹尼斯、华润万家也不断扩大超市规模，超市在中国由原来的新的商业模式，已经变成了传统商业，竞争日渐激烈，行业从20%的毛利率，快速下滑。雪上加霜的是电商的触角扫过电器、百货后，已经伸向超市涉及的众多品类。超市的寒冬已经来临，英国乐购将中国业务卖给华润退出中国市场，乐天玛特也急于出手在华业务，家乐福也开始关店收缩中国业务。但本土的永辉超市从2010年上市时的135家门店增加到2016年的500多家，营业收入从100亿元增加到500亿元，永辉异军突起，其竞争力是什么？

包括国际巨头在大卖场中很重视食品、日用品、服装、小电器等品类的销售。生鲜由于价格便宜、毛利率低，生产商多头分散，产品非标化，保质期短，供应链需要本地化，大型超市并不在乎生鲜品类。永辉超市把生鲜作为切入点，主动与渔民、菜农结盟，去除中间环节，在超市中供应质优价廉的生鲜产品，生鲜产品成为聚集人气的亮点，人气带动其他商品的销售。从生鲜基地采购好商品虽然很费人费力，但逐渐成为永辉超市超过其他竞争对手的竞争力，开店+卖鱼、卖菜成为永辉的目标，开店就是扩大规模，卖鱼、卖菜就是永辉的差异化战略，却也道出了永辉的独特竞争力。

永辉超市老板张轩松的理论是"供应链做不好其他也做不好"，解决好供应链就不会受束缚，永辉的竞争力紧紧围绕着供应链。永辉引入牛奶国际，与中百集团、联华超市合作，收购零售商服务企业达曼国际，就是为构建全球供应链，永辉超市的目标就是打造供应链方面的优势，成为一家优秀的食品供应链企业。

永辉超市的这种竞争力是否会被模仿、被超越？这种竞争力能否被电商平台颠覆？供应链的竞争力肯定会被学习模仿，也说明很难有一劳永逸的竞争力。电商在社会消费品中的渗透率已经达到20%，在生鲜中只有2%~3%，生鲜是电商瞄准的万亿元市场规模的香饽饽。随着冷链物流形成，线上线下融合，电商渗透率会大大加快，对永辉超市的冲击在所难免，永辉超市也需要在电商的冲击下重新找到自己独特的竞争力。

# 第三节　行业分析

行业是同类企业的整体，我们对单个企业进行分析时，要对企业群组进行分析，就是行业分析。整个国民经济由很多行业组成，这些行业随着经济发展、人们需求的改变而改变。当经济学家计算伦敦的马车越来越多，伦敦的马粪会堆几尺高时。发动机革命使汽车如雨后春笋一样出现在大街小巷，马粪没有堆积成山，马车这个行业消失了。电器厂家在各地建立专卖店、在百货商场设立专柜，但国美、苏宁的连锁经营模式，以创新的商业模式逐渐替代专卖店模式。苏宁、国美在全国扩张布局并互掐时，京东的电子商务模式将苏宁、国美拉下马。苏宁、国美仍在对线下开店、线上网售纠结时，京东的市场份额将两家远远甩在后面。这就是行业变化，对行业分析就是透视行业变化、潮起潮落，并能看清行业中企业的生死存亡。

行业变化最主要的推动力是技术，技术的变革改变了人们的市场需求，形成新的需求。工业革命最主要的是"引擎革命"，蒸汽机、汽油机、柴油机发明出来。"引擎革命"改变了纺织业、轮船运输、火车、汽车、航空等行业。这些行业又带动了煤炭、石油采掘行业的崛起。在"一战"前后火车运输、石油石化、纺织、汽车制造是大明星企业聚集的行业。这些大明星企业离不开整个行业的兴起。这次工业革命带动资本主义迅猛发展。美国每次经济快速发展以及股市大牛市都与新技术带来的产业革命崛起分不开。电子技术革命，引发广播电视等家电行业的兴起，石油化工技术革命带动塑料、橡胶、化纤等行业的发展。两项大的技术革命引领了20世纪五六十年代的大牛市。芯片技术带动计算机、通信行业的发展也催生了20世纪90年代的大牛市。互联网技术改变了人们生活的各个方面，催生了电子商务、网络社交等行业，兴起的行业出现了伟大的企业，也催生了近年的牛市。因此，基础技术革命的势能和带动力对人们的文化生活方式产生了巨大改变，是带动行业变化的主要动因。

技术革命引发行业变化，催生新行业的出现，技术在区域的扩散也引起各个国家的行业变化、转移。后发国家的行业变化会跟随先进国家，发达国家的今天可能是发展中国家的明天。行业分析要关注新技术，又要关注发达国家的产业结构及行业变化。从中美行业的营收、利润、市值在GDP的比例，能够知道中国哪些行业还有发展潜力。中国在医药行业、芯片硬件、食品保健、航天航空、军工国防、文化创意等行业仍有较大发展空间，但金融、传统商业零售方面，中国已接近、超过美国水平，这些行业已经接近行业天花板，整个行业发展停滞不前，身在其中的企业生存状况肯定受影响。

行业变化、产业转移有其自身的规律性，这也说明行业与各国经济的发展水平、资源禀赋比较优势有关。经济学家费农提出了产品生命周期理论与产业的空间联系起来很好理解产业转移、全球分工。制造业从欧洲转移到美国，"二战"后转移到日本、亚洲四小龙地区，这些年转移到中国，现在、今后会有一部分转移到印度、越南等东南亚地区。中国的制造业行业仍有优势，将主要向高端制造、高端装备提升，中国第三产业将超过第二产业成为 GDP 的主要推动力，第三产业中的医疗、健康、休闲、旅游、文化娱乐仍有广阔的增长空间。

周期性行业经常在一国周期性变化，重复兴衰交替。分析周期性行业主要是区别它与衰败行业的不同，衰败行业指这个行业在一国将消失或转移。在前面已提到周期性行业变化，由于行业景气度进入低谷，人们的预期也发生变化，很多公司的股价也进入底部区域，公司经营、股价都到了底部，这时投资价值突现，有了很高的安全边际，行业和股价的双底部是出手买入的好时机。周期性行业复苏，常常是影响行业的因素发生了变化，我们对影响周期性的因素进行分析跟踪，并且对这些因素影响公司业绩变化进行定量分析，对公司的利润、净资产收益 ROE 做出估计，对股价可能变化的幅度有大概的了解。当然做企业分析最主要的目的是对公司进行深度解读，找到决定企业价值的因素，关注公司基本面胜于关注股价。

周期性行业经营改变时有哪些征兆？"春江水暖鸭先知"，行业变化当然企业最先有体会。企业经营变化也能从财务报表上察觉，个别企业的财务状况首先改变，然后大部分开始改变，最后大家的日子都很好。反之亦然，行业衰败也是个别企业发生拐点，其他企业跟着改变。这也是行业整体与个别企业之间的关系，可以通过总体与结构的分析框架去考虑。

通过对公司基本面的周期变化分析，来决定我们的买卖行为。但具体操作上也有择时的技巧，买卖根据基本面的变化或股价变化（包括大盘、个股）的综合情况决定。股价对基本面的反应有早有晚不同步。有的投资者提前预测并稳步操作，在低估区域开始建仓，越跌越买。买入后基本面、股价可能在底部停留很长时间，投资者会因股价不断创新低而面临心理压力。有的投资者在行业开始反转或者股价开始反转的拐点处开始买入，相当于等刀子落在地上弹跳几下再碰，当然注重股价反转拐点买入更像是择时交易，不同的是在充分了解内在价值的基础上进行择时。周期性行业变化还有一个特点，在行业整体低迷时营利差甚至亏损很大的企业，有朝一日行业复苏，其业绩转变更大。

行业间的联系、互动。在整个经济体系中，产业间存在着联系，产业内部各行业同样存在着联系。有的投资专家认为，合格的投资者更需要会计、统计、心理学、历史等知识，经济学知识对投资者作用不大。但搞清楚宏观经济、产业经济、各行业间联系以及宏观经济对企业的影响，可能学习经济学的人更有优势。煤炭、火电、高耗电三个行业因为煤价、电价的变化，使三个行业的景气发生了变化。石油、石化、航空（包括航运）行业间，纸浆、原纸生产与包装行业间，采矿业、金属冶炼业、金属加工行业间，都存在着某种联动关系。投资者要具有整体、联系、变化、辩证的思维去洞察公司内在价值的各影响因素，对这些因素进行定量定性分析研究，也是证券分析师、专业投资者的功力所在，这也是他们的价值所在。1952 年，美联储前主席格林斯潘根据"二战"时飞机等的数据，推算出朝鲜战争对美国整个经济的各个方面，如对铜、钢铁、冶金、铁路运输、电力等行业造成的经济影响，发表了"美国空军的经济学"论文，引起了五角大楼的震惊，认为格林斯潘可能是间谍，因为他发表的统计结果跟美国军方掌握的秘密数据十分接近，这也让年轻的格林斯潘在华尔街一夜成名。格林斯潘的例子也说明了金融、经济专业人士的独特作用。我们在经济研究中能够发现很多这样的线索：例如，这两年玉米收储政策改变，玉米价格下跌，对其他种植业小麦、大米、大豆会有影响，对下游淀粉加工业、饲料业有影响，甚至对养殖业、屠宰、肉制品加工都有影响。2017 年，纸、铝、钢、煤、铁价格暴涨，也会对相关产业产生影响，投资者若是有心人就会发现机会。

# 第四节　财务分析

　　企业定量分析的主要数据来自财务报告，根据以往的财务报告进行财务分析，结合其他诸多分析，对企业的未来进行预测，然后进行内在价值评估。财务分析已成为投资必不可少的步骤，会计知识也成为证券金融分析师的必备知识。会计知识是企业经营的通用语言，不懂这一"普通话"也就无法理解企业、无法交流沟通。面对索然无味的会计法规、一堆堆数字，很多投资者畏缩了，倒在了会计知识门槛前，望洋兴叹，更谈不上登堂入室。

　　投资者不一定是会计师。投资者的目的是运用会计知识读懂企业，理解企业的价值；会计师的目的是运用财务知识，记录、表达、分析企业的生产经营情况。两者目的不同、工作内容不同、具体要求也不同。投资高手未必是会计高手，高级会计师也未必会成为好的投资者。

　　投资者具有一定的会计知识，在投资实践中研读财务报告，能准确把握主要指标，能分辨出企业的财务技巧、财务真伪、财务欺诈，甚至透视出财务背后深层次东西，更好理解企业价值，逐渐成为精明的投资者。当年大牛股银广厦，通过分析研究财务报表能较早分辨出财务造假，北京大学的刘姝威老师通过财务解读发现农业股蓝田股份的天价鱼、天价饮料，判定财务造假，并在《金融内参》上发表文章《应立即停止对蓝田股份发放贷款》。很多网友对雨润食品的财务解读，判定公司利润并非全部来自生产经营，有夸大嫌疑。总而言之，财务分析对投资是必不可少的。

# 一、重要的财务指标

本书不是普及财务知识，对利润表、资产负债表、现金流量表中财务指标的理解也不是为了对这些指标进行概念解释，而是偏重指标的作用、可能出现的问题、与内在价值的关系。

## （一）营业收入

产品、服务卖出去才能有收入，有收入才能产生现金流、利润。收入要关注的是收入确认，真正的收入才能产生利润。收入来自大量应收账款，应收账可能成为坏账，这样的收入不是带来利润而是将来的亏损。收入如果大量来自关联交易，你可要小心，这样的收入、利润公司可以调控。有一家上市的服装公司曾采用连锁经营，店铺从几百家很快开到六七千家，新开一家店公司就把货物交给加盟店列为收入。不少服装公司每年开几百家店，公司的营业收入以30%的速度连年增长。其实货物并没有真正到消费者手中，而且在经销环节，加盟的经销店与厂家签订老款回收协议（大多是口头默许），中间环节的货物虽然确定为收入，但实际上并没有卖给消费者，根据合作协议风险仍然与厂家有关。我们看到很多服饰公司专卖店开到3000家以上，已涵盖了全部县城，店不能再扩张了，营业收入也不再增长。厂家还会通过每家店每年销售多少可以提高奖励系数的政策扩大营业收入。随着越来越多的服装企业加入竞争，很多营销策略也不能再激励经销环节时，营业收入开始大幅下滑，虚假的营业收入被挤出，利润也大幅下滑。很多服装企业、运动服饰属于这种情况。通过与经销商的某些默契人为调控营业收入，其他很多行业销售中都可能存在此现象，如鞋子、白酒、葡萄酒、食品饮料、手机、家电等。港股上市的葡萄酒生产企业王朝酒业被长期停牌就是因为其经销商的货物已被确认为销售收入，其实货物都堆在仓库，王朝酒业被质疑财务造假。因此我们看到营收大幅度增长，还要了解产品的受欢迎程度以及实际消费情况。

还有的营业收入看似很高，其实是代销母公司产品。有几年双汇发展的利润率比雨润低，不是因为其产品没有竞争力，而是因为其营收中很大一部分是代销母公司的产品，只收较低的销售代理费，从财务报表上看双汇的利润率较低，我们分析双汇发展、雨润食品案例还会论述。很多建筑公司的营业收入都很高，其实搞建筑的人都清楚，这些业务大都会转包出去，这样的收入利润并不高，公司也就是收到一定比例的管理费，但要承担不少风险。

一些上市公司的营收来自下属合营企业，收入虽然并表了，但利润却要扣除少数股东权益。其他业务收入科目中转让资本使用权的使用费收入等，如果数额较大应密切关注。

## （二）营业成本

营业成本是企业为生产产品、提供劳务等发生的可归属于产品成本、劳务成本等的费用。应当在确认收入时，将相关成本计入当期损益。营业成本确认也成为企业调控利润的重要手段，而且更隐蔽。在企业年度财务报告中，很多企业会将营业成本细分，有的会做成图表，例如，航空公司会把其成本包括燃油成本、人力成本、飞机折旧、餐食及机上供应品费用、民航基础建设基金、驻外机构费用、起降服务费等以及各种成分占比列明，这些信息便于我们发现影响企业利润的相关因素，并进行价值分析与评估。

## （三）销售费用、管理费用、财务费用等三项费用

### 1. 销售费用

销售费用指企业销售商品和材料、提供劳务的过程中发生的各种费用。在不同行业情况不同，很多企业的销售费用很低，但消费品领域销售费用占比很高，销售推广是企业取得收入的重要因素。当年中央电视台的标王就是通过广告来拉动产品销售。山东秦池酒厂成为标王的前一年销售收入不足 2 亿元，但是其借钱 2 亿多元成为当年的标王，来年收入近 10 亿元，最后因质量问题曝光而快速下滑。销售费用猛增催生的营业收入要仔细分析，这种昙花一现的情况很多，中央电视台标王的不断陨落证明了这一点。销售费用很高，产品质量不好，营收不能持续增长，最终企业会被打回原形。

### 2. 管理费用

管理费用常常是一个筐，企业的很多费用往里装。某基建企业近 10 亿元的天价招待费被披露，管理费用的"包容性"让投资者大吃一惊。管理费用中应关注科研经费的投入，并结合企业实际了解新产品的进展情况。

### 3. 财务费用

财务费用是指企业为筹集生产经营所需资金等而发生的筹资费用，包括利息收支、汇兑损益、相关手续费等。这一指标是值得特别关注的指标，因为上市企业，尤其国企都是高负债，总资产负债率常大于70%，负债中很多是有息负债，企业的财务费用远超净利润，这样的企业是给股东打工，更是给银行打工。借款利率和财务费用是影响企业利润的重要因素。另外，企业资产、负债中币种对财务的影响，汇兑损益成为影响外汇借款企业利润的重要因素。如果企业美元借款100亿美元，美元升值10%，汇兑损益10亿美元即65亿元人民币，对净利润影响巨大。真正好的生意模式，财务费用不可能长期处于高位。负债率高、财务费用高的企业，实际上是高风险的企业。现在有些国企高负债的风险常由股东设法兜底，最坏的结果是债务重组或企业合并，但投资者要知道这样的企业可能是"烟蒂股"，很难成为高利润的企业。

## （四）营业利润、净利润

营业利润＝营业收入－营业成本－营业税金及附加－三项费用－资产减值损失－公允价值变动收益（－损失）+投资收益(－损失)

公允价值变动损益是指交易性金融资产等公允价值变动形成的计入当期损益的利得或损失。营业利润是采用自由现金流贴现模型进行价值评估用的指标，优点是与营业业务直接相关，不易被人为调控。资产减值、公允价值变动、投资收益等又被称作非经常损益，是读财报时要认真关注的。非经常损益是一个随时包含鲜花和定时炸弹的项目，如果该指标占利润的很大比例，我们就要小心了，企业总是通过计提、重估调控这一指标改变"菜鸟们"经常看重的每股收益 EPS。

利润总额＝营业利润+营业外收入－营业外支出

净利润是利润总额减去所得税费用。净利润是吸引眼球的指标，但也是经常被掺水分的指标。营业外收入是企业确认的与其日常活动无直接关系的各项利得。包括非流动资产处置利得、政府补助、盘盈利得、捐赠利得、非货币性资产交换利得、债务重组利得等。营业外支出是在相关方面的损失。营业外收支五花八门，但样样重要，需要瞪大眼睛从损益表到附注都看清楚，特别是突然变化或者数值比较大的项目要弄清来龙去脉。所得税费用＝当期所得税+递延所得税，其中递延所得税很绕，数值较小而且比较稳定的话，也不会有太多的蹊跷，数值变化大时要关注。

毛利率。通常将营业收入减营业成本减营业税金叫做毛利润，毛利润与营业收入的比值是毛利率。从毛利率可以看出企业产品的差异化和定价权，巴菲特特别关注毛利率高的企业，认为是好企业的特点之一。很多企业毛利率只有不到

10%，扣除三项费用、所得税，净利润率微薄，不到2%。如果存货增加，某些环节亏损，企业的现金流会快速下降。很多施工企业属于这种情况，也反映了这类企业赚少亏大的生意特点。

## （五）应收、应付账款

这两项指标也反映了行业中企业的特点。在营业收入中，我们讲到应收账款与营业收入的某种关系，应收账款的占比变化是值得关注的指标，应收账款的计提和计提方式的改变是值得关注的，应收账款也反映了企业采购环节的模式、相对话语权。另外还有两项指标预收账款、预付账款。预收账款反映了产品在以后销售中的受欢迎程度，茅台的预收账款在2012年前为50多亿元，八项规定出台后，预收账款逐年下降到2014年底的15亿元（2014年第三季度为8亿元），2015年为83亿元，2016年为175亿元，2017年为144亿元，预收账款的变化也提前预示着公司营业收入可能的变化。

## （六）存货

存货也是反映经营的重要指标，存货的变化提前预示着经营上的变化，存货的计价方法和存货跌价准备计提是重要的观察对象。

## （七）营运资本

净营运资本=流动资产–流动负债，反映了满足经营时的流动资产投入，净营运资本是流动性比较高的资产，流动比率=流动资产/流动负债。格雷厄姆要求防御型投资者把流动比率大于2，市值小于净营运资本，长期负债/净营运资本小于1.2作为选择股票的必要条件。

## （八）长期股权投资、固定资产、投资性房地产

长期股权投资主要关注投资收益。长期股权投资的资产损益、资产减值、资产取得和处置等都会对公司利润产生影响。固定资产主要关注折旧、减值、在建工程转固情况，固定资产折旧要与企业过去、所在行业对比是否一致，折旧的方式是否经常改变。投资性房地产采用成本法和公允价值法进行计量会对公司利润产生很大影响。我们在公司资产负债表中的资产结构中能够判定公司是重资产型或是轻资产型的企业。

## （九）无形资产、商誉

巴菲特认为无形资产、商誉是护城河的标志，但分析两项指标要看背后的内

容是否有真正的价值。商誉常常是企业合并后的财务处理。商誉也被企业在重组合并中人为操作，影响利润指标。从雨润食品与双汇对比的案例中可以看出，两者销售利润率的差距一部分来自雨润对商誉的会计处理。无形资产的费用资本化、摊销减值等项目都影响利润。投资者一般关注主营业务收入和利润，不仅仅看销售利润率等明显指标，也要看利润的隐藏内容，时刻提醒自己：明星是包装后的人造美女还是天生丽质。

### （十）流动负债、长期负债

代表企业的偿债风险，负债增加特别是流动负债增加，表明企业的财务风险在增大。在建工程的长期借款利息可以资本化，利息资本化成为重资产型企业、房地产行业调整当期利率的重要手段。在企业的负债中要关注有息负债，有息负债过重说明企业给银行做贡献。资产负债率是一个重要指标，它反映了企业杠杆和财务风险，金融危机后，宏观货币政策相对宽松，企业杠杆率不断提升，2016年末，中国非金融机构杠杆率（占 GDP 比率）为235%，较 10 年前的 135%大幅度增加，其中政府、居民分别约为 45%，非金融企业占比超过 150%，也就是120 多万亿元。上市企业资产负债很多超过 60%，国有企业和重资产型企业更高。在经济环境和利率改变时，这些企业的财务成本、财务风险是很大的。

### （十一）经营性净现金流

反映经营性活动中的现金净流入。经营性净现金流与净利润比较，特别是净现金流与净利润的转变过程，能充分了解净利润的真实性。

### （十二）净资产收益率 ROE

中国上市公司同美国一样 ROE 为 10% ~ 12%，在 ROE、股息率、股价增长之间存在一定关系。从 ROE 中去探讨分析，就相当于净资产增长率，净资产增长率与股指增长长期推算是相等的。在净资产收益率之外，还要关注总资产报酬率（ROA）、投资资产收益率（ROIC）。

## 二、财务指标分析

### （一）财务分析的方式

通过以下几种方式对企业进行财务分析。

**1. 营利性分析**

通过毛利率、营业利润率、净利润率、总资产报酬率和净资产收益率等指标来判断企业的盈利能力。毛利率反映企业的产品差异化、企业的定价能力。白酒类、创新药、中药、化妆品等毛利率高于50%，有的甚至超过80%，说明此类企业产品有独特优势，企业有一定护城河。总资产报酬率ROA、投资资产收益率ROIC、净资产收益率ROE反映了资产回报率。如果资产收益很高，说明企业可以利用财务杠杆，适当举债经营，以获得更多收益。但我国很多上市公司，ROA小于2%，ROE小于5%，企业应该降标杆，但这样的公司常进行扩张，是不正常的。

**2. 发展能力**

主要考察营业收入增长率、营业利润增长率、总资产增长率、净资产增长率。这四个指标反映了企业的成长性，也是辨别优秀成长性公司的重要指标。

**3. 运营能力**

主要指标包括应收账款周转率、存货周转率、固定资产周转率、总资产周转率，用以考察企业资产运营能力，这些指标经常用于同行业企业对比，发现行业中优秀的企业。

**4. 偿债能力**

流动比率（即流动资产/流动负债）大于2，总资产负债率小于60%，偿债系数（利润/偿债额）为3~5倍，以上三种情况被认为是比较安全的。

**5. 杜邦分析**

净资产收益率ROE＝营业利润率×总资产周转率×杠杆率，上市公司的净资产收益率在10%~40%，净资产收益率高能给股东带来高回报，通过分发红利或者留存收益再投资。优秀的企业ROE通常较高，大于15%。如果ROE长年低于5%（长期债券利率为5%），从理论上讲，这种企业就没有存在的必要，这样的企业还举债超过5%的贷款利率去扩张，更是在"找死"。

通过杜邦分析我们清楚了净资产收益的来源。高ROE有的来自高毛利率、高利润率，像白酒等高端消费品。有的是薄利多销，虽然利润率低于5%~7%，但资产周转率高，ROE同样很高，像双汇、家电等。企业在发展中采用的策略与产品特点有关，正大饲料在中国早期销售时，产品利润率较高，产品销量增长也很快，但给了市场新进入者以空间，新希望等国内饲料快速成长，最终成为正大的竞争对手。康师傅、双汇企业采取较低的利润率，并且通过自己的规模优势，最终把新进入者、小企业逼出市场，其主导产品占50%~70%的市场份额，成为半垄断的独角兽企业。

上述对财务指标的简单介绍，使我们知道财务指标帮我们更好地分析企业的生意模式，测算企业的内在价值。

中国铁建、中国南车的财务指标比较。2011年中国铁建营收4500亿元，利润79亿元，毛利率10%，净利润率1.7%，前三年营收年均增长率10%，资产负债率85%，有息负债快速扩张，财务费用20亿元，净资产收益率12%，每股收益EPS0.64元。中国南车营收800多亿元，利润47亿元，毛利率19%，净利润率6%，三年营收年均增长率30%，资产负债率70%，有息负债较低，财务费用9亿元，净资产收益率17%，EPS 0.33元。两者的共同特点是面临中国高铁、地铁大发展、高铁走出去，市场前景向好。中国铁建利润率低说明这一行业竞争很激烈，虽然修铁路以中国中铁、中国铁建为主，但中国交建、中国建筑也进入了这一行业。中国南车利润率高，这说明中国南车的盈利能力好于中国铁建。两者的成长性比较，其实铁路修建规模每年稳定7000亿~8000亿元，铁建修路建房其他业务也会稳定，国外业务会快速增长，但国外业务占比较低。中国南车供应新通铁路相对稳定，因此每年业务中南车现有车辆的维修更新，地铁业务两项是新的增长点，先修铁路再购车辆，因此中国南车的成长性和成长的时间要好于中国铁建。从财务分析中可以看出，中国铁建的利润较高，但发展能力、运营能力、偿债能力不如中国南车。我们在后面的案例中还会对中国铁建等企业的财务进行分析，财务分析能看出企业价值变化的信息。

## （二）财务造假的手段

财务造假甚至财务欺骗是新兴市场中经常出现的现象，其实在欧美市场也有这种情况。作为监管者要想方设法让这样的不良公司减少甚至消失，但作为投资者要有发现和回避这种公司的能力。通常财务造假会有以下形式。

### 1. 调控营业收入

这是最普遍的造假手段，投资者如果只是懂财务，对企业的业务不熟悉，是很难发现的。

### 2. 改变折旧办法

特别是重资产型的企业，可以通过调整固定资产折旧办法来改变当期利润。

### 3. 应收账款、存货调整

这也是企业通过调整营业收入，最后来调整利润。

### 4. 非经常性损益

此项目通常会立刻改变人们通常比较看重的净利润和每股收益。非经常损益占净利润比例高，我们需要睁大眼睛，包括资本处置、资产交换、债务重组、补助等项目。

### 5. 费用资产化

本应在当期扣除的费用，公司进行资产化，这些费用主要包括固定资产建设过程中，科研投入的财务费用。一些重资产和房地产企业通过费用资产化来改变利润。

### 6. 在建工程不转固

在建工程完工，企业不转入固定资产也不计提折旧。

### 7. 关联交易

产品、资产关联交易常有腾挪空间，关联交易比例很高的公司，我们必须审慎地分析。随着监管部门的严格要求，关联交易和同业竞争的情况在逐渐减少。

### 8. 公允价值变动收益和投资收益

投资收益若大幅度变动应该关注，公允价值变动收益很大也需要留意。

### 9. 虚增投资

财务造假公司经常通过投资将虚假利润做平，利润大幅增加伴随着投资大幅增加。这其中的原因很简单，利润造出来了，账面上没有钱，只能说又花出去了。

获取财务信息的渠道。财务信息来自财务报告，三张表是重要的信息来源，但很多重要信息在附注上，我们要慢慢读，同一企业和同行几个企业的报表对比看，也更便于了解企业。自己进行财务分析，也可查看券商机构的分析报告，进行对比，便于更好地理解。另外通过一些行业、专业信息印证企业财务信息，有些行业、地方政府会有一些信息帮助我们分析企业财务。在进行财务分析时我们要将财务数字与公司的实际运营结合起来，纸上得来终觉浅，绝知此事要躬行，财务上你冥思苦想无答案的问题，到现场一看就会恍然大悟。

# 第五节　企业管理和企业文化分析

前面对企业的分析方法都很有用，但是只有对企业管理、文化的分析才能深入到企业的骨子里和灵魂中，能前瞻性地看到企业最本质的东西。优秀企业有哪些特质？《基业长青》对美国多年一直优秀的企业进行分析，列出了 IBM、3M 等多家伟大的企业，这些伟大企业的共同特点：①保存核心并能不断创新。②胆大包天的目标。③教派式的文化。④择强汰弱的进化。⑤自家培养的当家人。这些特点主要来自企业的管理和文化。

我们对企业进行分析，按照巴菲特好企业的特点：好生意、好管理、好价格。企业的好生意：企业要有高毛利率、高净资产收益率 ROE，企业具有强大的护城河，对产品具有定价权，产品有客户黏性。企业的好管理：管理层诚实守信，总能实现已定的目标、承诺，管理层为股东着想，把多余的钱及时分红，而不是盲目投资扩大企业规模。管理层关心企业的经营，而不是股价。管理层专注核心业务，而不是盲目多元化，忙于并购重组。管理层不会总是在高位减持自己的股份。我们通过财报、高管的言谈判断企业管理的有效性，高管的诚实性，如果能参与股东大会，我们就不难发现企业管理中的实际情况：团队合作性、管理层对企业的信心等很多有用的信息。好价格指价格低于价值，具有较高的安全边际。

如果你是企业的管理者，应该考虑企业的以下几个方面，同样投资者观察企业也应该从这几个方面入手：

第一，明确的战略目标。企业是在市场竞争中追求利润的经济实体，一个企业要知道自己的定位：有哪些优势、劣势？所在的行业和市场前景如何？企业的竞争力在什么地方？企业近期、远期的战略重点、战略目标。战略目标是企业前进的动力。没有战略目标的企业就没有了方向，是无头苍蝇。

第二，管理框架。是指企业的治理结构、组织结构、工作流程、业务板块组成。要明确各部门的职责、权限、目标，实现责权利的统一，要防止管理空白、管理重叠，使事事有人管、人人有事干，并实现有效运行和监督。管理框架就像企业的骨架。随着企业的发展、转型，企业的管理框架要进行调整和变革，才能保持其适应市场、实现战略目标。

第三，企业运行的制度安排。企业由小到大的过程中，实现由人治到法治转变是必需的。制度化、规范化、文件化的管理体系在一定程度上是有效率的，能够防止人为因素的各种弊端。制度是企业的肌肉组织，联结骨架，使其运转。

第四，激励约束机制。人是生产力中最活跃的因素，管理应该以人为本，激发调动了人的积极性和创造性就激活了企业这一主体。目标管理、科学的业绩考核评价、奖惩制度是激励约束机制必不可少的。财务术语是企业经济活动的统一语言，财务指标是企业考核评价的主要指标。

第五，优胜劣汰的用人机制。企业要适应不断变化的市场，必须不断创新产品，其背后要有新的技术理念和人才支撑。企业的人才要不断吐故纳新、新陈代谢，用人机制要有利于择强汰弱。

第六，企业的外部环境。企业领导人要不断创造有利于企业发展的外部环境：政策环境、人文环境等。在中国政府的支持是必不可少的。

第七，企业文化。是在企业发展过程中形成的有形的、无形的支持系统，是企业的神经系统。企业文化是企业的灵魂，一个优秀企业总有自己的文化基因，优秀的企业文化总能帮助企业一次次渡过行业危机、产品危机，使企业峰回路转，成为基业长青的百年企业。IBM 在 1940 年是一家制表公司，后来发展为计算机公司，但随着个人电脑业务的发展，更多公司如苹果、戴尔、康柏、惠普进入个人电脑行业，IBM 主动转型，将个人电脑业务出售给联想。IBM 专注于数据处理、企业服务、服务器等相关业务。随着互联网行业的大发展，原有业务遭遇竞争和挑战，最近几年 IBM 又一次进行转型，将主要业务转向人工智能、云计算服务、大数据处理等新的业务，2017 年新业务收入超过原来业务收入。IBM 成功转型，不断追求卓越，是由于 IBM 有人才优势和技术积累，但更是因为有不断创新、适应新挑战的文化基因。我们了解分析企业就要了解其企业文化，好的企业文化是企业成功的重要因素。不同的企业有不同的企业文化，谷歌强调自由、开放、创新、技术，让员工主要是科技工作者有一个宽松的工作环境，发挥自身潜能、实现自我价值，这是谷歌作为科技创新企业必需的。像三一重工、格力电器更强调集中决策、快速执行，使企业在传统制造业中更有效率、更具竞争力。

管理和企业文化是企业的软实力，可能看不清、摸不着，不像财务分析、行业分析、商业模式分析那样直观、易判断。但管理、企业文化是能看懂一个企业最重要的因素。管理让企业更有效率、更有竞争力。企业文化让企业更有活力、更有方向感。作为投资者更应理解企业的管理、文化，才能找出基业长青企业的优秀基因。

这一章从商业模式、竞争力、行业、财务、企业管理和文化几个方面对企业进行分析，寻找企业的价值之源。企业分析顺序上一直都有自上而下或是自下而上的区别。有人主张自上而下，由整体到个体、由一般到个别，从宏观经济、行业到具体企业，自上而下分析者从宏观角度出发，找到有正面影响的企业。例如，从国家振兴大西北的宏观政策中找到享受政策红利的具体基建公司、水泥钢铁企业，再从中找出好企业；从现阶段的蓝天保卫战政策背景下，找到受益的环保达标企业、环保治理企业。有人主张自下而上，从单个企业出发，进行彻底的剖析，找到优秀的企业，并顺藤摸瓜窥探到企业所在行业的变化，从而做出更正确的判断。自上而下、自下而上没有优劣之分，在具体企业分析中也不会有这么严格的区分，经常是同时使用两种方法的综合分析，自上、自下最终还是为更好地看清企业，为投资决策做参考。

### ■ 投资感悟

赫胥黎的一句话：真理因伟大而能取胜，但真理的取胜要经过漫长的过程。同理，投资因为你的正确判断而赚钱，但判断过程以及验证过程是曲折、漫长的，很多人倒在真理被证实的黎明前。

诺贝尔经济学奖得主泰勒在《助推》中认为：人类的预见大部分都因为带有偏见而不可靠，同时人类的决策水平也并不怎么样。想成为聪明的投资者，你要想办法克服偏见、选择性相信等心理误区。

建立自己的投资体系要有一定的理论、理念做支撑，并将自己的投资经验、方式进行系统化提升，投资体系要包括理论、方法、策略、各种投资工具。检验你的投资体系或者方法论的标准是你是否能够在市场中持续赚钱。投资体系不能是空洞的理论，也不能是一次偶然的成功投资。

实践是检验理论的标准，市场是检验投资方法的标准。

投资过程是建立投资逻辑并进行跟踪验证的过程，是一种智力游戏，赚钱可能只是副产品。这种对投资的理解更能使你有一个平稳的心态，在波动的市场中处于有利地位。

金融市场是天才与骗子共生的地方。

证券投资中要坚持常理、常规，买股票就是买企业，你开个饭馆、工厂，可能要求3~5年收回成本，10年回本的项目常常不会投资。

中国证券市场的高估值，特别是新股的高估值，带来了很多后遗症：新三板的大扩张是为了分享高估值；上市公司的大量增发是为了分享高估值；上市公司的外延式并购是为了分享高估值；股权市场的快速发展是为了分享高估值；股票质押的部分原因是股东对自己股份的一种'变现'，也是为了分享高估值。现在高估值带来的不少问题在逐渐显现，长期高估值的局面正在进行修正。

中国证券市场的生态正在发生改变：机构投资者在增加，散户在减少；想上市圈钱的很多，但拿出资金的投资者在减少；上市的企业很多，退市的企业很少；想收割韭菜的很多，韭菜越来越少；市场的容量变大，市场的层次变多，股民的选择也越来越多；想忽悠的很多，但被忽悠的也变得越来越聪明。

能力圈与你的资金要匹配，当你的资本很大时，要扩大你的能力圈。当然对于一般的散户上述情况并不存在。

有不少'股神'在做投资的年终总结中，总是列举之前超过巴菲特很多倍的'投资业绩'，对之前的投资内容和今后的投资标的却避而不谈。这样的故事不可证伪，这样的'神人神话'对听众无任何价值。倒是编写神话的人可能另有所图。

# 第四章　感受证券市场的脉搏

我能计算出天体的运动，却无法算出人类的疯狂。

——牛顿

## 第一节　证券市场的特点

### 一、证券市场

正如格雷厄姆对市场的叙述："股票市场中好像有一个市场先生，他的情绪很容易狂躁不安，有时会过度乐观，有时又会过度悲观。有时他的热情或恐惧会一下子云飞雾散，推荐的东西好像有些愚蠢。"如果你仅因为市场先生夸夸其谈就付诸行动的话，你一定会输棋。最好滤去杂念，把精力集中到企业的内在价值等基本因素上去。投资者必须有耐心、有原则地等待正确的买入机会，坚持价值投资的原则。"从短期来看，市场是一台投票机；但从长期来看，它是一台称重机。"价值投资者不为市场先生所动，对市场先生的报价一般不予理会，只关心公司的内在价值并跟踪企业的内在价值和基本面。市场先生的报价为价值投资者带来两种机会，市场很兴奋，报价很高，价值投资者有机会卖出高估值的股票；市场低迷、报价很低时，价值投资者有机会买入便宜的筹码。大部分人赔钱是因为太关注短期的市场价格，很多初入市者，有股票依赖症，每几分钟看一下股价，这种做法不能增加投资者的幸福感，甚至会使投资者的情绪随股价波动，有的甚至茶饭不思、寝食难安，这样的股民不如早日退出股市或者购买指数基金。真正的价值投资者应该将股票作为企业的一部分股权，关心企业生产经营创造的价值、利润，而不是紧盯市场价格。这也是真正的价值投资者高枕无忧的原因，真正的价值投资者应该是幸福的人。短线投机者偶然成功，财富暴涨，经常会最终败于投机，正如《股票作手回忆录》中原型人物利维摩尔的下场。

## 二、中国股市自身特点

我国股市起步晚，市场建立时的功能定位为国企募集资金，这种初始定位有偏差，后逐渐调整为配置资源。发行制度一直实行审批制而非注册制，我们前面讲过形成企业 IPO 的堰塞湖，从 2000 年底到 2018 年 10 月股指上涨 30%，而股市总值从 5 万亿元增加到 45 万亿元，市场容量不断扩大。如果你在上述时间段内在二级市场上的投资收益有 30%，大大小于银行的活期存款，但 A 股总值扩大了 9 倍，财富增长了这么多，蛋糕被谁拿走了？也说明这种情况是由 IPO 制度和退市制度所致，由于市场本身只进不出，只进少出，很少有企业退市，市场缺少优胜劣汰，本身就降低了投资者选择好公司的概率。另外，中国股指一直较高，上市企业通过增发增加市场容量，享受高估值的市场红利。高价 IPO 增发让一级市场的发行企业悄悄偷走了二级市场股民的奶酪，当然受益的还有投行等机构投资者、先知先觉的大户等。

中国股市长期估值高，股市波动大，这背后的原因是什么？估值高是由于新兴市场估值普遍较高，发行制度使上市企业长期供应不足。股市上蹿下跳，比国外市场波动大，有很多原因，市场前些年整体规模小，参与的资金较多，市场参与者赌性大，市场个人投资者数量多，机构投资者少，还有更重要的原因是，中国股市是封闭的市场，封闭市场使参与者投资渠道少，选择余地小，封闭市场更易被误导、被操纵。正如波普尔在《开放社会及敌人》中所述，只有开放民主的社会才能减少认识偏差，少走弯路。证券市场只有更加开放、更多竞争才能让投资者有更多选择，才能防止出现暴涨暴跌的情况。沪港通、深港通将内地与香港市场联通，虽然资金流不是很大，但是意义巨大。好像用管子连接了两个水坝的水，水总是不断由高处流向低处，避免一个水坝的水长期处于高位。两个水坝的水位最终会接近，这也是我们看到的实际情况。

从图 4-1 可以看出，我国股市近 30 年的走势，20 世纪 90 年代沪深股市开始运行，初期股市变化更大，甚至一年一个样。近 30 年的历史几经大的起落，1999~2000 年的牛市，上证指数突破 2000 点，后一直盘整下跌至 1000 点，2003~2004 年有一波小行情升至近 2000 点，2006~2007 年涨至 6124 点，然后下跌到 1664 点，熊市漫漫近 7 年，2014~2015 年从 2000 多点涨至 5200 多点，2015 年狂跌到 3000 点，2017 年有一小波行情，2018 年下跌到 2500 点。股市是中国改革开放的产物，也是改革开放的试验田，中国股市到 2018 年上证综指 2500 多点，沪深市值 40 多万亿元，开户近 2 亿个，现在沪深市场已成为国民经济不可缺少的部分，40 多万亿元也是居民财富的重要组成。中国股市让很多股民爱恨交加，欲罢不能。从图 4-2 我国的 GDP 与 A 股总市值的对比也可以看出，A 股的

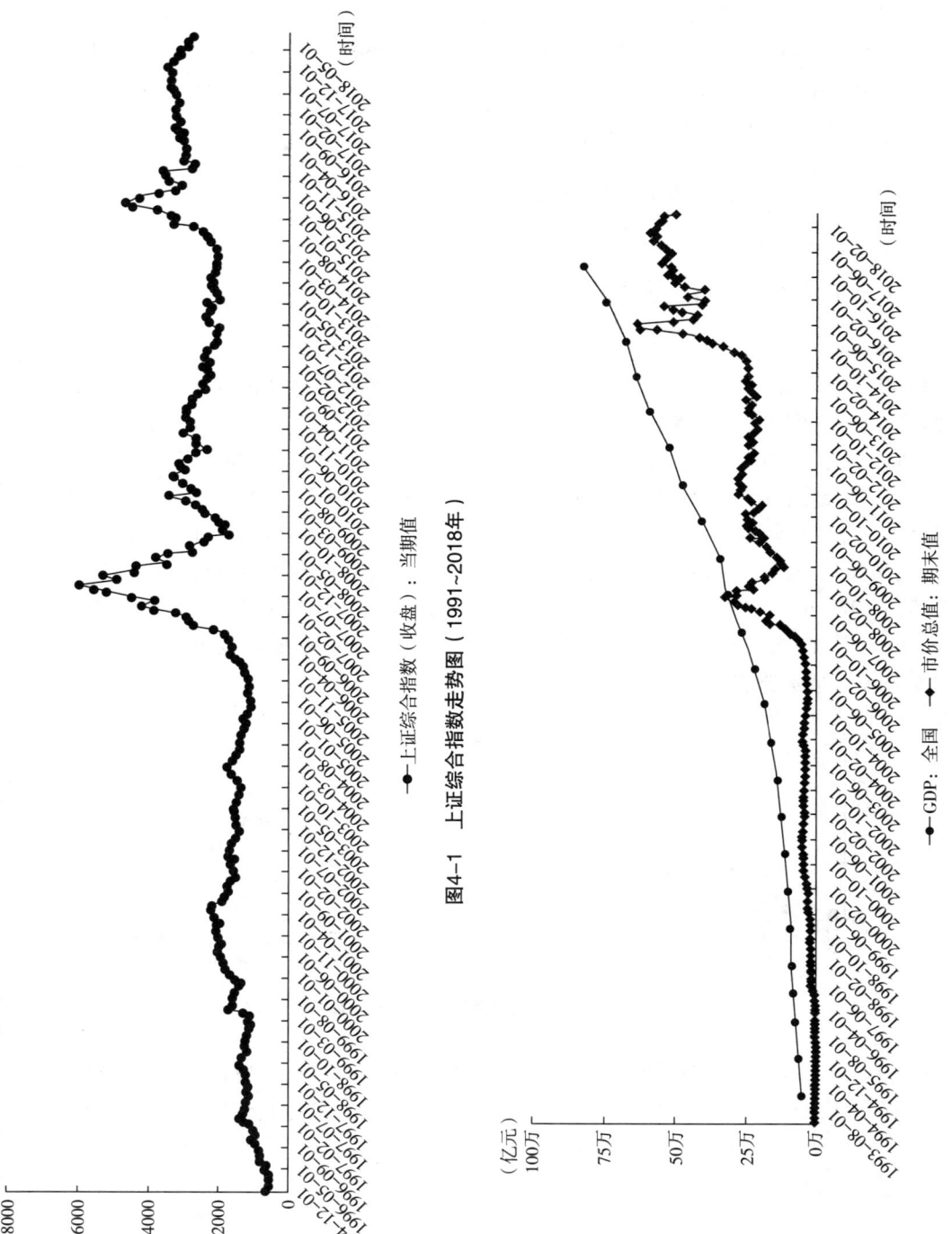

图4-1　上证综合指数走势图（1991~2018年）

图4-2　我国GDP与沪深两市总市值

证券化率已经越来越高，2007年、2015年指数两次高点，A股的总市值超过、接近GDP，这种顶部特点与很多市场的情况是类似的。从图4-3中可以看出，我国市场的证券化（A股总市值/GDP）在0.5以下是低估的，在0.5以上进入了高估区域，2018年10月上证指数2500点，证券化率0.5。

## 三、中美两国市场的对比

### （一）美国证券市场情况

美国证券市场有近两百年的历史，1870～2017年标普从3.58到2700，在147年中年均增长4.6%。1915～1970年，美国消费价格指数CPI从35.4到134，涨到4倍，年均增长2.5%，标准普尔指数从8.3到92.5，涨11倍，年均增长4.5%，道琼斯指数从77到753，涨10倍，年均增长4.2%。期间净资产收益率ROE一直超过10%，1850～1916年美国ROE从18%降到11%。平均股息率3.5%，分红比例60%～80%，1925～1970年每股利润1.24～5.36，涨4.3倍，年平均增长3.3%，股息率4%。此间标普指数在不同的时间段涨幅变化较大，其中1990～1924年年均增长3%，1924～1949年年均增长1.5%，1949～1970年年均增长9%。从1915年到1970年，投资股票收益率等于股息率加上股价上涨，年均7%～8%，远远跑赢物价指数（2.5%）。

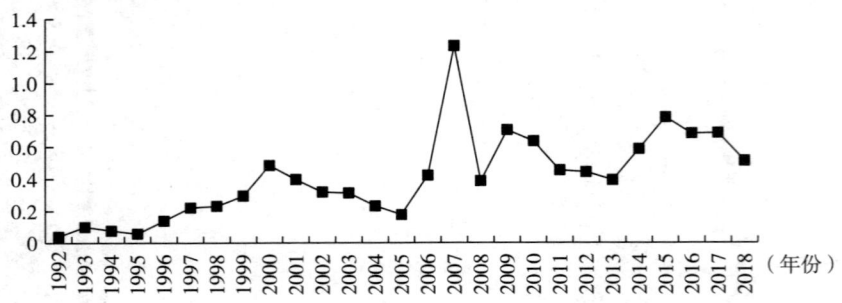

图4-3 中国的证券化率（总市值/GDP）

1970～2018年在信用货币阶段，通货膨胀更高，股指上涨更快。1970～2017年物价年均涨3.5%，其中1973～1982年上涨1倍，每年上涨9%，1982～2017年物价指数从100到245，年均涨2.6%，1970～2017年道琼斯从800到24000，年均上涨7.5%。

## （二）我国证券市场的情况

上证综合指数从 1990 年底的 127 到 2017 年底的 3307，27 年年均上涨 12.8%，其中 1990 年底的 127 到 2000 年底的 2073，年均上涨 32.2%，早期的股民整体上是赚钱的。2000 年底到 2017 年底，年均上涨 2.8%，这 17 年内股民的收益不如银行存款利息。1990 年、2000 年、2017 年底的 A 股总市值分别为约 50 亿元、4.7 万亿元、63.1 万亿元，上证综合指数的市盈率从 100 多倍到 10 倍。

**1. 对股价指数、净资产收益率、分红率的进一步理解**

我们假设证券市场估值水平不变，这里指市净率不变，那么股价指数的增长率与净资产的增长率相同，如果扣除了增发、IPO、重组等方面的影响，净资产增长主要与净资产收益率相关，也就是净资产收益率减去股息与净资产的比值（不是股息率，分母不一样，一个是净资产，一个是股价），也就是 ROE×利润留存比例，即 ROE×(1-分红比例)。数学等式为：股价指数上涨=净资产增长率=ROE×(1-分红比例)。

美国股市 1915~1970 年净资产收益 ROE 均值为 11%（最高 18.3%），分红比例均值为 60%，则股指增长率=净资产增长率=11%×(1-60%)=4.4%，股指年均涨约 4.4%，与标普和道琼斯指数的上涨幅度接近。中国股市情况：ROE 约 12%，分红比例=40%，那么股指增长率=净资产增长率=12%×(1-40%)=7.2%，也就是净资产收益率为 12%，分红比率为 40%，不考虑股本增加的理想情况中国股指应该有每年 7.2% 的涨幅。1990 年到现在年均上涨 12.8%，超过了 7.2%。2000 年底到 2017 年底，年均上涨 2.8%，远低于 7.2%，其中原因是市场估值水平降低（PB 更低了）、由于 IPO 及增发引起的股本扩大。

**2. 中国证券市场生态正在改变**

（1）市场存量规模越来越大。这可以从已经上市的公司家数、上市公司市值、证券市场的参与度几个方面来理解。上市公司已经不是当年的短缺品种，经常被市场"哄抢"。整体 PE、PB 等估值指标降下来实属必然。

（2）正在成为开放的市场。中国证券市场的双向流通正在改善，沪港通、深港通施行，沪伦通准备放行，对金融行业的进一步开放，国外投资者容易进来，国内投资者也可以走出去。市场的开放程度更高，股民的选择更多。

（3）市场由题材炒作向理性投资过渡。证券市场的开放度提高，以及国内多层次资本市场的建立包括科创板的推出，过去在封闭市场中进行炒作、操纵的情况会减少。市场向理性投资、价值投资方向转变。好的市场应该让投资者更容易找到好企业，好企业的管理者应专注于经营企业。而不是股民关心企业经营，管理层关心股价。

### 3. 市场中投资者也正在发生变化

由众多散户向机构集中，个人投资者的素质也正在大幅提高。长期高估值带来的后遗症越来越少。中小板创业板的高估值引发了诸多问题：创业板的泡沫导致了新三板的盲目扩容，因为新三板的企业也想分享上市后的高溢价、高估值。不少中小板创业板的所有者经常想的不是把企业业务做好，而是把股价搞上去变现。高估值也给股票质押业务埋下了祸根，高估值还会激励很多企业去做假，激励企业去搞大规模的增发。

# 四、市场的顶部、底部

## （一）顶部和底部的特征

短期市场涨跌是随机的，是难以揣测的。第一章介绍的，作为价值投资者主要精力是对公司经营的研究、分析、把握，而不是对市场的走势进行预测。在股市的过往历史中，总是有一些大的市场波动，以一年到几年为期限，其特征明显，我们讨论顶部、底部也是指这些大波动、大周期。越是时间短的小波动，越是难以把握，这只是上帝决定的事。

### 1. 证券市场的底部特征

（1）市场交易不活跃，参与者越来越少，交易量很低，只有高峰时期的1/10或更低，连老股民也羞于谈论股票，交易大厅内人员很少，好像散场的集市。

（2）市场估值进入价值投资区域，安全边际很高。PE 小于 10，PB 小于 1.5，甚至更低，有不少蓝筹股的分红率已经超过银行利率。

（3）新股发行停止或很少。IPO 企业对自己公司有几斤几两很清楚，IPO 其实是上市公司与股民的博弈，准备上市的公司有信息优势，当然不愿在市场低迷时贱卖股份。在中国实行 IPO 审批制，在股市下跌时，监管层通常会响应股民的诉求，较早停止发行核准。

（4）证券公司、基金公司由于业务减少，开始裁员。甚至有开展经纪业务的公司开始亏损甚至倒闭。中国曾经发生过证券公司倒闭潮，当年的南方证券、华夏证券大鳄瞬间即逝。

（5）公司高管、大股东开始增持，上市公司开始回购流通股份。

（6）政策利好出现，但股市依然萎靡不振。

（7）一些先知先觉的机构投资者悄然入场。

### 2. 证券市场的顶部特征

中国股市有熊长牛短的特点，熊市过后突然是牛市来临。牛市顶部的特点：

（1）市场活跃，交易量保持高位，交易量甚至屡创新高，广场舞大妈在谈论股票，门卫大叔在推荐好股票。

（2）市场估值很高，PE 在 30 以上，PB 在 3 以上。

（3）新股被抢购，IPO、增发不断出现。明显劣质公司的股票以高价发行。

（4）证券公司、基金公司扩大规模，新的营业网点和新产品出现。

（5）高管、大股东减持现象不断报道。

（6）电视广播中证券新闻增多。

（7）政府监管层提醒股市风险。

（8）股市轮番上涨，垃圾股也意想不到地大幅上涨。

（9）已接近人们预期时点。如北京奥运会前不会跌等。

在股市的大幅波动中，大盘会达到顶部区域或底部区域，但这一区域会停留多长时间，有的股民在底部即将上涨时割肉出货，有的股民坐着电梯上去，但又下来了，从一楼上的电梯，结果又回到地下室。

底部反转拐点、顶部下跌拐点是重要的时刻，把握这一拐点对价值投资者和众多投资者都是不可能的。价值投资者也不要渴望找到这一拐点，投机者总是研究各种图、线特征似乎也不得要领。向上反转拐点可能会有的特点：在底部出现重大利空，成交量很大，政府降息政策、利好措施已经出台几次，一些板块已蠢蠢欲动。向下反转拐点的特点：顶部出现重大利好，成交量创新高后价格又维持上涨几周，政府已经几次提示风险，本轮行情中龙头行业已筋疲力尽，甚至稍有下跌。我们的意图绝不是为了让价值投资者去把握拐点，那是不可能的事，也是不必费心思的事。但价值投资者对市场情绪、市场阶段有大致了解，在涨跌前更从容淡定，"看花开花落，胜似闲庭信步；去留无意，望云卷云舒"。

## （二）起伏市场中的个股和板块

个股与板块、板块与大盘的关系就是个体与总体、特殊与一般的关系。市场波动个股、板块表现总是不同，特别是每次大牛市通常有一个板块或几个板块带头上涨。2007 年金融、房地产是领涨板块，2015 年高铁、基建等"一带一路"相关公司是领头羊，正如童安格所唱"所有的故事只能有一首主题歌，我知道你最后的选择……"带头大哥一般只有一次机会，下次大行情与这次行情的领涨板块通常不同。20 世纪 90 年代沪深的两只大牛股四川长虹、深发展虽然未完全消失，但也没有再成为带头大哥。一波大行情领涨板块，涨幅最高，但上涨中通常风水轮流转，在大牛市中主要策略是持股待涨，而不是试图抓住每个板块的涨幅，这样会捡了芝麻丢了西瓜。市场上涨有公司基本面改善的原因，也有泡沫的因素，因此真正优秀的公司不一定是带头大哥，也不一定每次涨幅更高。但优秀公司在随后大盘大幅下跌中跌幅不是很大，市场稳定后又会很快上涨。这也是价值投资与大盘对比的特点：在上涨年份涨幅与大盘接近，有时微低，但下跌年份跌幅很小，甚至不跌，收益很少为负，即使回调，年回调也很小。代表大盘和板块的指数更能说明大盘与个股的关系，标普、道指是美国纽约交易所两种重要的指数，经常出现你强我弱的分化现象，但经过更长时间的观察两指数涨跌幅度相当。沪深中各板块指数变化也不一样，但两市中主要的两个指数上证综指、深成指也经常分化，但最终趋于一致，沪深300指数更能代表两市场的总体变化。

### （三）股票与债券市场的跷跷板

股票市场受关注度高，其主要原因是参与者众多，中国债券市场特别是银行间交易市场挂牌债券快速上升，债券存量规模已超过股市。债券市场参与者主要为机构，机构为配置资金需求，常买入大量收益率较低，但安全性高、流动性高的债券。债券与股票市场参与者虽然大有不同，但两市场间资金是双向流动的，因此具有跷跷板效应，牛市末期价值投资者可以考虑债券或债券基金。当然这需要根据市场情况、具体收益状况认真分析，不能一概而论。

# 第二节 市场波动的原因

## 一、股市为何大起大落

价格总是围绕价值波动，不过股市总是起落很大。图4-5沪深两市市盈率PE在10~60变化，2015年创业板指数甚至超过100。各国证券变化历史证明，一波大行情大盘超过了3倍涨幅正常，下跌60%~70%也很正常，对个股来说变化更大。诺贝尔经济学奖获得者希勒认为这是非理性繁荣的结果，人们的群体性非理性形成羊群效应。索罗斯认为，市场暴涨暴跌是因为人们的流行性偏见所致。珐玛认为，市场是有效的，充分反映了各种信息预期，市场波动是由于宏观或企业基本面相关的市场信息和预期发生变化。经济学家海曼·明斯基提出"明斯基时刻"，即资产价格崩溃的时刻。他认为，经济长时间向好可能导致债务增加，杠杆上升，从而内生爆发金融危机和陷入去杠杆周期的风险。巴菲特将市场暴涨暴跌归因于人们的贪婪和恐惧等人性。

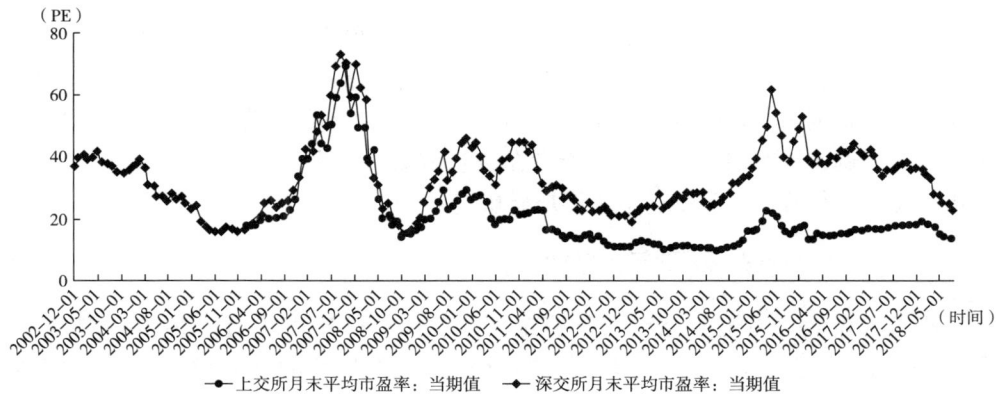

**图 4-4　沪深两市市盈率**

股市涨跌的不确定性是股市的魅力所在，特别是对投机者来说。有的把股市比作赌场，大家都知道赌场的最终赢家是庄家，大多赌客终究会失败，为什么还去赌，赌客往往高估其玩牌技艺。就好像你去采访司机，大多司机认为自己的驾驶水平比别人高，即使出过事故的司机，也经常将事故归因于客观因素，认为自己驾驶水平没问题。另外，人们高估了自己的运气，赌场是这样，彩票也是这样，中奖概率虽然很低，但大家还是相信小概率事件会光顾自己。在证券市场，人们总是高估自己的能力，同时高估自己的运气。

股票市场总是重复着"在沉默中爆发，在犹豫中不断上升，在欢乐中死亡"的循环。但这样循环最终是少数人获胜的游戏，财富总是从多数人流向少数人，不是相反。股票市场剧烈波动或交易换手率很大更是加快了这种财富流向。

## （一）市场暴涨暴跌是何人所为

有人认为，市场大涨大跌是庄家所为，庄家散布消息，借机操纵市场谋取暴利，徐翔案显示其非法盈利 100 多亿元也侧面说明了这一点。没有大多数个人投资者参与，市场大涨大跌是不可能的。整体市场涨跌是必然规律，它总是自我调节，涨多了就会跌，跌多了就会涨，与庄家、大众股民有关，但并不为其左右。现在最新证券市场相关理论认为，众多股民形成决定股市涨跌的整体环境，但个别机构投资者或庄家是涨跌的导火索。正如历史唯物主义观点，人民群众是历史的创造者，决定历史的进程，但杰出人物能加快历史进程。给我们的启示是要了解市场的整体环境、大盘的大致位置，又要知道市场何时上涨是偶然因素（偶然事件，个别投资者造成的）所致。当然择时投机者关注时机，价值投资者关注公司的价值，对时机较少关注甚至可以不予理睬。还有一种说法，庄家、大户才能在市场中赚到钱，个人投资者在股市中肯定赔钱，不如像远离毒品一样远离股市。这种说法也不对，庄家不会总成功，不然市场就成为一家天下了，个人投资者未必不能成功。庄家能够操纵市场，是因为有众多的散户响应，不然庄家也会玩火自焚，最后自己深陷其中，这样的例子也有很多。普通投资者在信息获取上有很多劣势，但有进出自由、船小好掉头的优势，庄家则进退不能那样快。

## （二）大牛市离不开资金的驱动力

很多人说大行情主要推动力是资金，此说法有一定的道理。2015 年高点时两市每天 2 万亿元的成交量，需要大量的资金。大牛市的展开就是不断吸引新人、更多的资金轮番进入形成的。2006 年、2007 年牛市很长，就是股市在振荡中上升总是吸引着大量股民开户，吸引来新老股民投入大量资金。2015 年牛市为什么那么快结束，2015 年的增量资金大多来自存量股民的新增资金或杠杆资金，来得更急但不可延续，增量股民较少，后续资金少，致使行情并未伸展开来，所以 2015 年股市的特点是急涨急跌，杠杆资金夺路出逃，严重踩踏。股市涨跌同其他资产价格涨跌一样，只是一种财富分配，从你口袋跑到他口袋，一般并不会出现严重的经济危机、金融危机。2015 年国家为什么要救市？资金在众多投资者中换换口袋本无大碍，但其中的问题出现在杠杆上，加杠杆主要通过场内场外的各种配资。场内配资担保率较高相对安全，场外配资 1∶5 的杠杆两个跌停本金就没有了，借钱的人账户成为零。配资者触发平仓线，会被强行卖出，卖出又会导致更快的下跌，2015 年上半年继续快速下跌，配资公司就要赔钱，而配资公司的资金大多来自银行、信托。同时进入股市的资金还有来自各种金融机构发行的保本理财计划。股市下跌让这样的中间环节出现兑付危机，就是系统性风险，这种风险很快向其他领域扩散就是金融危机，冲击到实体经济会造成经济危机，这也是当时国家急于救市的原因。2007 年的情况就不是这样，投入市场的大多是股民的自有资金，从 6000 多点下跌到 1600 多点，亏损的风险分散到各家各户，风险并没有聚集在金融机构等中间环节。股民亏了 70%，早餐该吃包子、油条的换成了馒头，该买"宝马"的换成了"宝来"。对经济有影响，也局限在消费支出稍有减少，但国家金融行业无大碍、宏观经济无大碍。2015 年快速下跌，除了场内场外配资加杠杆的原因外，AB 分级基金这一结构化产品的杠杆反作用也是生动的一课，基金下跌 45% 左右触发下折线，下折后大量 A 基金赎回，几百亿元规模的基金几天后成为几十亿元，基金管理被迫卖出股票应对赎回，造成链式连锁反应。这就是金融创新的特点，它不是将风险转移了而是对不同主体根据他们的偏好配置不同风险，有时风险通过创新聚集，到了一定程度就会引爆。2007 年，美国金融创新产品信用违约互换 CDS 违约，使雷曼倒塌，也是金融创新的反向作用，金融创新是一个硬币的正反两面，来得快去得也快，得到的多失去的也多。AB 分级基金的 B 基金投资者也成为金融创新的陪葬品，当这些亏钱的购买者围堵交易所时，应该想到"股市有风险，入市需谨慎"，早知如此，何必当初。

### （三）股市与经济基本面

我们谈到股市上涨是资金推动的结果，也是人们预期的结果，一个人预期改变对大势无影响，全国人民一致预期股票要涨，股市就会暴涨。股市背后是公司，公司与宏观经济面是相关的，经济基本面影响企业的生产经营，生产经营影响股票的每股利润，每股利润影响股价变动，"股市是经济的晴雨表"，说明两者关系。但两者并不完全正相关。经济基本面是你，股市是你牵的小狗，总是如影相随，但永远不同步，活泼的小狗一会儿跑在你的前面，一会儿又在后面。对中国股市更是这样，股市经常与中国良好的经济面偏离，偏离程度很高，偏离的时间很长。2000~2018 年，经济每年增长 8%，9 年翻一番，2018 年应该是 2000 年的 4 倍（2000 年 GDP 约 10 万亿元，2018 年会超过 85 万亿元，是 8 倍，名义上涨更多是因为物价上涨因素），2000 年 2000 点，2018 年应是 8000 点。但真实的股指从上证 2000 多点涨到 2500 点，很多投资者感叹如果能有代表中国 GDP 的标的就好。我们在前面已分析其中原因，与发行制度有关，与市场建立的时间有关，与股市生态有关，与封闭市场高估值有关，与市场不能新陈代谢、优胜劣汰有关。但这种现象正在改变，最终股市会成为经济的晴雨表，让股民分享改革开放的成果、中国经济发展的成果。

## 二、事件及信息对市场的影响

### （一）事件对市场的冲击

你无所事事时灾难从天而降，这是很多人的人生、事业、生命的真实写照，其实市场也是这样，意料不到的事件不期而至，给市场以巨大的冲击，"于无声处听惊雷。"这种冲击对很多人来说是意料之外的，但是对有准备的人而言可能是难得的机会。"9·11"事件美股暴跌，不少投资人却认为是难得的机会。2008 年金融危机，电视台请巴菲特做节目，巴菲特自信地微笑着表示，别人恐惧时我贪婪，我已经开始买入。突发事件对大盘影响可能很大，但又有两种情况：一是大盘在顶部或底部时，突发事件可能彻底改变股市走势，出现反转行情。1999 年中国驻南斯拉夫大使馆被炸，这一突发事件成为 1999~2000 年大牛市的开端。二是大盘受突发事件影响发生较小改变，然后又重新恢复原来走势。2018 年美国的中美贸易争端也让人始料未及，引发 A 股进入多年以来的新低。事件对市场的冲击会产生市场风险，应对市场风险的有效方法是保持适当的仓位，留有一定的现金或者适当购买债券、其他种类的资产。

个股受事件的冲击。公司也会出现黑天鹅现象让投资者措手不及。投资者会分析这种事件对公司的真实影响，然后做出决策。好公司受到意外不利事件的冲击常常是买入时机，好公司的股价常常处于高位，但出现突发事件时股价大幅下跌，有可能是买入时机。2007 年底的金融危机中，中国平安斥资约 18.1 亿欧元从二级市场直接购买欧洲富通集团（欧洲一家老牌保险公司）9501 万股股份，约合富通总股本的 4.18%，后富通破产重整，2008 年底中国平安一次计提近 226 亿元人民币亏损，此时市场怨声四起，对平安管理层口诛笔伐，股价也暴跌。但这次并购失败只是平安出海失利，其主要盈利在国内，业务并不受影响，此时具有了安全边际，是买入时机。后来也证明了平安的经营并未受到影响，股价很快恢复。1963 年巴菲特买入美国运通公司时，运通公司因贮运色拉油事件引发股价暴跌。2011 年瘦肉精事件，大量退货涌入双汇，对双汇发展经营带来前所未有的影响。这次突发事件只是将行业产业链的某种弊端给予曝光，但并不是双汇本身管理问题，双汇在肉制品的龙头地位并不会马上被取代，肉、肉制品大家吐槽后还是要吃的，火腿肠占近 70% 的市场份额，排名第二、第三的雨润、金锣并不能马上补上。市场过度反应，双汇价格大跌，实践证明是便宜买入时机。但也有事件连续冲击的情况，2010 年曝出中国铁建沙特项目可能出现巨亏，股价从 8~9 元跌到 6 元，这时铁建 PB 接近 1，PE 是 10 左右时，应该是买入机会。但这次事件后祸不单行，2011 年铁道部领导被调查，新接任的铁道部长在全国铁路工作会议上表示，全国铁路基建投资额为 4000 亿元人民币，大大低于原预期的 7000 亿元。新部长在人民日报上发表文章，表明铁路投资要"保在建，上基本"。中国铁建股价再次下跌。还有更坏的消息，7 月出现沪温动车碰撞事件，中国铁建价格又大幅下跌，铁建 4 元多，中国南车 4 元多。但随后高铁的质量和运营得到市场和民众的认可，国家扩大铁路投资，稳定宏观经济，实行"一带一路"战略，多重利好叠加作用，使高铁板块成为 2015 年的最牛板块。

对于意外事件的冲击，价值投资者无法预料，这也说明价值投资者适当分散投资的必要性。但价值投资者若能对事件进行理性分析，倒能在危机中抓住机遇。

## （二）信息在市场中的传播

影响市场波动的重要因素是市场信息。市场信息对市场的影响有两种基础理论，一种是信息鸿沟理论，强调信息不对称，不同市场主体得到的信息差别很大，机构投资能率先获得信息，并做出正确判断。还有一种是信息饱和理论，市场信息太多太杂，市场主体接受的信息很快饱和，市场信息不能对不同市场主体行为产生不同影响。信息传播有自身特点：①传播链条太长，存在信息自然失真。②信息被人为选择性传播。如房价信息，市场统计结果是房价月同比上升15%，环比上升为0.5%，房地产商为制造紧张氛围，会只传播这月房价比去年涨15%，官媒为了稳定房价的取向，会发布："房价上涨势头已控制，环比上涨为0.5%，涨幅大幅下降"。很多普通民众看到15%，0.5%两个涨幅，在他们心中影响迥异。③人为制造假消息，人为操纵信息传播。现在互联网兴起，消息传播途径发生改变，传播更快更广，对市场影响也更大。市场操纵者常通过散布消息达到操纵的目的，相信小道消息的普通投资者，会成为虚假信息的受害者。之前我们获取信息的渠道是报刊、广播电视、口口相传，这种信息由中心向多点扩散，移动互联网正在改变人们的生活方式，现在信息是多点对多点的分布式扩散，信息来源更多，渠道更多，每人都是一个新闻发布站。很多人天天在线，除了睡觉吃饭基本上时时在线，人们之前的交流、娱乐包括八卦全移植到了网上。网上的信息是散乱的、海量的、碎片化的，没价值的更多，投资者要找到有用的很难。我们决策失误不是信息太少，而是信息太多，主要是干扰信息太多，在投资中失败不是缺少知识，而是知识太多却没有智慧，没有理念和思维框架统领这些知识与信息。获取信息好像是透过窗口去看世界，我们只需几个窗口去观察即可，打开太多的窗口，你无暇顾及，效率反而更低。获取财经信息只需一两个网站、报刊就可以了，窥一斑而知全豹，一些重要的变化通过你身边的事也能发现，关键是你要是一个有心人。对我们产生影响的、改变决策的理念、知识可能是几句话，如何得到它？一要读经典、反复读，二要与圈内高人对话，三要自己多思考领悟。前两者是相通的，读经典也是与不见面的高人对话。作为投资者正确获得、分辨、利用信息很重要，麦克阿瑟说："5%是关键信息，95%无关紧要，指挥官要区分。"投资者不能被外界的信息、观点引导而随波逐流，也不能选择性地相信一些信息观点去印证自己的偏见，你要找到有用的信息和观点，并形成自己的逻辑和观点。

# 第三节　市场中的投资者

## 一、市场中的各种角色

证券市场的相关方很多，政府、交易所、经纪人、机构投资者、大股东、个人投资者、上市公司，还有披着个人投资或机构投资者马甲出现的庄家。政府、交易所主要搭建平台、监管市场，政府收税、交易所收费、经纪人收取佣金，当然乐意看到更多的投资者频繁交易。机构投资者有较强的研发能力，对行业对公司有较深入的了解，机构投资者与企业、政府部门等有较多的联系，在信息的沟通获取上也具有优势，成为市场的先知先觉。尤其在中国早期市场更是存在这样的现象。上市公司大股东对上市公司最了解，常利用有利的时机进行 IPO、增发、减持，上市公司、大股东是中国股市高溢价的最大受益者。一个账面资产10 亿元的公司，占 20% 股份的大股东账面资产有 2 亿元（其实原始股东投入时可能远低于此），若上市后公司每年利润 1 亿元，该股东每年权益收益 0.2 亿元，如果在高估的 A 股市场中该公司的市盈率为 100，上市公司市值是 100 亿元，该股东拥有市值 20 亿元，是账面资产 2 亿元的 10 倍。如果该股东按每年收益 0.2 亿元计算，100 年才能到 20 亿元，公司上市后这个股东按市值 20 亿元计算投资收益 9 倍。正如马克思所讲，一旦有适当的利润，资本就会胆大起来，如果有10% 的利润，它就保证到处被使用；有 20% 的利润，它就活跃起来；有 50% 的利润，它就铤而走险；有 100% 的利润，它就敢践踏一切人间法律；有 300% 的利润，它就敢犯任何罪行，甚至冒绞首的危险。因此在高估值的市场，企业甚至造假去上市，大股东以各种形式高位套现。

个人投资者，人数最多，但始终处于市场弱势，成为市场中的韭菜，被不断收割，但总是层出不穷，这是人性使然，也是大多数人高估自己能力和运气的结果。证券市场就是各种主体博弈的平台，交易者熙熙而来，皆为利来，攘攘而去，皆为利往。证券市场大盘指数就是博弈的结果。哈耶克认为，人们拥有的知识不完全，常是相互矛盾的点滴知识，关于事实的知识分散于许多人中，价格可以协调不同的人各自的行动，就如同实现价值帮助个人协调自身计划的各个部分。简单理解就是，人们对知识和信息的认识、理解不同，通过价格形成市场交易。但就对知识、信息的掌握而言，大多数投资者处于劣势，但有少数聪明投资者能战胜市场，价值投资是聪明投资者的手段之一。证券市场的主体常受贪婪、恐惧的人性影响，被从众、偏见心理因素驱使，被各种情绪左右，做出各种非理性行为，造成市场周期性涨跌。价值投资者从企业价值分析、评估入手，决定是否投资，其实是用理性克服非理性的弱点。也有的投资者直接通过对人性的理解、把握去投资，不是对企业分析入手。市场情绪高涨时，主动退出，市场低迷时提前介入，坚持逆市场而动，人多的地方不要去，这种逆向投资取得成功的情况也很多。市场的温度可以从数量化指数、指标中看到，也可以从社会的方方面面察觉到。有则笑话：证券市场卖报纸的老太太，每当看到交易厅人山人海，报纸卖得很好时，就把自己的一篮子股票卖出，专心卖报。每当看到交易厅人很少，自己的证券类报纸很少有人买时就买入股票。结果老太太成为证券投资的高手，超越很多专业投资者。彼得·林奇也讲过类似笑话，市场低迷时的酒会，大家羞于谈论股票，即使证券分析师谈论，旁观者也不屑搭理他。股市上涨中的酒会上，人们会向证券分析员打听股票信息，询问买入建议。在股市高点的酒会上，人人都在谈论股票，证券分析员刚要开口，服务生也抢先向大家推荐股票。虽然是两则笑话，但可以让人们知道，股市的温度是能从人们生活的细节中察觉到的。我也很能体会，每当自己认为最不可能买股票的亲戚朋友开始向我打听股票，我认为市场热度已差不多了。

普通股民买入股票，常关注有没有主力、庄家，没主力就认为该股不会涨也不愿买入。我们在前面提到主力或庄家与整体大盘的关系：众多股民是大盘上涨的基础，但机构投资者是大盘上涨的导火索。对单个公司的股票来说，主力或庄家的影响力更大。事后披露的庄家操作细节，我们知道了庄家的凶悍，像当年的忆安科技，每股几元庄家开始建仓，逐步拉升，在将近 100 元时其控制流通筹码90%，然后在高位慢慢出货。有人想与庄家共舞，想在底部每股几元时入市，到最高点卖出，但这种做法几乎不可能。因为庄家对自己的成本、仓位很清楚，甚至能偷看底牌，知道你的筹码成本，你很难赢，要么提前退出，要么高位接盘。虽然这样的情况随着市场的成熟，监管力度越来越大，庄家在手法上有所变化，但本质上是一样的。从最近的案件可以看出，采用散布信息、操纵市场等请君入瓮的套路并没有改变。股民想找庄家，庄家更想找股民，就好像一则寓言故事：在河的两岸，一边是茂盛的青草和一群饥饿的老虎，另一边是光秃秃的土地和一群饥饿的山羊，山羊眼睁睁地看着河对岸的青草，老虎垂涎着美味的羊肉，羊和老虎同时祷告：请上帝在河上修通一条路吧。上帝被感动了，一块陆地连接了两岸。这时惨烈的一幕开始了，山羊奔向草地，老虎奔向羊群。与庄家共舞的股民更像山羊、待宰的羔羊，当然也有不少股民认为自己是有一双隐形翅膀的山羊。

树不会长过天，庄家也不是常胜将军，不然市场上的钱很快集中到庄家手中，庄家与庄家会互掐，庄家没有市场大势配合、没有散户配合，也会赔了夫人又折兵。中科创业的庄家就因高位筹码落在自己手上陨落。很多券商倒闭，从来不是因为经纪收入降低，而是其自身投资业务出现巨额亏损，这种投资业务有时是借钱投资股票，风险更大。

## 二、少数人赚钱的原因

市场"七赔一赚二平"，普通投资者是这种结果，基金业的投资也是这种情况，在中国、在美国也大致一样。所在的公司每年招聘金融、经济类的毕业生，我是面试官。我经常问三个问题，第一个是请你解释股市中为什么是少数人赚钱，第二个是你认为金融的本质是什么，第三个是谈谈你研究过的一个行业或一个企业。第一个问题的回答是我特别看中的，我认为从学生的回答中，能看出其对投资的理解，甚至能"一见高低"。记得一位财经大学研究生参加面试，对第一个问题的回答基本不靠谱，就没通过。第二年，该同学又通过笔试等环节进入面试，我见到他时就问："你去年参加过我们的招聘吧？"他说，去年是参加了，没被录取，我说："我的题目与去年一样，你解释一下股市为什么只有少数人赚钱。"他这次的回答不是太好，但有进步，最后我们还是把他录取了。这样一个开放性的问题，每个人会有各自的理解。很多归因于中国证券市场不成熟、黑庄操纵市场、信息不对称、股民不成熟、市场中的羊群效应等，这些答案有道理，但没能切中要害，有的人不能逻辑自洽。股市为什么少数人赚钱是每个投资者应该思考甚至长期思考的问题，想清楚了，你才可能成为少数的聪明投资者。

少数赚钱是常态，通常假设市场大盘稳定不变，这时市场交易行为是一种零和游戏。有的人认为，这种假设与股指每年在上涨的实际情况是不符的，A股这么多年基本上从起点又回到终点，但在美国、中国香港等很多市场大盘是不断上涨的，长期上涨中大多数人会赚钱。即使美国百年股市年均上涨也只有4%，市场交易是正和博弈，但赢家仍然是少数。少数人赚钱多数人亏钱的原因是什么？

第一，投资者买股票其实是买企业，股票背后的企业本身也是在市场中进行竞争，优胜劣汰，企业在市场竞争中最后是少数胜出。跟踪世界500强企业和纳入标普指数企业的研究证明，多数企业的寿命很短。美国证券市场退市企业总数超过现在仍然挂牌的企业，也说明市场竞争中的企业符合二八定律。这些企业的投资者当然也符合二八定律，也就是说，大家买了股票抱着不动，若干年下来只有少数人赚钱，少数人是有能力和有幸买入好公司股票的人。投资者只有买入、持有少数赢家的股票才能跑赢大盘。纳斯达克指数屡创新高，是上市公司的股票都涨了吗？不是，大部分公司都死掉了，只有微软、谷歌等少数胜出者带动指数上涨。

第二，有的人认为自己并不是拿着股票不动，可以进行高买低卖交易，这种交易行为并不能导致大多数人在股市赚钱，反而加速分化，更快形成二八现象。即使有好的企业，由于大多数人看好，价格已经很高，使你难以低价买入。股民对市场或者企业不看好，形成市场中的"羊群效应"，价格很快坍塌，使你难以高价卖出。有的人以为自己可以在好企业大家不看好时提前买入，在公司变差前提早卖出，这样做很难。如果你真正有这种能力、品质，那么你就不再是多数人了，你将成为少数的成功者。

第三，股民在不断交易的过程中要交佣金税费等，财富是由多数流向少数人、少数机构。同样在市场交易中的信息不对称、个别操纵也只能让加速财富由多数人流向少数人。

第四，这与成功的人总是少数、平庸者占多数的逻辑也是一致的。在竞争的环境下，成功的只是关键的少数人，正是多数人的失败才成就了少数人的成功。所有人全都成功，也就不是我们大家眼中的成功了。当年万元户是人们发家致富的代名词，今天我们每个人都成为万元户时，万元户已经不是也不能代表富裕和成功了。这种竞争的环境包括各类市场、职业、思想等多个方面，成功者只是少数。在证券市场中要成为少数成功者，你必须有自己独特的能力、性格。

第五，说明市场大部分时间是有效的，人们不能对市场进行有效把握，也不能打败市场。

在证券市场中，70%的开放式基金跑输大盘、跑输指数基金。基金业一般由名校高才生、职业投资者操盘，整体盈利同普通股民一样很难超过指数。为何专家投资打理的各种基金很难超越大盘和指数基金？除上述股市中只有少数人赚钱的原因外，还有两个重要的因素：主动性投资的基金管理费用、交易成本较高，而指数基金这两项开支低得多。还有一个原因，指数本身就对上市企业进行了一次筛选，列入指数都是不错的公司。基本面变差、将被淘汰的公司会提前从指数中剔出。

## （一）投资与投机的区别

投资对公司进行透彻的分析，在确保本金的安全下取得适当的收益，投机主要关注市场价格和市场时机，作为市场参与者应该对两者的概念认真理解并加以区分，对自己的投资、投机行为加以区分，投资、投机适合不同的人，投资者取得了不错业绩，投机者也能取得不错业绩。有很多短线交易者，按道氏理论、移动平均线、厢体理论、交叉理论交易取得了不错业绩。最重要的是投资者要坚守投资理念，不要把投资当作投机，否则是很危险的。有的短线投机者认为投资者很迂腐，在长线投资过程中再适当做些波段操作收益不是更好吗？如果是这样的话投资可取得更多收益，若巴菲特采用长期投资加做波段操作策略，年收益率将远超20%。但是不可能，你计划在高位卖出然后下跌后再买进，万一不下跌又上涨怎么办。就像你是马拉松选手，也去跑百米，百米成绩肯定不会好，这是一样的。投资、投机就是两种理念、信仰，两种套路的训练方法也不一样。但有一点，真正的价值投资者并不在意择时的微小盈利、价差，可能在买卖择时的选择上更准确。很多标榜自己为投资者、长线操作者或短线投机者，其实并没有一贯的投资思想和操作风格，只是方法、思路随市场而变化。

## （二）市场波动中的价值投资

价值投资者主要着重对企业进行透彻分析，而不是预测市场。但是市场波动中对价值投资者的标的一样有影响。格雷厄姆谈到市场先生的狂躁，给了投资者低价买入的机会，或高价卖出的机会。市场下跌，目标公司股价已经跌入价值区间，何时低价买入，格雷厄姆主张有较高的安全边际，五六折价位买入。但具体何时买入，投资者要考虑个股的安全边际，又要考虑整体市场的股指，这与个人偏好和你的风险承受能力也有关。有的投资者怕接的是落下的刀子，或者怕没买入失去了机会，会经常处于上述两难境地。可能对企业及其价值真正搞清楚了，你就没有了这种困扰。一种中庸的手段是分批买进、分批卖出。价值投资者主要是在关注公司基本面、内在价值评估的基础上对买卖做出决策，而不是盯着市场波动去买卖，而且买卖的频次很低，可能一家公司就是买入一两次，股价很高才会卖出。

## （三）证券市场中投资与投机

投资是一场精心准备的婚姻，幸福来得平淡、缓慢，但很持久；投机像一场不期而遇的一夜情，幸福来得快，去得也快。投资是玩大富翁游戏；投机是玩击鼓传花游戏。投资像在酿制一坛老酒，越陈越香；投机像调制一杯鸡尾酒，关键是比例、随兴。投资像一杯茶，越品越有味；投机像是喝一杯冰可乐，喝时很过瘾。投资更注重买入的公司；投机更注重买卖时机。投资说投机太不慎重；投机说投资太不灵活。投资说投机是机会主义；投机说投资是教条主义。投资说赚投机者不理性的钱；投机说赚投资者呆板僵化的钱。投资是稳扎稳打的持久战，投机是速战速决的突击战。

投资像一套正统的西服，总不过时；投机像一套流行的时装，美丽但很快过季。投资者是饱经风霜的老农，微笑地看着麦苗，等待未来的收成；投机是火急火燎的职场新人，不屑地看着同事，心里想着职场升迁。投资者总期望价格下跌好再多买点；投机者总想着价格上涨好趁机出货。投资者知道自己在做投资；投机者知道自己在做投机。当投资者总想着投机结果失败了，当投机者总想着投资，结果失败了。投资、投机是两种兵器、两种战法，成败的关键在于使用者。

# 三、跟随市场趋势策略

## （一）不同时点股市的周期性

有人跟踪股市与历史政治事件、政府任期、季节性、月份、节假日、星期几的相关性，并制定相应投资策略。中国股市与政策相关，甚至被认为是政策市，但政策一旦发布，市场就响应了，并不能给你提前介入的机会，除非你是内部人士违规操作。股市与政治事件联系，2007年市场传言奥运会前股市绝不会跌，政府不会让它跌，后来又有党代会、人大会前不会跌的说法。2015年有种说法，本届政府的股市高点会超过上届政府。这些推论不是逻辑，更像巫术、猜测，甚至是某些别有用心者的烟幕弹。这些说辞迎合了某些市场人士经常迷信非市场神秘力量的心理偏好。中国股市与政策有关，但与政府任期关系并不明显，倒是证监委官员任免与股市周期有关，股市暴跌，怨声载道，有的官员被撤换。股市年底的持仓会在基金年报中通报，与基金经理考核有关。每年年底会出现高位，但这种周期性特点并不明显。中国股市与每月的哪一天，与每周的星期几有关，这些说法更不靠谱。

## （二）跟随市场趋势策略

市场起伏不断，有人总是认为这些波动具有某种规律性，希望从这种规律中受益，特别是现代计算机、人工智能给金融数据分析处理提供更多的工具。跟随市场的趋势策略，基本假设条件是过去发生的趋势、模式在将来仍然可能发生，源于归纳法的推理，在第一章中我们讲到归纳法本身是有缺陷的。移动平均线 MA、KDJ 金字交叉、头肩部理论、厢体理论、W 底、道氏理论这些图表在事后看似乎很准，但在实际操作中很难辨别。厢体是大厢体还是小厢体，头肩部既像又不像，这也是投资的悖论：趋势投资者只有事后才知道是趋势，价值投资者只有在将来才知道有价值。另外，趋势投资者也存在使用者多就失灵的"见光死"情况，也验证了经济学中边际报酬率递减的理论。趋势投资方法也存在某一时间段有效，某一时期又失效的情况，简单并一劳永逸的方法似乎不存在。笔者曾经在上海一家液压生产企业做管理咨询，时间大约是 2000 年，我见到一位老股民，被周围的人称作"老把式"，炒股从 5000 元赚到 50 万元。我当时刚进入股市很好奇，就和他聊了起来。他拿着股票机（当时看行情的工具）对我讲："我主要看趋势，一只股票长期下跌，反弹时若出现'二踢脚'，我就会大胆买入。"并给我看了二踢脚的图形（他讲的二踢脚其实就是 W 底）。我就问他看中了哪只股票，他说："正在观察上海石化，每股 2 元，这只股票已经跌了很久了，并且公司是中国石化的子公司，经营情况正在好转。现在图形可以看出一踢脚反弹一次，若是二踢脚踢得比第一次还高，就买进。"后来上海石化大涨了，这位老股民是趋势操作吗？他趋势操作的背后是对上海石化基本面的深入分析。

强者恒强是一种趋势策略，有的人就根据前期涨幅、换手，去抢涨停板，号称"涨停板敢死队"，但这种涨停常是庄家在操纵，庄家赢的概率肯定高，普通投资者想在高风险、负博弈中取胜，就是在刀尖上跳舞，风险可想而知。趋势投资者及其他短线投机者应明白股票市场交易财富流动的特点是从多数流向少数，交易越频繁，这种流动速度越快。庄家或市场操纵者就怕市场清淡，这些少数人在市场活跃时才能浑水摸鱼。择时交易并不是不可行，只是要求你要有这方面的特质、能力和方法，但肯定是不适合大多数人的。

## ▣ 投资感悟 ───────────────

新股民应该思考股市为什么是少数人赚钱的游戏，想清楚这个问题对你进入股市很重要。

证券市场投资者要了解企业、了解市场、了解自己，但最重要的是了解自己、了解人性，做好自我控制。这也涉及哲学的基本问题：我是谁？从哪里来……

战争史告诉我们，一只有战斗力的军队必须经过多次战争的洗礼，新的士兵、新的军队最容易被摧毁。新股民要经过几次牛熊市轮回，才能最终成熟。之前的股市是封闭市场下暴涨暴跌不断收割'韭菜'的生态：发行公司收割一级市场，一级市场收割二级市场，机构投资者收割散户。现在发生了好的改变，但新股民仍然处于食物链的低端。

一位大师说，在证券市场中取得一般收益比较容易，取得超凡收益很难。另一位大师说，对大多数投资者来说，指数基金是最好的选择。又一位大师说，投资很简单但并不容易。

把事物想清楚，而不去做或者认为没有必要去做，这是哲学家；把事物大致想清楚，努力做好，做的过程中不断调整，表现出很强的执行力、灵活性，这是企业家；知道事物的成功率很低，依然喜欢去尝试，这是冒险家；不仔细考虑直接去做，手和嘴巴总比脑袋快，这是傻瓜。

价值投资者要经常思考企业的价值，投机者关注价格，争取赚取市场差价。证券市场的参与者经常以价值投资者或趋势投资者标榜自己，但其行为和标签经常不一致，表里不一常是导致失败的原因。

很多投资者总是寻求别人的投资建议或者寻求自己的判断得到别人的认同，这常是不成熟的表现。投资中重要的是独立思考、独立行动，正如孔子云："君子求诸己，小人求诸人。"

我们通常的成长过程是不断接收新知识、新信息，也认为这是向上进步必需的。其实重要的是我们对知识、信息进行汇总和提炼，形成自己的理解、想法。好的投资者更是这样，在投资选择过程中吸收信息，具体分析，去伪存真、去粗取精，做出最终判断时会聚焦于本质的一两个主导因素。如果投资决策前还是一锅粥，证明你的思考并不成熟。投资要坚持思维中的辩证法，做好加法也要做好减法。

投资的各种论坛、讨论群经常会出现以下局面：独立思考的投资者由于思维角度不同而不相容甚至产生争论，这算是范式理论所讲的不可通约性。还有更多的围观者是人云亦云。独立思考者要有开放的心态接受新观点，附和者应该有自己的观点。

# 第五章　如何成为合格的价值投资者

博学之，审问之，慎思之，明辨之，笃行之。

——《中庸》

正如巴菲特所讲，投资成功并不需要顶级的智商、超凡的商业头脑或秘密的信息，而是需要一个稳定的知识体系作为决策的基础，并且有能力控制自己的情绪，使其不会对这种体系造成侵蚀。也就是说，价值投资者要求有对公司内在价值评估的知识和能力，同时克服人性弱点，不受情绪控制，具有良好的耐心和坚持，后一种性格上的优点比前一种能力的要求更重要。做一名合格的价值投资者，要从认知能力和性格两方面培养自己。

## 第一节　价值投资者的知识结构

### 一、会计知识

价值投资者掌握了财务知识，才能对企业内在价值进行分析、预测、定量估值，比较价值与股票价格确定安全边际，然后决定买卖行为。会计知识的应用在"企业分析"一章的财务分析部分中已提到，要从价值分析角度学习财务知识。会计知识主要在日常运用中摸索、理解，财务报告从头看到尾，慢慢看，慢慢理解，遇到不懂的就查，坚持几年会计知识就差不多了，起码用于投资绰绰有余。

### 二、数学、概率、统计学知识

对证券市场的运行数据、指数变化、PE、PB、贴现率等数量指标进行分析，经常要用到数学、概率和统计学知识，这也是投资中始终保持理性的必要知识。亚里士多德《伦理学》中说："探索特定论题本身所包含的数量精确性是训练有素的头脑的一个基本特征，不能要求数学家接受模棱两可的结论，正如不能要求雄辩家进行严格的论证一样。"有人调侃金融分析师的工作处于数学家和雄辩家之间。投资最大的特点是不确定性，投资与不确定性相伴相生，不确定性总是与概率、风险相联系，投资过程就是对不确定性的理解和把握，投资、投机、长线、短线都是这样。投资更多地关注企业经营中的不确定性，投机更多关注证券市场价格的不确定性。不确定性在某种程度上就是风险，需要我们去认识，但反过来，不确定性对人的思想、心理、情感产生了巨大影响，从而影响人的行为。概率是对风险、不确定性的量化。去买彩票、玩俄罗斯转盘会越玩越输，这是概率决定的必然。我们把各种可能发生的概率进行预测，并且对每种可能发生情况的结果（有时指收益）进行综合测算，就能对是否投资、投资比例做出正确决定，凯利公式就是这个道理。

数理知识是投资的工具，不是目的。不同的人使用同样的工具经常会得出大相径庭的结果。例如，对于持股的分散度，经典的投资组合理论，从数学上给予证明，投资组合能降低投资的风险。包括巴菲特的很多价值投资者认为应该集中持股，并对集中持股能够取得优异业绩也在数学上给予证明。同样使用的数学概率知识为什么会得出不同的结果？两种分析的假设条件是不同的，投资组合理论认为，分散持股会降低个别公司股价波动对整个投资的影响，这一理论的假设条件是你对投资组合的各公司了解程度一样，组合中的公司是同质的。哈格斯特朗在《巴菲特的投资组合》一书中，通过对多年投资的多家公司的股票收益进行统计分析，整个上市公司股票的投资收益呈现正态分布，只有买入极少数公司股票的投资收益是突出的，因此主张集中持有好公司的股票，如果分散投资只能取得平庸的投资业绩，其假设条件是你有能力找到市场中的好公司。

## 三、历史知识

历史经验让我们看清现实、推断将来，历史比较法是很多人文学科的研究方法。"忘记历史就会重蹈覆辙"，历史让我们知道人类社会、一个国家、一个民族总是按照一定规律在运转，一个国家、一个民族、一种文化的产生、兴起、没落总有一些特征。从国家、民族的兴衰史，可以联想到行业、企业、其他组织的变化，一个企业同样会有其兴衰成败的规律，在市场竞争中要保持基业长青，这些优秀企业通常满足一些条件：远大的理想、共同的目标，保持本质内核并不断推陈出新，形成优胜劣汰的激励机制，培养出好的当家，员工共同信守企业文化。企业能永葆青春，总有一些与众不同的特质，包括管理文化等多方面，这其实是企业的历史积淀。对企业发展史的了解，更能从纵深上看清这家企业。阿里巴巴能脱颖而出，是由于其初创时期企业内部就形成"让生意不再难做"这一价值观，以此为基础形成了企业文化认同、管理机制、优秀管理团队，并探索形成了好的商业模式，成为优先于同行的优秀企业，甚至可以说是拿着望远镜也找不到竞争对手的龙头企业。

同时对经济史、金融史也要有所了解，了解技术对经济发展的推动，战争、瘟疫、政治事件对证券等金融市场的影响，了解人性贪婪引起市场疯狂上涨、集体恐惧带来的金融危机甚至经济危机。A 股有近 30 年的历史，不算太长，但已经有几次大的涨跌轮回，参与其中的每位投资者刻骨铭心，认真反思，肯定会收获很多。对于现在大盘与历史走势的比较，我们能够对现在的市场情况有较为清晰的判断，2018 年 10 月，上证指数 2500 多点，与 18 年前 2000 年底的位置接近。从市盈率来看不少公司在 10 以下，四五百家企业市净率小于 1，有不少公司的股息率超过 5%，我国与其他国家的证券历史情况对比，可以看出 A 股现阶段并不贵，但在底部持续多长时间，何时反转很难判断。冬天来了，春天还会远吗？现在肯定不是退场的时间，而是进场的时间，在底部盘整也给每个投资者精挑细选个股以充足的时间。

## 四、心理学

证券市场是由人参与的市场，人的心理直接影响着市场走势。我们能够透视市场主体人的心理和情绪，也就能更好地理解股市的涨涨跌跌。心理学研究的是直觉冲动对人们行为的影响，人们的心理情绪对理性认识世界产生了重大影响，不同的心理倾向产生了不同的影响。学点心理学便于知道证券市场中人的行为，也便于知道人的认知、心理、情绪使市场大幅非理性波动，同时让自己保持理性，头脑清醒，不被感情、情绪所惑。查理·芒格对人的心理进行总结，提出 20 种人类误判心理学，很有参考价值。心理学的作用不可小觑，西方经济学的基本假设条件是经济理性人的假设，经济理性人是对经济生活中一般人的抽象，经济理性人的本性被假设为以利己为心理动机。凯恩斯的宏观经济学认为，国家收入之所以经常低于充分就业水平，其原因是由消费函数、资本边际效率和流动偏好三个变量不能相互协调和配合，三个变量不能协调是由于它们受到心理状态的影响，经济兴衰周期的主要原因也是心理周期的影响，为了防止宏观经济衰退，需要政府干预经济。将心理学运用到经济学、金融学中开创了行为经济学、行为金融学。诺贝尔经济学奖两位得主卡内曼、塞斯就是将心理学应用于经济学中，产生了重要发现。我们下一节将介绍经常出现的 15 种心理倾向，能够帮助我们在决策中避免受这些心理倾向的误导。

## 五、哲学知识

哲学是关于人类智慧的科学，指导、统领着具体科学的研究。在第一章中，我们已经讲述了与投资相关的哲学思想。投资与哲学有更多的相关性。哲学主要研究世界本原、人自身（我是谁、我从哪里来）、人对客观世界的认识。投资与市场、人、企业三个方面有关，关注三个方面在时间空间上的变化。人对企业、市场的认知符合哲学上主观认识客观的规律，市场交易和企业经营都是以人为主体的，是人的社会活动。投资中要做好自我控制、避免人性弱点，自我控制最好的方式是了解自身、认识自我。因此，投资中涉及的主要问题其实都与哲学研究的范畴有很高的关联性。人们对具体科学的研究有助于我们通向哲学大道，站在哲学高度更利于理解具体科学，包括投资。要想成为合格的投资者，学点儿哲学似乎很有必要。

## 六、经济金融知识

经济学、金融学已经成为备受瞩目的"显学"，经济学家也站在前台：政府智囊、企业顾问、媒体焦点。经济学涉猎广泛，经济学家也成为各种舞台的明星，经常闪亮登场。经济学家似乎成为各种市场的行家里手，但是证券市场是最易证伪的市场，所以大多数经济学家不轻易涉足、预测股市。我也有这种亲身经历的故事，2010年参加北京举办的一个经济论坛，偶然听到某位著名经济学家与别人私下闲聊："我女儿去年让买房子，我说房子快到1平方米1万元了，太贵了，应该再等等，结果是今年已经超过1万元了。"这位经济学家当时很是惋惜、遗憾。不知道老先生后来买没买房子，2018年北京的房子已经涨到了1平方米六七万元了。这个例子说明市场是很难预测的，比预测国家的GDP、CPI等宏观数据更难。巴菲特认为，学习宏观经济对证券投资没有太大作用，对流行的数理经济学、市场有效理论更是持排斥态度。经济学、金融学需要理论学习，更要实践磨炼。这一点中美很是不同，美国大学的经济学、金融学教授与政府、投资界是打通的。伯南克教授坐镇美联储也风生水起，美国很多大学像哈佛、耶鲁都成立了学校投资基金，百亿美元的规模，由教授执掌，业绩相当不错。但国内学界、政界、商界好像是三个圈子，虽然有沟通交流，但基本上是三个相对封闭的圈子。要是学界与商界能更好地跨界交流融合，一定能使金融理论与实际操作相互结合、相互促进。

笔者是半道学习经济学的，体会是学习经济学、金融学知识对投资还是有一定用途的。微观经济学帮助我们更好地理解公司经营、证券市场。微观经济学认为，完全自由竞争的市场均衡时，公司的边际成本、边际利润、市场价格三者是相等的，公司并不能实现超额利润。企业实现超额利润必须在非完全竞争的市场下，信息不对称理论、垄断理论能更好地理解企业的垄断、特许经营权、护城河，理解企业的各种商业模式。市场竞争理论帮助我们理解证券市场的有效性、无效性。

　　国家宏观经济、产业经济、行业之间相互影响、相互作用。宏观经济与产业经济、产业经济与行业经济、行业与企业，这些能够帮助理解经济中整体和结构的关系。从整体经济把握经济结构的调整，从经济结构的调整把握整体经济的发展态势。中国经济有自身的特点：国有经济占比较高，由计划经济转型到市场经济，政府计划的色彩仍然较浓，经济中体现出很强的国家意识、国家控制力……这对我们理解行业、企业很有好处。国有企业的生存状况和目标与民营企业也不太相同，国有企业注重经济效益、社会效益，体现了国家控制力。国有企业有与生俱来的弊端：多层代理制问题，企业效率低，大企业病等。国有企业在一些领域有优势，在一些完全竞争、风险高的领域并没有优势。在现实中，有的国有企业即使暂时亏损也不能关闭，例如，曾经的亏损王中国远洋、中国铝业、中国东方航空，很多人害怕企业会退市，股价不断走低。但是这样的国有企业是不会轻易退市的，政府会出台一些政策扶持。亏损时可能是介入的机会，我们要有底线思维，企业经营、股票价格已经进入底谷，充分反映了不利条件，将来必定会有反转机会。国家扶持不能使其成为优秀的成长企业，但可以让其脱离困境。

　　国家宏观调控是政府弥补市场失灵的重要手段，强有力的国家宏观调控是中国特色社会主义市场经济的重要特点，体现了国家的控制力、动员力。2008年经济危机，国家出台了强有力的刺激政策，这些刺激政策通过国有企业实现，如推进基础设施建设、扩大信用规模。系列政策出台对行业、企业都有很大的影响，我们研究分析企业要考虑这些因素。产业政策也是重要的宏观调控手段。对产业政策的最终有效性，经济学家争论不断，但产业政策对企业的影响是不可回避的，有时这些政策是双刃剑。政府出台了光伏等新兴产业支持政策，使这些新兴产业如雨后春笋般发展起来，也成就了无锡尚德这样的明星企业。但新兴产业也很快过剩，大量光伏产业出现倒闭潮，无锡尚德最后也不得不破产重组。看来企业只能靠政府推上一把，不能把政策当企业成长的长效机制。环保政策也会对行业产生重大影响，某种程度上正在重塑产业体系、重塑企业生态，进行基本面研究时需要认真考虑。

　　政府会错配资源，同市场一样也会失灵。这种资源错配可能使市场长期出现偏离，最后剧烈调整，也会对企业产生巨大影响。天然气、家庭用电的价格长期被人为压低，国际天然气价格、煤炭价格上涨时为了控制整体物价上涨幅度人为压低气价、上网电价……政府的价格管制会错配资源，但这种错配不可能长久脱离市场均衡，最终要回到市场在资源配置中的决定性作用时，对相关企业生产经营的影响巨大。

金融学就是研究不确定环境下资金在不同领域、不同时间的配置。传统货币具有交易支付、储藏、价值尺度、交换等功能，但现在的信用货币时代，金融具有更广泛的功能：跨期资源配置、信用创造、风险管理、效率评价……金融虽然与实体相关，但金融行业已经成为独立的庞大产业，并且影响着实体经济。学习金融要了解各种金融业务知识，理解银行、保险、证券、信托和其他多种金融的业务特点，了解金融史，帮助理解金融的周期性，金融泡沫的扩张和破灭，以及带来的金融危机甚至经济危机。

## 七、管理知识

管理就是在一定环境下，为了实现既定的目标，管理者进行的组织、协调、计划、控制，学习管理知识便于理解企业。企业的管理要与商业模式结合、与企业具体情况结合。创新企业与传统企业的管理模式肯定不同，创新企业主要员工是科技人员，企业管理中要有宽松的工作环境，灵活的上下班制度，建立健全对创新的激励政策。但传统的企业会强调规范化、科学化、标准化管理。

企业管理中有效激励机制很重要，首先是要正向激励，防止出现逆向激励，另外是激励关键少数人，而不是吃大锅饭、利益均沾。我们也看到，吃大锅饭的企业是没有活力的。优秀的企业常有企业利润之上的追求，不仅仅围绕利润，而是应该强调企业的产品和服务对顾客、对社会的价值，为顾客、为社会带来价值，企业的利润也是自然之事。太注重利润的企业会误入歧途：为谋取利益去做假账，为了眼前利益而忽视长远利益，为自身利益损害上下游客户的利益。企业的有效管理体现在企业效率的提高，企业的人均工资高但销售利润率、资产周转率等各项财务指标比同行业更优，说明该企业的效率更高，在激烈的市场竞争中可能会胜出。学习管理知识时我们应该明白好生意比好管理更重要，好的商业模式让企业轻松赚钱，不好的商业模式企业高管如何高明也无济于事。

## 第二节　15 种心理倾向

我们要论述几种重要的心理因素以及这些心理因素对我们理性认识的影响。

## 一、自视过高

就是对自己的能力等评价过高，这种心理倾向常使人们的认识出现偏差，这种自视过高的根源和人们对客观、对自己认识的过程有关，可能是人过于自爱、自恋，形成一种自我偏信。在心理学上存在杜宁—克鲁格效应：低能力的人有虚幻的傲慢，会错误地高估自己的认知能力、高估自己的实际能力和业绩，这种认知偏差来自于他们没有能力认识到自己能力的匮乏。自我感觉良好的阿Q精神，在现实中事例很多，汽车驾驶员大都认为自己比别人的开车水平高。很多股民去参与短线投机，就是认为自己对短线市场的把握比别人高，失败接着又失败，不断证伪，才慢慢将这种自视过高的偏差进行修正。亚当·斯密认为，多数人对于自己的才能往往过于自负，这是历来哲学家、道德家所指出的人类通病，但世人对于自己的幸运往往发生不合理的妄想，却不大为识者所注意。自视过高除了高估自己的能力、长相等，有时还对自己的运气、成功估计过高，对自己的灾难、失败、错误估计过低。这种人常倾向于侥幸、过度乐观、自以为是，屡战屡败的赌徒总是认为自己下一次的手气会改变。

价值投资者要求对企业进行透彻、理性的分析，但是人们总是高估自己对熟悉企业的把握程度，认为自己对企业完全了解，这就是"本土偏见"。格雷厄姆认为，"本土偏见"即一种痴迷于自己熟知事物的习惯，对某一事物了解的加深，并不会显著减少人们夸大自己实际所知的倾向。大量上市公司员工买入自己公司的股票，但并不能很好地盈利。还有一种情况，一个城市的股民持有本地上市公司股票的比例最高。这是由于公司的员工、本市的市民认为自己对本地上市公司更熟悉，这也是一种认知上的自视过高。腾讯上市之初，有不少高管减持公司股票，但腾讯公司后来发展迅猛，股价不断创新高，这说明公司高管对公司将来的发展也不能准确预测。

## 二、选择性相信

这种心理倾向类似于通常的偏见、偏信。正如查理·芒格所讲："一个人想要什么就会相信什么……在手里只有一把锤子的人眼里，世界就是一个钉子。"这种心理倾向如何形成：客观到达人的大脑形成主观是大脑本身认识、思考的过程，大脑具体的工作原理仍然是一个未知的黑箱。心理学家研究人类大脑的意识过程时发现，在大脑皮层有很多网状化分类，外部信息通过各种感官形成信号，信号分门别类接收，分配到原来的网状层，最终形成新的意识。认识世界的过程，也是外部信息与原来意识共鸣的过程。你认识外部世界的过程，就是透视自己内心世界的过程。你感知世界受到你原来的意识影响，很像一段禅语：小和尚看见幡动，就说不是幡动是风动，老和尚讲不是幡动也不是风动是你的心动。我们看一本书，看完之后就毫无印象，是因为书中内容并未和你产生共鸣。有的书看完印象很深，就是它触动了我们的情感，使自己受到刺激的大脑细胞再次接受冲击。你读过一本书，过半年后再读，不少信息内容已经忘记了，但很多上次与你产生共鸣的内容这次同样对你有冲击力。选择性相信就是一系列杂乱无章的信息充入大脑，人们只是选择性地相信一部分，这种选择无意识地受到个人偏好、原有意识的影响。一个人买入熟悉的股票并看好，当他跟踪这家公司的信息时，总是选择相信对公司有利的信息。若他不看好公司，就总是相信对公司利空的信息。当人们在被不确定性包围的困境中时，这种情况更是这样，人们判断更容易受到这样的偏好、情绪的影响。在这种压力下的决策常常出现错误的案例很多，投资者可以根据自己的投资经历去思考。

我国司法制度一直强调改变"有罪假定"思维模式，这就是为了力避选择性相信的危害。历史上数以万计的案件是在有罪假定下迫使审查对象承认有罪，这些年的很多冤假错案也是这种思维模式的恶果。在有罪假定思维下，办案人员总能找到证据印证自己的想法。有时候在办案压力下、不当激励机制下，会有更多这种情况发生，侦察人员忽视事实，有意无意找到一些问题，让嫌疑人认错。我们讲的选择性相信与某些侦察人员人为制造冤假错案不一样，后者是一种有意识的恶行为。西方国家在审判中推行陪审员制度，这些陪审员来自不同职业、不同专业背景，陪审员做出独立判断，就是为了防止法律专业、法官职业带来的选择性相信心理倾向，避免出现冤假错案。

在投资中要抛弃这种选择性相信心理倾向所带来的影响，主要是我们要有平和、冷静、开放的心态，不只相信有利的意见、信息，往往反对的意见总是比赞同你的意见更有用途！我们不要去朋友圈、网上寻找与自己一致的观点，而是善于听取相反的意见。我印象很深的是，与双汇老板万隆接触，他讲："我们很多决策与行政部门不同，很多项目论证时总要吵一吵、争一争，只有这样才能把事情搞清楚，搞一言堂拍脑袋决策不行。"有的人在股市论坛看好一只股票，就经常和反对者争吵，甚至互掐和对骂，这不是一个价值投资者应有的心态。投资提高的过程就是以开放的心态接受新知识、提高能力圈的过程，也是克服偏见、内心不断自信和强大的过程。

经济学家对选择性相信也有很多研究，为什么人们喜欢相信负面新闻和小道消息，应该是这些负面新闻的一些事实信息与其心中固有的偏见相互印证，形成共鸣，他们相信他们想要的。诺贝尔经济学奖得主迈克尔·斯宾塞认为，一系列因素导致数据和感知的分歧，主要是人们天生的偏见，其中一种偏见是乐观差距：人们对自身情况的乐观，往往比其他人和整个社会更高，另一种偏见则是所谓的可得性启发：人们经常会以最快浮现在脑海中的事例来估测事件发生的频率。第一种乐观差距类似于我们讲的自视过高的心理倾向，第二种可得性启发类似于选择性相信这一心理倾向。

选择性相信心理倾向与我们通常所说的偏见偏执相类似，也与经济学所讲的思维定式等有关。当选择性相信与某些思维方式、信念、宗教、信仰相结合时会形成更错误的判断、更可怕的结果，有时会导致不同流派间的政治纷争、民族宗教间的战争。这成了屁股决定脑袋，你坚持的，我就反对，你反对的，我就坚持。

## 三、从众效应

从众效应是日常生活中人们通常的心理表现，这种心理经常得到印证：别人怎样做，我就跟着做；不骑马不骑牛，骑个毛驴走中游；中间道路最安全；别人有的，我也要有。从众效应是人和动物的一种相似反应，非洲大草原上的角马遇到狮子攻击，会马上跑在一起，让狮子无法冲破角马群，面对狂奔的角马群狮子常无计可施。但有角马离开群体是极其危险的，将成为袭击对象。动物和人都把从众效应作为自我保护手段。有件事印象很深，上初中时班上的日光灯线路突然坏了，有位胆大的同学主动上去维修，不小心短路了，当时的保护设施也不行，火光沿着线路燃着，也就是十多秒，火光停止了。一位胆小的女生对另一位说，"挺吓人的，我们出去吧"，遂站起身向教室外走去。寂静的班上一下子乱了起来，所有人不顾一切地冲出去，拥挤不堪。过几分钟大家看没事了，回到教室一看，惊呆了：桌子、凳子挤倒了一半，遍地是书籍、水杯，教室的门也挤坏了。大家虽然没受伤，但还是后怕：电路短路没事，万一挤伤了人麻烦就大了。这种情况在火灾、地震等紧急事件中，总能看到，造成死伤最多的是踩踏，而不是火灾、地震本身。这就是在紧急情况下从众效应的可怕之处。在投资中也存在这种情况，通常称为"羊群效应"，看别人买股票、买两套房子，自己就着急。我们老家种植烟草，第一年若烟草行情很好，第二年每家每户都要扩大种植面积，第二年烟草行情立马变脸，收购价降低，收购时质量要求更高。每亩收入从1000元降到了300~400元，烟农不满。第三年很多人改种玉米，但到了收获期，烟叶行情又好了……这种从众效应在烟叶种植中重复，行情、种植面积在周期性变化，烟农总是克服不了这种从众效应。长大后我发现这种现象并不是个例，养殖业、开采业、制造业等都有这种现象，证券投资领域也是这样。这种在经济方面的从众效应导致的失败，可以从微观经济学理论中得到证明，投资的边际报酬率递减。市场经济运行的结果是"2080"，就是 20% 的人拥有 80% 的财富，在证券市场上这种"2080"现象更突出。少数人集中财富的现象更加严重，很多经济学家分析了其中的原因。具体原因众说纷纭，但这是市场经济运行的规律，也是市场失灵的重要体现。从众效应与少数人掌握财富这一规律是背道而驰的，从众就不可能出类拔萃，也不可能成为少数成功的投资者。我们在上一章也讲到，股市中少数人制胜，股市交易使财富从多数人流向少数人。在证券市场中克服从众，坚持"人多的地方不要去"，做到这一点重要的是独立思考、独立判断，不要人云亦云。之前证券交易大厅成为股民交流的场所，当然也是从众的平台，现在网上的朋友圈、论坛等已经成为新的从众平台，对投资者来说要判断、吸收有用的信息形成自己的决定，而不是打听并跟随别人的观点。

## 四、服从权威（光环效应）

权威人士像是明亮的光环，使你只关注这一光环，而忽视其他。对权威的服从与从众心理相通但又不同，从众是人与人之间民主化关系下主动符合别人的心理倾向。服务权威源自于人的关系不平等、源自于等级社会结构的背景，服从权威更可能与等级、模仿、明确、自愿有关。权威之所以获得了权力，是由于他所统治、影响的受众达成了某种共识，这种共识一旦形成，就不会自动消失，即使消失也需要付出昂贵的代价。有悖于权威甚至反抗权威，会使人面对道德、违约、不得体、不合群等多重窘困，为了避免这种窘迫感，服从权威是痛苦程度更小的选择。特别在中国传统文化中人们总是强调君君臣臣、父父子子的秩序、礼节，总是渴望明君、权威的保护，并自觉服从，有的人甚至有奴仆思想，甘于被奴役、指使。服从权威心理实质上是人们寻求社会认同，实现自我保护的一种趋向。权威在权力、职务、专业知识上具有优势，如果人们缺乏独立判断能力，常认为服从权威就能找到捷径，不用自己努力跟着去做即可，万一出现问题也不用自己承担责任，盲从权威也是一种偷懒、不愿自我担当的行为倾向。《对权威的服从》一书认为，德国很多纳粹成员对犹太人、战俘的屠杀，就是下层军官对上级权威的服从，特别是在军队、警察等集权的层级组织中更易形成这种现象。1968 年 3 月 16 日，越战中发生了震惊世界的屠杀平民的美莱村惨案，也是美国下级军官盲从上级军官和专业情报权威而导致的人间悲剧。"大跃进"中出现的很多虚报产量现象是基层乡干部、村干部为了迎合上级领导的偏好，"文化大革命"中很多专案组制造的冤假错案是办案人员按权威的判断，在有罪假定下去寻找"证据、实事"。在证券投资中有的人认为自己不会从众，会跟随少数大师，最后的投资业绩一般，为什么？因为大师有大师的投资逻辑，你有你的投资逻辑。有的人盲目模仿大师，常常结果是邯郸学步，形似而神不似。巴菲特购买可口可乐，你在中国购买汇源；巴菲特购买保险公司的股份，你在中国购买中国人寿；巴菲特购买麦当劳，你在中国购买味仟……你这样刻意去模仿注定失败，正如齐白石老人的一句话，"学我者生，似我者死"。

## 五、攀比心理

就是人们经常关注、对比周围人的状态、做法。这一心理可能与人们认识世界本身的过程有关，认识事物常要建立参照体系，人们了解物体的运动及其速度要有参照物才能做出判断，人们的价值判断也常与某种形式的参照物相比照。你富裕吗？你会与周围人相比较。中国富裕吗？人们可能与欧美或者邻国相比较。比较产生鉴别，但重要的是不同的人选择的参照物是不一样的，因为对事情做出的判定各不相同，自己的感受也大相径庭。很多人的痛苦和幸福是对比出来的，这种攀比心理可能因为别人超过自己而产生嫉恨，这时攀比心理就成了嫉妒心理。在一公司发放奖金，员工判定奖金发多了还是发少了，员工不是在意自己的奖金与自己的付出之间的关系，而是看跟自己相同岗位的同事发多少奖金，别人比自己多，就认为自己的工作没有得到公司认可，受到了不公正待遇，心里就会生闷气。如果自己比同事的奖金多就沾沾自喜。调查发现，这种情况在团伙犯罪判决中也存在，某个嫌疑犯被判处有期徒刑5年，与自己类似的同伙被判刑期4.5年，他就不服气并认为不公平，要上诉。当调查人员问："如果你们两个都被判处5.5年，你认为公平吗？"这位嫌疑犯就说："这样的话是公平合理的。"这就是不理智的攀比、嫉妒。也可以看出攀比的心理根源：人们对某一事物缺少正确的判断标准、缺少判断能力时，人们常常与周围简单对比做出判断。攀比心理就使得某些人把别人作为自己认识世界的参照标准，别人成为自己幸福的参考依据。攀比心理继续发展是嫉妒，自己关注别人，别人比自己好就不满，而不是关注真正的自我。这种攀比心理引起投资偏差的情形经常出现，在一单位中，一位股民言谈中讲到自己在股市中赚了钱，言者无心听者有意，"他平时那样笨都能在股市上赚钱，我为什么不能？"同事立马到证券公司开户买股票。攀比心理在生活中比比皆是，一家买了汽车，邻居就传染了红眼病，借款也会去买车。攀比心理在基金公司经理之间同样存在，一家基金发了某个产品，另一家马上也会发类似产品。一家基金有一个明星产品收益率很高，另一家马上也要打造这样的明星产品。这种攀比心理最终造成基金公司的同质化，也使众多开放基金业绩平平，因为大多基金像是跟随同一只舞曲在跳舞，节奏和步伐一样。攀比心理发展成为嫉妒心理，就成为心中的一颗肿瘤，它不仅让你失去正确的判断力，会伤害自己，也会伤害别人。克服攀比心理要强化自我、自信的观念。

# 六、一叶障目

就是一种欲念或情绪在心里生成，就会不断扩大，充斥大脑，让你排斥其他观念、意识——一叶障目，让你看不清客观世界。例如，最近几年在郑州市出现一种网络诈骗现象，有很多网络公司采取欺骗性手段帮客户办理淘宝店、微商开店手续，并提供商品货源。这样的中介网络公司应该很难开展业务，因为淘宝店、微商很难赚钱。但这些网络公司使用了一种创新的"营销方式"，让全国各地的大量顾客纷纷愿意与这些网络公司合作，并支付几千到一万元的咨询服务费。这种神奇的"营销方式"如下：网络公司招聘大量年青的男孩作为业务员，也有少数的女孩。这些男孩以女孩的名义上网聊天，并贴出自己的"玉照"。通过漂流瓶等方式吸引大量男性与其网聊。这些男性有爱美之心，也可能有不轨图谋，就越聊越上瘾，急于发展为某种暧昧关系。这些潜在的男客户对美女想入非非，但"美女"业务员却很矜持，并不急于见面，说自己开了网上商城很忙、也很赚，让男性也试试开店。这时男性已被美女一叶障目（看到的也只是美女照片），就很快按照业务员的暗示与网络公司合作，付了钱开了网上商城。网上商城不赚钱，去找"美女"业务员询问，但"美女"却渐行渐远。这种网络公司大量出现，并且业务开展迅猛。几十人的公司，成本很低，几十台电脑能上网就行，半年公司的收入就有几百万元，每个业务员按个人业绩的30%~40%提成，月收入5000~1万元，公司收入的50%左右是净利润。公司老板认为，公司业务是打擦边球，业务员是20多岁的小伙子，也不知自己的行为涉嫌犯罪，只知道找到了一份好工作应该好好干。这么多男性客户轻易上当，就是贪图美色这一欲念，让他们失去了明智、判断力。一种欲念，一叶障目，这些欲念包括：美色、金钱、享受、权力、成功等。这种欲念是渴望成功时，在科研、工作上一根筋，不顾家庭、生活，最终取得成功，这时一叶障目就成为正面的动力，也应了英特尔前CEO安德鲁·格鲁夫的一句话，只有偏执狂才能生存。在投资中也有这种一叶障目的情况，有些股民急于发财，在高点建仓，市场的各种危险信号全然不顾，最终急发财变成了亏大钱。《聪明的投资者》作者格雷厄姆认为，大多数人都亏钱的原因就是太关注当期行情。我的一位老师说，很多人在证券市场中亏钱也是因为他们太在乎钱。这些都很有哲理，太在乎钱，让你一叶障目，不能理性判断。投资者在对公司价值进行分析时，也因某些公司一俊遮百丑，而对公司判断失误。上市公司常常会放大其优点，有意无意也掩盖其缺陷。

欲念让你一叶障目，情绪同样使你一叶障目。人是有感情的高级动物，欲念是经济理性人为了满足个人效用和偏好的一种想法、一种算计，情绪是某种直觉冲动对人这一感性动物的冲击、影响。人在愤怒、仇恨、恐惧、兴奋时，情绪充斥大脑，荷尔蒙掌控大脑，常做出错误判断。人们的很多错误举动都是在这种情绪的影响下做出的，一点儿鸡毛蒜皮的小事让愤怒的双方恶语相向、大打出手。由于仇恨让不同宗教纷争不断。人们在恐惧下，做出违背真理、常理、道德的事情，这时人性显得那么脆弱。贪婪和恐惧对投资的影响，不少投资大师有详细论述。在股市大盘上涨时，人们处在兴奋中，更加贪婪地认为股市就是印钞机，钱会源源不断地流出来，股民一叶障目，就是买入买入，借钱买入。股市下跌，恐惧充斥大脑，不知所措，做出错误决策。

## 七、预测偏好

某些经济、股市、房价等运行一段，人们总是喜欢预测下一段走势，这就是预测偏好。心理学家对这种预测偏好进行研究后发现，人们预测正确后身体就会产生一种名叫多巴胺的激素，这一激素使人充满幸福感和满足感，刺激人们继续预测。众人预测的内容更是五花八门：天气、军事政治事件、体育赛事、彩票……经济学家总是不断预测经济走势，从 GDP、CPI 到房价、汇价，金融证券分析师预测大盘、个股走势。各种预测结果有时对、有时错，但这种预测本身产生了大量的就业机会。经济学家、证券分析师依据一定模型、方法、个人专业知识预测，还是比较靠谱的，有一定的科学性。但赛马预测、足球比赛预测基本上是不靠谱的，选秀、彩票、财运的预测就有点荒唐了，这些预测同预测硬币正反面一样毫无意义。但总是有不少大学的高才生进入这一领域，进行大胆预测，迎合市场需求。每当看到老大爷在昏暗的灯光下阅读彩票预测小报，老大娘在彩票站吃力地查看中奖号码走势图，笔者认为，新文化运动一百年了，很多人还是有必要进行科学启蒙。

在证券市场，很多短线操盘手总是每天盯着交易软件，预测股价趋势。很多研究已证明，短期股市波动无规律可循。很多人愿意从事这种预测，就好像预测硬币正反面一样，最终会有赢家，赢家只是靠运气。运气好的赢家总以为自己有某种能力，或是使用了某种高超的方法。

价值投资者关注公司的生产经营，寻找企业的内在价值，其实也有很多预测工作。预测是价值投资者必不可少的环节。但这种预测建立在分析公司基本面的基础之上，对行业、企业进行系统分析之上，有较高的可靠性、逻辑性和科学性，有较为坚实的基础。短线投机者的预测建立在市场的短期波动之上，只能说是以沙砾为基础，这常常是不牢靠的。

预测偏好常使投资者进入预测怪圈，最终由于预测偏差出现巨大损失。笔者也有这种经历，利用计算机 Excel、Eviews 程序对感兴趣的目标公司进行量化预测，并且迷信这种预测结果。其实，即便在对公司内在价值进行预测时，公司增长率、利润率、贴现率的微小变化，会使预测结果（主要是目标公司内在价值的估算）大相径庭。用这种预测，2011 年少量买入正在高速增长的李宁、中国动向等运动服饰企业股票，结果运动服饰行业很快达到天花板，行业和企业的营收都不再增长了，企业利润和股票价格直线下降。这就是精确的错误比大致的准确会带来更可怕的结果。预测是必要的，但投资者要注意，投资中重要的不是预测的结果，甚至是量化的结果，而是预测过程，在预测过程中理解、分析公司的价值，并在跟踪中不断证伪修正。在这里我们也可以看出投资中的悖论：投机者偏好预测短线走势，却因预测错误而亏损，价值投资者偏好预测公司价值，却因预测不准而投资失误。

## 八、短视

短视也可称近因效应，人们经常关注眼前的而忽视长远的，从而造成认识偏差。鼠目寸光、头发长见识短、只顾蝇头小利都是短视心理倾向。短视常是由于人们对近期能得到的利益、近期看到的事物更重视，认为远期的更不可靠、不可把握，十鸟在林不如一鸟在手。心理学家沃尔特·米歇尔进行了著名的棉花糖实验，实验人员告诉 4~5 岁的孩子：现在眼前放着一颗棉花糖，你可以选择马上吃掉然后离开，但如果能坚持 20 分钟不去吃，就可以多获得一颗棉花糖作为奖励。实验结果是，最终只有三成孩子拿到了两块糖，孩子们的反应侧面说明了人类通常的短视和自控能力的缺陷。后来的跟踪实验表明，那些曾经在棉花糖实验中表现出良好自控力的孩子，在后来的人生各个阶段表现得更为出色和成功。换股合并重组有套利机会，折价的封闭基金在封转开时有套利空间，AB 分级基金中折价的 A 基金在下折时存在套利机会，人们能够明显计算出无风险套利或者低风险套利，为什么很多人等不到这一天，是因为人们对已经有的利润感兴趣，对要经过等待而得到的利润不愿等待，怕承担风险，这就是短视。价值投资者经常是长期投资，不准备拥有一家公司的股票 10 年，那就不要考虑拥有它 10 分钟。企业价值是长期积累的，价值投资者也需耐心、坚守。有的标的价格长期低迷，需要克服短视，更关注企业的价值及影响其价值的因素，而不是股票的市场价格。由于短视也让很多投资者经常受到短期的、暂时的因素困扰，形成精神压力。我们对巴菲特的投资标的进行分析，发现其买入持有的时间经常超过 10 年，涨幅也会达到 10 倍。如果短视，你可能因为股份上涨 30%～50% 就退场，享受不到公司价值提升、股价溢价带来的长期红利。

## 九、自我中心

自我中心也是经济理性人的特征，不仅指人们通常围绕个人利益，还指认识客观时人们经常从自己的视角、自己的逻辑出发。这与自视过高、选择性相信、一叶障目等心理效应有相通的地方。人们接收信息认识外部世界，这是"增量"，人们已有的意识、欲念、观念等是"存量"，这些"增量"进入大脑，形成新意识总是受到"存量"的影响、决定。你认识的外部世界既是你去感知的客观世界，又是你心里已有的世界。两个人在谈话，第三人看见常常以为两人在谈论自己，这是第三人自我中心心理倾向所致。有则笑话，过去诗人、官员、财主、乞丐被大雪挡在庙里，四人共同做了一首诗，诗人："大雪纷纷没地，"官员："这是皇家瑞气。"财主："再下十年何妨，"乞丐："放你妈的狗屁！"这则笑话中四人的感慨皆以自我为中心，从个人的角度考虑问题。对同一话题进行讨论，一伙人分别从自己的经验、自己的知识去解读，有时争论得不可开交，也很可笑，只有对这些人都很了解、水平层次更高的人一看便知可笑之处。如同盲人摸象后争论，但正常人一下子就能看出究竟。科学哲学中的范式理论认为，不同范式总是争论不休，只有更高、更新的范式才能将其统领。在开会时、酒桌上每个官员、专家、客人都会有一套以自我为中心的言论，争当主角，这是自我中心心理倾向导致的结果。在政府部门中，要从 10 个科长中提拔一个副局长，超过一半的科长会认为自己科室的工作很重要，自己应该被提拔，而且相信自己被提拔的可能性更高。在证券投资中，人们也有这种倾向，"我懂这个企业""我调研过某公司"……其实只知皮毛。

自我证明是自我中心心理倾向的一种扩展，人们总是收集证据证明自己的正确性，"我以前就说过……""我以前的预测是对的……"

自我中心常让你不能理性认识客观，失去正确的认知能力和判断力。你能从别人的角度去看问题，换位思考，可能更利于你看清事物的本质，更好地调整人与人的关系，也更能调解你的个人心态。

## 十、相信捷径或神秘

经济理性人会计算投入最少、产出最多，这种思维应用于学习、能力训练方面，就成了想读最少的书，而最快得"道"，最早变得聪明。相信捷径和神秘的人就相信有武林秘籍、葵花宝典、九阳真经之类的会让自己智慧乍现，甚至相信会有神灵光顾自己。这种不劳而获、少劳多获的抄近路心态，在多个场所出现：梦想发财的人不是想靠着自己的体力、智力去努力，而是去求财神爷，殊不知"上帝只拯救善于自救的人""天上不会掉馅饼"。巴菲特从小聪明，能下盲棋，智商很高。但他更勤奋，很小的时候就将奥马哈图书馆关于投资的书籍看完了，现在年龄很大，还是不断地阅读。有人学习投资，读一两本书，就梦想找到真谛，顿悟为投资大师，一口吃个胖子是不可能的。投资的原理是简单的，但是投资的原理也要在实践中体验，也要与具体公司结合，掌握了原理你仍然需要了解行业、企业，并不断扩大能力圈。价值投资的探索永远在路上，想走捷径最终成了走弯路，相信神秘成了相信骗子。在股票论坛经常有所谓大师讲一些高论、神论，但应者云集，应者就是相信有神秘力量。有不少配资炒股者抱有走捷径能够改变生活、脱离工作困境的心态，更有甚者每月的生活费、还房贷月供等着从股市上赚钱，结果可想而知。

## 十一、感觉放大效应

很多人常常放大口味、体验、听觉等感官方面的感受。有时感觉放大是由于感觉本身的偏差，有时人们放大感觉是为了引人注目，语不惊人死不休。我有位爱喝酒的朋友说："某某酒是纯粮配制的，越喝越清醒，喝完睡觉不头痛、不口干，第二天醒来胃不难受。"其实言者嗜酒如命，经常喝酒到失忆的地步，当然不觉口干舌燥，醒来不是第二天而是第三天。有人说："这种茶味道真的好，喝完后神清气爽，高血压的毛病也没了。"人们买的股票上涨时会说："我有预感这个股票会涨，结果已经涨了30%，我看起码还会再涨50%。"酒的主要成分是酒精和水，酒起作用的主要是酒精，喝多了会麻醉神经，是科学事实，但人们常会夸大其正面功效。偶尔你感觉好的股票上涨，并不意味着你有先知先觉的能力。感觉放大效应常导致神医、神药、神茶、神器、神人等神话。营销厂家常有意无意宣传这种放大的感觉。能量饮料（主要是葡萄糖饮料）广告中无精打采的明星喝完之后产生超级能量、巨大效果，从屋内飞到了赛场夺取冠军。正如查理·芒格所分析的，明星手里拿着可口可乐，受众总是将可乐与明星联系起来，与明星的成功、美丽、笑容联系起来。保健品市场上，成本1元的商品能卖到100元，这是人们食用保健品的感觉放大效应，这种感觉本身无法量化，难以精确。感觉放大效应也是部分保健品、医药、食品等消费品能够实现高毛利率的原因。感觉放大效应常增加人们对某种产品的认同，形成黏性，当然也愿意出高价购买。这种心理倾向能够帮助我们了解很多产品的特性，理解很多商业模式。

## 十二、压力扭曲

人们受到巨大压力时，常常出现认知偏差，只知道应对压力不及其余。这样压力可能来自经营、生活、生命、安全、健康等很多方面，决策也常在各种压力下进行。一个人接到癌症病危通知，此时在病床上做出的判断和他正常健康时是不同的。有一些人将炒股当职业和业余投资者的压力是不同的，压力过大操作失误可能更多。压力之下，人们的思维扭曲、堵塞，动作行为变形。不同的人对压力的适应性是不同的，证券投资者最直接的压力是利益得失，利益得失又与未来的不确定性有关，很多人炒股票寝食不安，就是市场的波动对其心理影响较大。投资者要学会与不确定性相伴而生、相安无事。达到这一标准就要求事前将各种因素考虑清楚，各种风险、不确定性及其后果你都考虑清楚了，也就不会有太大压力。减少压力带来的困扰，从高处讲，你要有正确的人生观、价值观；从低处讲，你要有平和开放的心态，"非淡泊无以明志，非宁静无以致远"。价值投资者要坚持价值理念，寻求价值、投资价值、分享价值，不以一时涨跌、得失为目标。跳出短期涨跌引起得失成败这一藩篱，价值投资者才能变成快乐投资。这样价值投资者也会不像投机者那样面临短期波动而带来的巨大压力，出现压力扭曲心理倾向导致的决策乱中出错。

## 十三、视而不见

人将主要注意力集中在某一事物时，对眼前发生的其他事情，会视而不见、毫无知晓。例如，人们观看电影，剧情很激烈时，观影者全神贯注。这时若有一个人从屏幕前走过，事后对观影者进行调查，很多人并不知道曾经有人在屏幕前通过，这就是视而不见。在证券投资中，也有这样的情况，如果一个投资者同时关注 10 只股票，有一天全部表现平平，你问他这 10 只股票在这一天的表现如何，他能讲得大致准确。第二天，他购买的股票其中之一突然大涨，其他的 9 只平平。你询问他 10 只股票的表现，他只会记得大涨的一只股票的情况，其他的 9 只股票他几乎全然不知。与一叶障目心理倾向相近，视而不见也反映了大脑在人的认识工作过程本身的特点，如果太关注一个点可能忽视其他重要因素。当关注的这一点与人的欲念和情绪相关，就与一叶障目心理倾向接近。投资者在进行企业分析时，要从各种因素中找出主导因素、次要因素，找出有利因素、不利因素，不能只关注一个因素，就对其他因素视而不见，视而不见常常让你忽视某些风险，这在投资中是很危险的。在投资中避免视而不见，最好的办法是你有自己的检查清单，防止忽视重要的因素。

## 十四、回避责任

人们总是为自己的错误、失误找借口、说辞，将责任归因于外在因素。股票涨跌是很正常的事情，下跌了总是有人要亏钱，但亏钱的人总是不把亏钱的原因归因于自己的能力、运气，而是认为是某些人操纵的结果。2015 年下跌，网上又开始揣测国内势力联合国外势力做空中国，这种阴谋论对投资没有益处，只是让失败者认为，投资失败是意外事件，不是个人原因。其实敢于担当是一个投资人，或者企业管理者应有的品质。在上市公司股东大会、沟通会上，如果企业将经营不善的原因归结于外部因素，就要对企业高管的诚信、担当有所质疑。回避责任也是自私、自我保护的心理倾向。投资者要独立决断并且能够承担责任，这是投资者必须具备的性格特点，也是做一名合格投资者的重要品质。

## 十五、保护色

人们总是在形象、语言、行为上呈现出一种自我保护的心理倾向，想使自己更好地适应外部生存环境，保护色主要突出在外表上、标签上寻求社会认同。保护色一词来源于生物学，各种生物总是使外表颜色与周围环境趋于一致，以防止被其掠食者发现，从而达到保护自己的目的，如变色龙。有的生物的外表是为了引起注意，大尾巴的雄孔雀、公鸡的鸡冠起到吸引异性的作用。人类也有类似的情况：没有学问的人，总是在书架上摆满了各种图书，言语间总提及自己某名校的博士头衔，举止也佯装斯文。没有钱的人总是提及自己家的房子、车子。这两种倾向说明人们总是想证明自己，以防止别人看不起自己，但实际上是，自己说有什么常代表自己缺什么。在群体斗殴中，出手最狠的不是高大威猛的参与者，而是其貌不扬、身材矮瘦者，这些瘦小者在混社会时更需要采用狠招证明自己的力量，让别人惧怕自己。经常大谈价值投资的人未必了解企业价值，也许只是叶公好龙。不少创业板企业常标榜自己为高科技企业，实际上只是传统行业，只是穿着带有保护色的马甲。保护色是一种寻求社会认同、群体认同，从而达到自我保护、自我生存的自私心理。要克服这种心理倾向就要提高自身的能力、实力、素质，增加自信、自强，我的世界我做主，而非狐假虎威。

# 第三节　投资者应有的思维模式

## 一、系统思维

　　事物是普遍联系的，其相互联系、相互影响。系统思维就是全面、综合、整体地对事物进行分析，而不是单个、片面、孤立地理解。防止出现只见树木、不见森林，头痛医头、脚痛医脚。产业中各行业相互影响、相互联系，行业中企业是相互联系的。在不同的产业链条中各行业相互联系，如玉米种植、饲料、养殖、屠宰、肉制品。玉米降价对饲料行业影响如何？如果饲料供求平衡，玉米降价后饲料行业的利润会大幅度提高。但若饲料行业是过剩的，玉米降价后饲料只能跟着降价，那么玉米降价对饲料行业的营利影响很小甚至难以确定。我国饲料行业现状是后面一种过剩的情况。电子商务以每年增长 30% 的速度崛起，对一些行业肯定有影响，首先是电器销售，然后是百货业、生鲜超市。手机消灭了 BB 机、商务通，智能手机消灭了传统手机。高铁大发展让汽车长途客运受到了冲击，这是显而易见的，高铁的发展误伤了康师傅等方便面行业是始料未及的，高铁快了，人们在车上不吃饭了，原来绿皮车厢里方便面飘香的情况不复存在，中国方便面行业连续几年大幅度下降。同一行业的不同企业也经常发生变化，手机行业中苹果崛起让三星、诺基亚受到了挤压，华为的发展让联想、小米、苹果感到了压力。"经起于秋毫之末，挥之于泰山之本"，有时细小的变化会引起企业震动。对游戏产业的政策变化使腾讯、网易股价大幅下跌。在饮料行业中加多宝与王老吉互掐让和其正受伤。这都要求我们具有系统思维才能窥一斑而知全豹，"审堂下之阴，而知日月之行，阴阳之变；见瓶水之冰，而知天下之寒，鱼鳖之藏也"。

　　系统思维还要注意观察总体和结构（部分）的关系，从整体看到部分，从结构的变化知道总体的趋势。例如，我们的 GDP 总体是发展的，每个部分都在发展，但结构的变化不一样，存在城乡差别、沿海和内地差别、不同行业差别。总体是发展的，但局部并不平衡。整个大盘和板块、个股也是整体与结构的关系。啤酒、白酒两个行业的消费整体不再增长，甚至有时下降，但具体企业的情况又不同，有的份额还在扩大。在中央八项规定出台的 2012 年、2013 年，高端白酒整体下滑，但结构并不同，汾酒、泸州利润大幅下降，五粮液也下降，但茅台利润还微升。这种总体与结构的关系便于我们理解具体企业，了解行业、企业的变化。将来的上市房地产公司会如何演变？中国住宅在很长时间内，仍然会有需求，这是总体趋势，肯定也会有优秀房地产企业长期生存并发展。但在房地产去泡沫过程中，会有不少企业消失，对优秀的房地产企业会有负面影响。市场扩张、收缩引起市场波动，但最终房地产市场会向优秀的企业集中。有了对房地产总体和具体企业的分析，便于我们理解这一行业的最终格局，也有利于我们进一步选择具体公司，甚至可以找到投资的好时机。

## 二、逻辑思维

逻辑思维就是理清各事物、事件之间的逻辑关系，是一种理性的推理方式，通常指事物的因果律、相关性、演绎推理、归纳推理，是人们在既有知识和信息下对事物的一种理性判断。我们在前面有关逻辑的哲学中提到了逻辑。逻辑思维是我们考虑问题的重要框架。在价值投资中便于我们对企业生产经营进行分析、预测。环保政策会让很多重要污染、重要排放的企业生产经营受影响，很多人推测钢铁、水泥、化工、造纸这些行业内的上市公司会遭殃。但实际情况不是这样，错在逻辑有问题，这些行业中的上市公司是不是都是污染不达标的企业？即使污染，这些污染应该能通过治理达标。关停部分污染企业后，剩下的企业在一部分产能退出后，整个行业的供求会发生正面变化吗？上市公司、国有企业是这些污染排放行业中的佼佼者，肯定会成为幸存者。实际结果是，在环保等政策效应下，行业的过剩产能被压缩，钢铁、煤炭、石化、造纸等行业利润大幅改善，相关上市公司的基本面和股价都发生很大改善。在实际投资中，要认真分析各事件的逻辑关系，而不是对表面现象臆测和胡乱联系。

大家可以自己思考一下，之前很多人认为高铁大发展会冲击航空运输业，其实高铁冲击的是汽车客运，并没有对航空运输业产生过大的影响，而最近这10年，航空客运量的增长超过了铁路。

建立正确的逻辑是价值投资的基础，不同投资者的投资逻辑并不相同，即使是价值投资者对同一标的的投资其投资逻辑也未必相同。建立投资逻辑的起点不同，可能代表着投资者水平的差异。逻辑起点的提高，意味着价值投资的基础更坚实，避免短期的经营变化、市场波动给你带来困惑、犹豫。

## 三、逆向思维

逆向思维与普通思维不同，以相反的方式去思考。在认识事物的过程中经常发现"真理掌握在少数人手中"。在证券市场中更是这种情况，原因：第一，大多数人看中的股票，形成羊群效应，价格自然已经高了；第二，证券市场交易的结果是大多数人的财富流向少数人；第三，证券市场的信息更易被操纵。上述三种原因要求我们不能随大流，要有逆向思维，逆大众而动。逆向思维并不是毫无根据地反对，别人赞成的我就反对，逆向思维也要有理有据。坚持逆向思维并不是一件容易的事，我知道一位非主流经济学家，常常离经叛道，提出有挑战性的观点，很是惊人、刺目，显得格格不入。他在南部某城市规划论证会上，作为城市顾问，他对该城市规划提出否定性意见和具体原因，让在场主管城市规划的政府官员脸上难堪，让大唱赞歌的专家很是尴尬，规划咨询单位更是狼狈。会议结束后，该专家再也没人搭理他，吃饭时大家躲他远远的。他经历了莫名的压力，但他还是坚持自己的观点是正确的，不改初衷，最坏的结果是这个城市顾问不再被续聘。第二年城市顾问聘书如期而至，市长还写信感谢他，赞扬他的宝贵意见，市里对规划进行了修改调整。这件事情说明，逆向思维不易，坚持自己的观点、不随波逐流更是不易。做过逆向投资的人可能会有这样的体会，你的投资被家人、朋友、专家质疑嘲笑，常使你不堪压力，但这是投资中重要的品质：独立思考、独立行动。

"天下皆知美之为美，斯恶也，皆知善之为善，斯不善也，有无相生，难易相成，长短相形，高下相盈，音声相和，前后相随，恒也。"这是老祖宗的逆向思维。大家都对风电大唱赞歌时，你要反过来想想，风电的成本是多少，风电运营可持续吗？太阳能发电如火如荼时，你要扪心自问：国家扶持是否已经让光伏设备产能严重过剩？大量光伏设备出口是否会受到国外限制？现在汽车行业中电动车、电池企业很受青睐，你要思考靠扶持、靠补贴最终能不能成就伟大的汽车公司，几年后国家不补贴了，电动车能赢得市场吗？电动车的电池成本能最终降到何种程度，充电配套问题能解决吗？其他国家有电动车最终成功的模式吗？

逆向思维让我们看清一个硬币的两面，了解事物的全部。逆向思维还有一个作用，就是让我们充分重视反对者意见，在前面我们已经讲到，反对意见的价值常超过赞同意见的价值。在投资实践中，多收集、分析反对者的观点，而不是一味地寻找相近的观点去印证、加强自己的观点。有很多投资者有个初步意见，常咨询别人的看法去确认自己的判断以加强信心，这是不能独立思考的表现。

## 四、辩证思维

辩证思维在辩证法哲学中已提到，辩证思维强调对立统一，矛盾双方的联系、影响、转化。我们在投资中要时刻牢记这种矛盾、发展、变化的思维，避免老化、僵化地思考问题。企业生存环境最大的特点是变化，企业生产经营最大的特点是创新，企业家精神中最重要的是创新精神。辩证地看待市场的涨跌，涨多了肯定会跌，跌多了肯定会涨，大涨后大跌，大跌后必大涨。很多行业特别是周期性行业，行业好一段时间，然后又变差，差的时候，不少企业退出，行业景气又变好。一个行业内，企业也有时好时坏的情况。当经济条件不好时，我们要考虑这些经济条件是否会改变。当条件好时，应考虑不好时的情况。20 世纪 90 年代电视、空调供不应求，行业好，企业日子都很好。"贵以贱为本，高以下为基。"我们应该知道，供不应求不会是常态，市场常态是过剩经济，有了辩证思维的方式，我们在行业景气时应该预知行业变化的影响，有一定的应对措施。去产能、环保政策的推行，很多人认为对煤炭、钢铁、水泥等重排放行业是不利，但辩证地思考，这些行业是不会马上消失的，作为行业中的上市公司可能是受益者。实际结果是，人为地让过剩产能出清，相关上市企业盈利大幅提升。现在这些行业，主要是不少的国有企业经营状况很好，我们也辩证地看待这一命题，反过来想想，由于这些重化企业的产品价格大幅提高，让下游加工企业主要是很多民营企业的经营受到不利影响，对我国整体制造业的竞争力也很不利。重化行业的这种政策红利肯定是不可持续的，相关企业的好日子可能只是阶段性的。

## 五、底线思维

就是从最不利的情况出发考虑事物的进展，最差的情况是什么，事情是否不会再差了。从最不利的情况考虑，也就是做出最坏的打算。底线思维能够帮助我们看到行业、企业低谷，跟踪低谷之后的转变。三聚氰胺事件后的蒙牛、伊利，企业的经营、股价都进入了低谷。底线思维就是要想到：最终人们还是要消费牛奶的，这些牛奶不可能全部从国外进口。行业不会消灭，能够生存下来的企业也就是行业的龙头，因此蒙牛、伊利不会破产倒闭，企业的生产经营会逐渐好转，经过这次事件后，大浪淘沙，行业的集中度会更高。2015 年钢铁行业进入低谷，证券市场上的股价都低于净资产，有的 2 元左右，这样的国企、央企不可能退市，最多是重组。钢铁的价格最低到了 1600 元/吨，接近 20 世纪 90 年代最低价。钢铁行业基本上全行业亏损，但中国钢铁行业在世界上的份额占 50%，钢铁行业在中国不可能消失，也不可能全部转移出去。这时行业价格已经进入低谷了，行业会反转。我们不知道最好的情况如何、何时最好，但是我们知道最坏的情况如何、何时最坏，同样能让我们做出投资决策。2018 年，高速公路、港口、航运、广电文化传媒行业进入低谷，很多企业的股票市净率也低于 1，用底线思维分析，不少相关的国有企业不会倒闭也不会退市，行业和股价已经进入低谷，有可能找到合适的投资标的。

底线思维在日常生活中也会经常用到，高三学生学习很紧张，除了吃饭睡觉就是学习，用底线思维去考虑：学习再紧张，也要保证他们有吃饭、睡觉的时间，超过这一底线，学习效率会更差。这样学生家长就不会再给学生施加压力，不会再让学生去参加各种培训班。脱贫政策也部分来自底线思维，对普通老百姓的基本生活、医疗进行托底，让他们能够维持生存这一底线，不然就会出现社会不稳定因素。

## 六、复利思维

巴菲特的年平均投资回报率也只有 26%，但能够实现 10 年 10 倍。你有 10 万元本金，在 30 年后将成为 1 亿元，这是复利的魅力，被爱因斯坦称为世界第八大奇迹的"复利"。人们的幸福也存在复利效应，正如本杰明·富兰克林说："人类的幸福大多不是来自于罕见的鸿运，而是来自于每天的一点点所得。"我们在投资中要坚持复利思维，实现每年收益 10%，7 年就能翻一番，30 年就是 8 倍。巴菲特讲价值投资的核心是建立在三个基本原则上的：第一，不要赔钱；第二，不要赔钱；第三，牢记前两条。复利就是要日积月累，"不怕慢、就怕站"，当然更怕后退，投资要防止出现大比例亏损，如果你在一次投资中亏损了 50%，你需要上涨 1 倍才能弥补亏损，如果你亏损了 70%，涨 2 倍多才能回本，所以为了实现复利你必须尽量减少投资亏损和回撤。巴菲特投资的特点是基本上每年的投资是正回报，很少出现年度亏损的情况，这样更能实现复利效应。

其他还有一些思维方式如创新思维、综合思维、整体思维等与前面的会有重复，在此不再赘述。

# 第四节　投资者要有的几种能力

## 一、独立思考

独立思考是投资者基本的能力、品质，刚开始学习投资，认为跟着高手、老师操作就行，好的想法共同分享，没有必要自己去单打独干。随着时间推移，越来越体会到独立思考的重要性。例如，一位老师是投资高手，被同事称作"股神"，关系不错的同事要跟着这位高手买卖股票，这位老师说："这样做不行，各有各的逻辑。"同事讲："你买时告诉我一声，你卖时再告诉我即可，不会耽误你的事儿。"老师买哪只股票就告诉了同事，同事跟着买，过了一段时间大盘涨了，同事的股票始终不动，同事开始四处打听，怀疑老师的操作思路。最后忍不住去问老师是否换了股票，老师告诉他一直没变。同事最后还是调了仓，换了其他股票。后来老师持有的股票大涨并持续了很长时间。老师卖出股票时通知同事卖出股票。同事后悔地说："涨前就卖了，已经换了多个品种，但亏了不少钱，要是听你的就好了。"这位同事对老师经历了相信——不信——更加相信的过程。这位同事也是经济学教授，后来发誓远离股市。从这一实例我们知道，独立思考的重要性。你要立志成为一个积极的投资者，你就要独立思考、独立判断。我后来问这位老师，你的同事既然彻底相信你了，下次再跟着你操作一次，一定不会三心二意了。老师讲，不一定，因为每个人在变动的利益、纷杂的信息下，总是会失去独立判断的能力，总是会人云亦云。

独立思考就是利用自己的知识对公司的各种信息、数据进行分析，去伪存真，形成自己的判断。独立思考不是独断专行，也不是闭门造车。要以开放的心态了解各种信息、各种观点，自己综合以后形成自己的观点、自己的逻辑。独立思考可能要求你有自己的方法论、自己的分析框架。这些方法论、分析框架也可能吸收借鉴他人的，让你站在巨人的肩膀上，但具体如何运用需要你独立思考、独立行动。

## 二、敏锐的洞察力

在企业价值分析、总体市场判断上，你要有一双慧眼和敏锐的洞察力。洞察力来自于你已经掌握的知识，你细致入微的观察，你沉着冷静的分析。敏锐的洞察力可能来源于你自身的天赋，也来源于你后天的不断锤炼。有的人能从企业财务报表中看出蛛丝马迹，从报表附注的一小段文字："今年本公司调整折旧年限，采用同行业通常使用的折旧方法。"你应该知道本公司在延长折旧年限，减少每年折旧计提比例，最终是为提高年度利润。2014 年、2015 年某发电公司大手笔投资了两个煤制气项目，总投资 300 亿~400 亿元，项目进展一拖再拖，投产后一直不能达到原来的量产目标，厂家也推迟转入固定资产，从公司财务报告中可以看出，煤制气项目还是出了问题。在 2015 年举行的业绩说明会上，公司高管已调整，在回答关于煤制气项目进展的提问时，公司主要领导几次把这类问题转给煤制气项目负责人。当有人问到煤制气项目是否失败，负责人并没有正面回答，而是强调他们正在做的一些工作，改进该项目。如果有敏感的洞察力，就可以看出，该公司投资的煤制气在技术上出现了问题，项目投资巨大给公司造成巨大压力。后来发生的情况验证了该推断，公司对该项目进行了一次性损失计提，后来又对煤制气进行重组。暴风雨突然来临，总会有一些前期征兆，公司的重大不利事件我们也能发现一些信号，这需要敏锐的洞察力。

## 三、勇气和决断力

证券投资就是在不确定的环境下进行决策，压力、犹豫、困扰是不可避免的。当投资者具有了知识、经验、能力时，勇气、决断力就成为投资者应有的重要品质。要记住哲学家罗素的话："在现代世界里，愚蠢的人总是自信满满，而聪明的人却充满疑问。"

勇气和决断力在国际事务中也是各国领导人的重要品质，从已经解密的古巴导弹危机、朝鲜战争等重大事件中，可以看出决策过程在压力下勇气的重要性。20 世纪 60 年代，苏美抗衡，美国在欧洲布置核弹，苏联秘密在古巴部署核弹头，美国发现后举国震惊，若美国当局采取对抗性反制，核战争一触即发，如果听之任之，这些核弹头对美国是永久威胁。在各种不确定性及可能结果之间，政府内部争论不休。肯尼迪总统还是做出英明决策，对古巴实行海上封锁，迫使苏联、古巴让步，主动拆除核弹。最终结果是，在海上封锁、巨大军事压力下，美苏谈判，苏联撤出部署的核弹。朝鲜战争开始时，北部金日成一方将南部李承晚一方赶到朝鲜半岛南方狭小地带，南方政权危在旦夕。李承晚向美国求助，美国政府内部认为，如果美国不出兵救助，南方政府就会被消灭。如果出兵，最关键的要看中国会不会出兵援助朝鲜北方，中国不出兵，美国出兵会取得好结果；中国出兵，中美会是一场恶战，美国要避免和中国作战，就没必要参与朝鲜内战。当时美国太平洋舰队军事领导人麦克阿瑟还沉浸在"二战"的胜利中，认为解放军刚打完解放战争需要休整，经济上需要恢复，另外，中国会惧怕美国军事实力和原子弹的威力。由于麦克阿瑟的傲慢、误判，促使美国政府做出登陆仁川参战的决定。这一决策将中美拖入长年战争，可以看出决策中的勇气、决断力的重要性，也可以看出勇气、决断力需要充分的信息、科学的研究、周密的分析，不然勇气、决断力可能带来草率、错误的决定。

投资中有的人总是犹豫不决、优柔寡断，从而错失良机。有人总是谋事不周，鲁莽决定，从而因草率而酿成大错。在买进、卖出、重大事件冲击等时间段，投资者的压力更大，为了缓解不确定带来的困扰，最好采取分次买进、分次卖出，平滑价格变动给心理带来的冲击，降低后悔指数，这可能是中庸之道。但高手处理得更好，他对公司进行分析，得出可以投资的结论后，总能在低点区域一次建仓。1999

年驻南斯拉夫大使馆事件后，全仓买进原先看中的股票，2007 年在高点能一次清仓。很佩服其勇气和决断力，就问他："股市再涨的话你不后悔吗？"他总是从容地笑着说："那不是我该赚的钱，我只赚自己该赚的、能赚的钱。"这种勇气、决断力的表达方式可能因人而异，因而投资中采用的策略也要因人而异。

## 四、善于学习

巴菲特、查理·芒格八九十岁每天还在不停阅读，争取每天早上起来比前一天更聪明。学习是投资的需要，也是投资者的品质和习惯。只有潜心学习、善于学习才能提高投资者的能力圈和投资者的素养。第一，作为价值投资者，应该学习格雷厄姆和巴菲特的投资理念，只有学懂弄懂，才能将价值投资作为一种理念、一种自觉、一种信念、一种信仰。第二，学习多学科知识，改变自己的知识结构。学习多学科知识，便于进行企业分析，扩大能力圈。第三，收集信息，了解经济基本面、企业基本面。投资者要通过一些网站、报刊收集经济信息，了解宏观经济状况、行业动态、企业经营等。不需要太多报刊、网站，只需要有少量报刊、网站作为观察、分析的一个窗口。第四，阅读年度、季度报告。有人认为，年度报告千篇一律，枯燥无味，没有什么含金量。其实对企业最充分、最完整的了解渠道就是阅读财务报告，从头到尾阅读，连续读几年的，读同类企业的，会让你有意想不到的收获和惊喜。有人说，你读一年的年报，你对公司的理解会超越该股 10% 的投资者，你读 10 年将越过 90% 的投资者，你从招股说明书读到最新年度报告，你将超越 99% 的投资者。这句话很有道理。

不断学习，不断思考，然后付诸投资实践，跟踪、验证投资。这一过程将是投资者的常态，这一过程也将使专业投资者的学习、生活、工作有机结合在一起。学习思考有所发现，有所心得，在投资中得以验证，是学习思考的快乐、也是投资的快乐。作为价值投资的过程，也是寻宝、探宝、开发宝藏的过程，其间也有寻宝者的艰辛、惊险和快乐。

## 五、多学科的综合能力

投资者本身要有多学科知识功底，如何掌握多方面的知识，灵活应用到投资中，这是一个合格投资者进阶为优秀投资者的必经步骤。现代的学术研究领域需要跨学科人才，交叉学科人才更能研发出新成果。投资涉及各行各业本身就是跨学科的。你可能从一个民族、一个国家的兴衰历史，看到一个企业的兴衰成败，知道企业长久生存需要哪些基因、品质。巴菲特在评论格雷厄姆时说："格雷厄姆在自己的投资领域中所拥有的支配地位，最突出的一个方面在于，这并不是从全神贯注地关注某一目标的狭隘思维活动中所取得，相反，他的这种定位是几乎无法定义的广泛的智力活动所带来的副产品……对新知识一如既往的着迷，以及能够把握这些知识。"可见，优秀的投资者需要有多学科的知识、综合思维能力。

## 六、耐心、坚守

价值投资常常是长期投资，我们投资前总是有一定前提和假设条件，在这些前提、假设条件下进行逻辑推理得出值得投资的结论。只要前提和假设条件不变，逻辑上不犯错误，我们就要保持足够的耐心、坚守，不忘初心，方得始终，投资活动并非要在别人的游戏中打败他们，而是在自己的游戏中控制好自己。另外，价值投资者坚守价值投资的原则和方法，始终坚守一些约束、纪律，"知止而后有定，定而后能静，静而后能虑，虑而后能得"。在投资选择上要有所为有所不为，"弱水三千只取一瓢"。价值投资要保持耐心和坚守，需要你有一份本分之心，本分之心可能包括你有自知之明，知道自己的能力圈，也包括你对自己投资理念的固守，不要妄想，想法太多常常让你偏离自己本来的轨道，很多时候慢就是快，本分就是捷径。

## 七、开放平和的心态

开放、平和是一种心态，也是一种能力。开放就是善于接受各方面意见、各种信息，对自己的看法采取批评、证伪的态度，不断修正。不是唯我独尊，故步自封。平和就是"不以物喜，不以己悲"，从容看待市场变化。只有开放、平和的心态，才能保证理性思考、正确行动。在平和的心态下，闲暇随意的思考是良好、清晰而又抽象的推理和决策的开端。

# 第五节　要克服几种缺陷

## 一、患得患失

大多数投资者失败的原因是太在乎个人利益、太在乎当前行情，因此患得患失，常导致失败。在前面的心理学分析中提到欲念会一叶障目，在投资中涨跌意味着利益得失，赚钱成为一种强烈的欲念，孔方兄会一叶障目，让你认识偏差、迷失自我，从而使投资失败。如果你患得患失，百分之几的涨跌就会让你激动不已、寝食难安。进入股市很长时间后仍然是这种情况，证明你不适合做主动投资者，投资带给你的是痛苦，赚钱也会痛苦，你应该考虑购买基金或退出市场。

## 二、偏见

偏见、成见常让我们不能理性、正确地认识事物，如果你做个小调查，对今后几年房价趋势的看法，你会发现凡是购买、拥有几套房子的人，对未来房价总是信心满满，没有购买房子的人会有十足理由证明房价会跌。这就是屁股决定脑袋的思维方式，当然不利于看清事物的真实形态。我们的观点是抱着开放的心态接受批判，才能避免偏差，使你的认识接近真理。

## 三、贪婪、恐惧的人性弱点

成功的投资者与众不同，能克服大众贪婪和恐惧的人性弱点。股市几百年的历史，不断暴涨暴跌，不少人倾家荡产，这种情况周期性地出现，人们为什么不长记性，从中吸取经验教训？这种股市生态，无法改变，也是因为人们贪婪、恐惧是亘古不变的人性弱点。

## 四、避免心理误区

人们在证券市场上的认识偏差与个人知识水平有关，但这种偏差更多的是进入心理误区、迷失自我造成的。前面我们讲到了很多心理倾向可能导致认识偏差，还有更多的心理倾向、心理误区值得我们了解、回避。

## 五、一夜暴富

罗马不是一日建成的，财富积累也是一个过程，证券市场有其自身规律，美国 200 年的证券市场年平均收益是 7% 左右，其中股价上涨只有 4%，还有约 3% 来自股息分红。曾经的世界第二富翁巴菲特作为顶级投资大师，年投资收益是 20% 多。你在股市首先要做到的不是一夜暴富，而是不亏钱。一夜暴富让很多投资高手忘记"不做空，不借贷"的忠告，盲目加杠杆，结果是血本无归。正应了一句话："新手死在追涨上，老手死在抄底上，高手死在标杆上。"证券投资最大的优点是复利效应，正确投资会越来越富有，但不是一夜暴富。

# 六、人云亦云

证券市场是少数制胜的游戏，你人云亦云、随波逐流决定了你将成为失败者，最多打个平手。投资者要独立思考，"众恶之，必察焉，众好之，必察焉"，只有逆大众而行，你才有成功的可能。

## ■ 投资经验从何处来

我们的经验从何处来？在证券市场上的投资经验来自书本、来自成功或是失败？先听听大师如何说。

查尔斯·汉迪在《适当的自私》一书中写到："回顾我的生活，我发现，我的学问大多来自于亲身经历，而不是学校的课程。亚里士多德教我问'为什么'，但答案必须来自我的思考。在忙碌的生活中，我们常常没有空间去思考。然而，要想从自己的人生经历学到些什么，仅仅让它发生是不够的，你必须对它进行深刻反思。有意思的是，我发现自己从做错的事情中学到的东西，比做对了的事情中要多。有时，把事情做对了，人反而失去判断力。"

巴菲特："试着从你犯过的错误中学习——不过更高明的方法是，从别人犯过的错误中学习。"

查理·芒格："一定要掌握别人悟出的道理中最精彩的部分，我不相信仅靠自己坐下来，就能梦想出一切观点，没有人那么聪明的。"查理·芒格还说："我喜欢那些承认自己完全是个蠢货的人。我知道，如果我能常常提醒自己犯过的错误，我就会做得更好。"最近查理·芒格在接受中国媒体采访时谈道："保持长时间记忆是很有帮助的，如果你没有真正的经历或记忆，就应该找到一个替代方式，如从别人的经验中学习，从别人的麻烦中学习，比从自己的麻烦中学习要便宜得多。"查理·芒格认为读书是为了从别人失败的经验中吸取教训。

《股票作手回忆录》："你可以传播知识，但不能传播经验。"

印度哲学家克里希娜穆提："认识自己便是智慧的开端，重新认识自己就是重新认识人的本性，揭开物质利益的屏蔽，认识自然和本然的自己。"

孔子："吾日三省吾身。""学而不思则罔，思而不学则殆。"

老子："知人者智，自知者明。胜人者有力，自胜者强。知足者富。强行者有志。不失其所者久。死而不亡者寿。"

可见知识主要是从书本和老师那儿学来的，经验包括投资经验，可以从书本中得到，但主要来自你的实践，你自己的经历才会让你印象深刻，很多投资者亏了钱会念念不忘，失败和错误让你刻骨铭心。你的实践和经历毕竟是有时空限制的，更有效的办法是你学习别人失败的经验。从自己或是别人的经历中学习经验，前提是你必须不断反思，我思故我在。

巴菲特和查理·芒格为什么不认为投资的经验来自成功的实践？这也并非两人的谦虚之词，你会发现很多成功的投资得出的经验在后来的实践中逐渐失灵，很多投资者的成功经验后来甚至让你一败涂地。你之前的成功经验最终会被证伪，导致你的失败，也可以说成功是失败之母。因此在你和他人的失败中寻找经验是投资者进化的捷径。

# 第六章　价值投资的具体操作

投资普通股和人们大多数领域的活动一样，成功主要取决于努力工作、智慧和正直。

——菲利普·A. 费舍《怎样选择成长股》

## 第一节　价值投资的实施步骤

前面讲过的价值投资理论在实际中如何落地，更多地涉及"术"的内容，在第一章中我们已经简单地讲过价值投资的五个步骤。本节结合实例进一步说明价值投资的实施步骤。

步骤1：企业分析。对企业进行分析，找出影响企业价值、利润的主要因素，预测、假定未来的这些因素（指标），确定这些因素（指标）与企业利润的逻辑关系（有的是数量关系）。

步骤2：内在价值评估。对未来利润进行贴现，确定公司的内在价值。

步骤3：确定安全边际。将内在价值与价格进行对比，确定安全边际，在一定安全边际下购买公司股票。

步骤4：跟踪验证。跟踪、检验目标公司，发现假设条件中的指标变化或逻辑关系改变，按照步骤1重新进行，必要时调整投资仓位。

步骤5：调整持仓。个股、大盘很高时卖出股票，或者发现更好的公司时调整持仓，买入更好的公司。

在企业分析的基础上，预测假定企业未来的一些指标，确定这些指标与企业利润的逻辑关系。企业分析包含生意模式、企业竞争力、行业、财务、管理等多个方面，企业分析的目的就是预测企业未来的生产经营及其利润，确定未来影响利润的一些因素或者指标，可能包括营业收入增长率、成本（主要是原材料成本变化）、存货、应收应付、预收预付、销售利润率、财务费用、管理费用、销售费用三项费用等财务营运指标的变化，可能包括固定资产投资额、折旧情况、固定资产减值等资产相关指标，也可能包括行业总规模、企业市占比、产品售价、产能利用率、基本利率和汇率等市场指标、经济指标。对这些指标进行分析，找出哪些指标是影响企业利润的主要指标，在综合分析下预测、假定出未来指标，预测这些指标的时间越长越好，可能是 5~10 年，但年限越长预测难度越大。对这些指标在定性预测的基础上进行定量确认。

为了更好地理解上述投资的步骤，我们以大家熟悉的贵州茅台为例进行说明。该公司是 A 股中少有的优秀公司，也是众多价值投资者的选择。贵州茅台由于其本身独特的竞争优势，企业具有较宽的护城河，产品有较好的定价权，因此其市场和财务预测起来相对较容易。一般的企业要面对更复杂的市场环境，所以其可预测性更低。

## 一、步骤 1：企业分析

预测指标与企业未来利润的这种关系可能是定性或定量的关系。例如，贵州茅台 2005 年营业收入为 39 亿元，2015 年 326.6 亿元，年均增长 24%。2005 年营业利润 19 亿元，2015 年营业利润 222 亿元，年均增长 28%，2015 年净利润是 155 亿元，净利润率约 45%。10 年后的利润是多少？茅台的营业收入和利润增长来自于过去 20 多年茅台价格调整和茅台酒的产销量增加，更深层的原因是茅台本身的优势：企业的护城河和产品的定价权。2000 年茅台主品牌酒出厂价为每瓶 185 元，2001 年 218 元，2003 年 268 元，2006 年 308 元，2007 年 358 元，2008 年 438 元，2009 年 499 元，2010 年 560 元，2011 年 619 元，2012 年 819 元，2015 年 819 元，14 年平均每年增长约 10%。茅台基酒的产量 2001 年为 8610 吨，2015 年 32179 吨，14 年内年均增长约 9.9%。两者共同作用的结果是：$(1+10\%)(1+9.9\%) = 1.209$，也就是说，茅台的营业收入增长率为 20.9%。我们在"主导因素、次要因素"章节提到影响茅台利润的因素很多，但主导因素就是茅台主品牌酒能不能持续涨价，以及茅台主品牌产销量能否持续扩大。贵州茅台也在销量和价格中做出平衡，既体现最高端品牌的价值，又避免高处不胜寒使其销量降低。我们把主品牌的价格、产量作为影响利润的主导因素，其他次要因素忽略不计。我们假定 2015 年后的 10 年：每年涨价 7%、茅台基酒产量每年增加 9%，利润率不变，10 年后的 2025 年，净利润为 $155 \times (1+7\%)^{10} \times (1+9\%)^{10} = 722$（亿元），如果 10 年后它的利润率没有那么高，只有 30%，那么利润 $155 \times (1+7\%)^{10} \times (1+9\%)^{10} \times (30\% \div 45\%) = 481$（亿元）。

有的企业不像茅台那样，主要收入和利润集中在主品牌，可能有很多系列产品、每个系列的经营不一样。像康师傅有方便面、饮料、小食品三个部分，双汇发展有高温肉制品、低温肉制品、冷鲜肉三个部分。这些系列产品的经营财务状况完全不同，如何分析预测，当然最好按照品种分别预测，如果放在一起是一笔糊涂账，不能体现出产品特点。不过有时划分系列很难找出相关数据。

从茅台酒利润的实例中可以看出预设的两个假设条件：主品牌价格、产量，这两个条件发生变化，对其利润影响很大，如果每年涨价为 3%（约等于全国CPI 平均增长速度），那么 2025 年的净利润为 493 亿元。如果 10 年后的基酒产量是 4 万吨，年均增长为 2.2%，那么 2025 年的净利润为 379 亿元。

## 二、步骤 2：内在价值评估

如果采用两阶段贴现模型：第一阶段，1~10 年，年均涨价 7%，产量增加9%，也相当于其利润每年增长 $(1+7\%)(1+9\%)-1=16.63\%$。第二阶段，10 年后利润保持不变、持续经营。茅台公司的经营和财务指标相对稳定，它的固定资产投资、折旧、营运资本也相对稳定，为了简化，我们设定茅台的现金流和其净利润相等。我们使用贴现率为 7%，利用贴现模型可以计算出其内在价值：

$$\frac{155\times1.1663}{1.07}+\frac{155\times1.1663^2}{1.07^2}+\cdots+\frac{155\times1.1663^{10}}{1.07^{10}}+\frac{722\div7\%}{1.07^{10}}=7809（亿元）$$

还有我们第二章讲过简易近似估值法，但同样能比较内在价值。

内在价值=2015 年度利润×(8.5+2×利润增长率)=155×(8.5+2×16.63)=6473（亿元）贴现估值与近似估值的结果比较接近。

市盈率 PE 等相对估值法较为简单，我们也可以运用 PE 法，2025 年茅台的年度利润预测值为 722 亿元，如果按 15 倍的市盈率对 2025 年的公司进行估值为10830 亿元，按贴现率 7% 贴现到 2015 年的价值约 5500 亿元。

## 三、步骤 3：确定安全边际

贵州茅台的内在价值为 7809 亿元，总股本为 12.56 亿元，每股价值 622 元，2015 年的股价约为 200 元，内在价值是价格的 3 倍，如果按照打 6 折的安全边际，应为 373 元，远远高于 2015 年茅台的股价 200 元，也相当于 3 折，这时购买贵州茅台有较高的安全边际。由于塑化剂事件的影响，当时最低股价约 150元，倒是少有的买入机会，由于当时股价很低，安全边际更高。2017 年、2018年由于贵州茅台重新受到许多投资者的青睐，股价涨到了 700~800 元，其股价并不便宜，已经超过其内在价值。

在实际中，安全边际多少要由不同投资者自己选择，同时要考虑市场的总体状况。

还有一些周期性行业，你对每年的利润很难预测，也很难用贴现模型估算公司的内在价值。遇到这种情况，一是拉长预测年限越过行业周期，如果某行业周期为 3 年，我们在两个阶段模型，第一阶段年限为 10 年，也就可避免周期因素。对周期性行业也可以预测行业反转的利润，按市场大致 PE 可以确定安全边际。如华电国际 2011 年、2012 年 H 股股价约 1.5 港币（最低时 1 港币），华电市值约 100 亿港币，行业反转时预测 2013 年、2014 年利润 40 亿~60 亿元人民币，每股 EPS 分别为 0.55~0.80 元，因此，通过市盈率我们可以认为华电 2011 年、2012 年每股 1.5 港币的价格是被低估的，安全边际也很高。这种方法对周期性企业的安全边际预测得更准确，也更适用，我们在下一章案例分析中进一步对此进行讨论。

内在价值、安全边际的评估在价值投资中必不可少，但方法并不相同。贴现法不是放之四海皆准的真理，对利润平稳或同比例增长的企业可以使用。对周期性行业，利润变化较大的企业用起来并不方便，可以灵活采用其他估值方法比较安全边际。

## 四、步骤 4：跟踪验证

跟踪公司，根据需要调仓跟踪、检验公司，发现假设条件改变或逻辑推理有问题，应重新调整估值，有必要的话调整持仓。前面提到茅台的假设条件为基酒产量、售价每年增长 9%、7%。如果在随后的跟踪中发现高端酒竞争更激烈，市场分化，销售量年增长 3% 最有可能，或者售价每年最多增长 5%，那么就要重新估值，与市场价格对比确定安全边际。

我们谈到估值最重要的不是结果，而是过程。通过这个过程，使我们对企业的价值得到进一步理解，对未来经营中的重要因素进一步确认，理解假设条件和利润的关联，对投资安全边际做出评估，如果假设条件被证伪时调整投资品种和仓位。

逻辑推理有问题，假设条件与结论之间出现错误，有时是数量关系不正确。例如，茅台每年提价 7%，利润率不变的情况下，由于提价带来的利润增长也是 7%。但如果每年提价 7% 能实现，但由于原料、人工成本、销售费用大幅增加，公司销售利润率也大幅下降，那么原来的数量等式的逻辑关系发生了改变，需要重新调整，重新预测，如前面讲过的如果利润率从 45% 降到 30%。

## 五、步骤 5：调整持仓

　　我们在做出投资茅台的决策后，要跟踪茅台主品牌酒的产销量、价格变化和这两项指标对利润的实际影响。证券市场捉摸不定，暴涨暴跌，买入的股票不是在价值与价格相等或安全边际为 0 时就马上卖出，我们也要从市场疯狂上涨中充分受益。何时卖出？要看个股价格，同时也要看市场总体状况，市场疯狂上涨的牛市，整体 PE 会超过 30~40，PB 会超过 3~5。卖出时要把握市场的温度，同时也要有一定策略，这些策略我们将在以后介绍。我们估算贵州茅台的每股内在价值为 622 元，在 2017 年的行情中它的股价超过了 790 元。如果你发现了更好的公司，价格便宜、安全边际更高，我们可以调仓。但这样做一定要防止拔掉鲜花去浇灌野草。我通常的体会，跟踪时间越长的公司，把握的准确度也越高。这与有关统计结果是一致的，证券分析师对长期跟踪的股票预测的准确度更高，即使资深证券分析师对新行业、新企业预测的准确度也不高。

　　价值投资的步骤并不复杂，但要把每个步骤做得很准确、拿捏得很到位，还需要不断操作，用心体会，不然最终只是纸上谈兵。精确的错误比大致的准确更容易给你带来失误，甚至是致命的错误，在投资操作过程中貌似精确的错误会带你误入歧途。要牢记数学公式只是对事物的简单抽象，这种抽象简化必须要满足一定条件、满足合理的逻辑推理。定量计算必须是在合理定性的基础之上，是在对企业经营深入分析的基础之上。否则，定量计算只是数字游戏，毫无意义，以此去投资也会出现严重错误。

　　我们以茅台为例只是为了说明价值投资的具体步骤，对茅台的预测只是为了讨论方便，要是你真正投资茅台还有大量的工作要做，对具体指标的预测要有你自己的判断。

# 第二节　投资选择

## 一、债券

　　债券一般来说安全性较高、稳定性较高、收益率较低，对很多积极投资者并不是很好的品种。但是利率调整或利率政策转向（原来是加息后转为减息）时，都会对债券价格产生较大的影响，这时可能会有进出的机会。另外，证券市场中的股票市场和债券市场有跷跷板效应，在牛市末期，卖掉股票后，资金可以考虑买入债券或货币基金，提高闲置资金收益。

## （一）可转换债券

这种债券的持有者可享受固定收益（当然这种固定收益低于普通债券），同时具有以约定价格转换成公司股票的权利。可转换债券也是一把双刃剑，有债券、股票两方面益处，但也有两者的缺点，这需要投资者根据具体情况把握。可转换债券在熊市中其价格也会大幅下降，如果剩余年限较短如2~3年，按市面价格买入已经有较高的固定收益，如大于银行利率，这时可以考虑买入。在2~3年内如果大盘或公司股票大涨，会使投资者取得很大收益，2013年、2014年买入可转换债券会有股票、债券两方面的好处，股市不涨，享受债券的保底收益，亏不到哪儿。股市上涨，就能分享到股票上涨带来的收益。由于2013年、2014年是熊市末期，此时可转换债券特别适合要求保本的大额资金，投资可转换债券远胜过股票和普通债券，但这种机会毕竟很少。在我国证券市场上，上市公司都期望可转债能转换为股票，所以上市公司总有动力去促成债转股，方法很多，包括降低转股价、向上市公司注入优质资产等。实际情况也是这样，多年来绝大多数企业最终都成功实现了债转股。某些公司出现了坏消息，债券价格低至60~70元时，也可以考虑买入这种"问题"可转换债券。这当然需要对公司进行充分研究，保证债券不会毁约，"问题"债券不会出问题。

买入普通债券时也可以考虑买入债券指数基金，相当于买入一篮子债券，分散投资风险。在中国债券违约的情况很少，这与我国债券本身的结构有关。无论是我国证券交易所流通的债券，还是银行间交易市场的债券，大都来自地方政府、上市公司、国有企业等，债券评级较高，但这种普通债券利率都较低。其他的次级债、垃圾债券在中国证券市场发行较少，不像欧美债券市场品种多，有评级高、收益一般的高等级债券，如联邦和州政府债券、大公司债券。有评级较低、收益高的次级债、垃圾债，债券收益、风险等级适合不同投资者。中国债券市场虽然规模很大，但结构单一、品种少、同质化，更适合机构投资者配置资金需求，真正积极的投资者较少关注。

## （二）债券的分析

对债券投资的选择也要注重于财务分析，分析重点不是该公司以后做得如何优秀，而是重点关注公司出不出问题、对债务能否保本付息。财务分析重点：一是企业的负债率，特别是有息负债的情况。二是利息保障倍数，指企业息税前利润与利息支出的比率，用以衡量偿付借款利息的能力，因此它仅仅反映企业偿债能力，不反映盈利能力。格雷厄姆要求利息保障倍数为3~5倍，在中国这一指标可适当降低，我国很多国有企业资产负债率较高，甚至不少国有上市公司的净利润小于支付给银行贷款的利息。国有上市公司、地方政府平台公司的债务都有某种隐形的担保，很多人也认为存在着这种隐形担保才买入。三是流动比率，即流动资产与流动负债之比。流动比率是衡量企业流动资产在短期债务到期以前，可以变为现金用于偿还负债的能力。一般说来，比率越高，说明企业资产的变现能力越强，短期偿债能力亦越强；反之则弱。一般认为流动比率应在2以上比较合适。流动比率要求大于2，这样可以避免短期流动性支付危机引起连锁反应，给企业带来风险。

## 二、基金

中国证券市场的基金品种很多，但真正能作为价值投资对象的并不多。我们只选择指数基金、封闭基金、分级基金、货币基金做介绍。

### （一）指数基金

沪深两市各种分类指数越来越多，与这些分类指数挂钩的基金也越来越多，这样能更多地满足投资者的多种需求，你看中了医药行业，可以买入医药行业指数基金，看好文化类行业可以买入相应指数基金。我们这里讨论的指数基金主要是综合指数基金。美国200年的证券历史表明，道琼斯、标准普尔指数跑赢70%~80%的投资者，也超越了70%~80%的各类基金，具体原因我们在前面已经讨论过。如果你是没有过多精力、时间关注证券市场的被动投资者，你可以选择投资指数基金，沪深有许多ETF可供选择，上证指数、深证成指、沪深300都是很典型的指数，其对应的指数基金可以考虑。但由于沪深两个市场选择的成分公司有差别，市场指数涨幅会有所不同。在美国证券历史中，道琼斯、标准普尔500两种指数在不同年代涨幅不同，但更长时间内两者变化十分接近。

#### 1. 行业指数基金

可以投资你看好行业的相关指数基金，但这样的方式同样要对行业进行分析，对指数的市场价格进行分析，有时甚至要了解指数代表的一揽子企业。某类基金如高铁、医药、创业板等指数基金不断推出，常在行业被高估的时间推出，投资者最好不要凑热闹。行业指数基金买入的时机通常在行业低迷期、市场低迷期，如有色行业低迷其中有的企业亏损甚至破产，这时有色类的指数受到基本面和人们悲观预期的双重影响会很低，可以关注有色指数基金，当然主要是判断这些行业能否反转。

### 2. 与国外市场关联的指数基金

这些基金与各国指数挂钩，在美国、中国香港证券市场上有许多这样的指数基金。2007 年石油向上突破 70 美元/桶，对产油国是有利的，可以考虑买入俄罗斯、中东的相关指数基金。这些与国外市场挂钩的指数基金便于分散资金，同时不需要研究相去甚远的公司生产经营情况。随着金融市场的开放，沪深下一步也可能会推出与各国证券市场关联的指数基金。

要强调的是，通常所讲跑赢大多数投资者的指数基金是指证券市场的综合指数基金，而不是行业指数或某类概念指数对应的基金。

选择指数基金要注意买卖手续费，基金本身的规模，基金与指数的耦合度。

## （二）封闭基金

现在市场的封闭基金大都实现封转开，这一时代性的产品越来越少。1999年后发行的封闭基金意味着中国真正的基金时代来临了，让百姓了解了基金，这些封闭基金后来多成为综合性的基金管理公司。封闭基金只能在交易所买卖，不能按净值赎回。封闭基金作为新产品，一上市就受追捧，抽签发行，上市交易价超过净值，在 2000 年牛市时期上市的封闭基金连续几个涨停，随后是连续跌停。封闭基金一诞生就具有中国证券市场的特点，这也对基民进行了一次生动的启蒙教育。在之后几年的大熊市，普通投资者纷纷卖出股票，大盘下跌，封闭基金随市场下跌，基民抛售封闭基金，封闭基金大幅折价，当时基金景福、基金裕隆等折价近 50%。当时上证大盘 1000 点，封闭基金净值 1 元，价格 0.5 元，大盘再跌到 500 点，封闭基金的净值也跌不破 0.5 元即市场价，况且大盘跌到 500 点是不大可能的。折价 50%，净值也就是内含价值 1 元，价格 0.5 元，已经是 5 折，安全边际已经很高。当大盘涨到 3000 点，净值 3 元，若折价是通常的 10%，封闭基金价格 2.7 元，比原来的 0.5 元涨了 4 倍多。实际情况是，后来大盘涨到了 6000 多点，几只封闭基金有 10 倍多的涨幅。

封闭基金的机会一去不返，但能够给我们很多启示，在沪深两市，新的金融产品出现，总是伴随着很多无知者、无畏者大量参与，使这些金融产品价格严重偏离市场均衡或自身价值，最终这种偏离又会向相反方向修正，并且出现新的偏离，这就是市场的暴涨暴跌。暴涨暴跌给精明的投资者很多机会，封闭基金这一标志性产品正是有大批不明就里的人参与，使其出现溢价，后又大幅折价。你仔细思考这种现象可以知道，正是由于其最初的大幅溢价导致后来的大幅折价。但经过一次暴涨暴跌的充分洗礼，参与人得到了教育，以后这种金融产品会表现得更理性，当然对很多价值投资者来说也就没有了机会。最近这几年出现的可转换债券、权证、分级基金都有这种情况，这也验证了一句话，有时你能否赚钱，不在于你有多聪明，而在于你的交易对手有多笨。

## （三）分级基金

分级基金更能让我们了解金融创新的魅力及其破坏力。分级基金就是西方金融市场早已出现的结构化产品，就是将原来的母基金分为两部分，优先级（A类）借钱给劣后级（B类），优先级获得稳定的固定收益，通常约定利率为一年期银行利率再加上3%~3.5%，劣后级B基金借A基金的钱去投资股票，相当于加了1倍杠杆去炒股。这种创新产品在熊市中没有多大的吸引力，结构化产品也不多，也显示不出威力，这时期A基金、B基金折溢价幅度不大。但在2014年、2015年牛市，很多投资者看到B基金上的放大效应，纷纷溢价买入B基金，A基金出现10%~20%的折价，由于折价不少，A基金的实际收益率会到7%~8%。更有一种较为普遍的情况出现，在证券市场中A+B的价格大于母基金的价格，大量资金申购母基金在场内分拆成A和B，然后卖出。这种套利行为源源不断，使分级基金总体规模快速扩大，由百亿元级增加到几千亿元。自己管理的基金规模越来越大，这也是基金管理人愿意看到的。

随着市场不断上涨，很多分级基金出现了上折，就是随着母基金净值增加，B基金净值快速增加，为了保持A与B的比值，维持B的杠杆率，将B基金增加的净值部分转成母基金分配给B基金，这样A与B的比值大致等于1∶1，B的杠杆率维持在2。B基金对于很多高风险偏好的激进投资者是很好的选择，大盘涨10%，B基金涨20%。大量对分级基金毫无了解的人纷纷买入B基金。2015年的牛市来得快，去得也快，上证指数超过5000点后，沪深股市急剧下跌，1000多家上市公司主动停牌防止下跌，没停牌的大多跌停，市场恐慌性快速蔓延。这种恐慌性也传播到本身具有固定收益的A基金，不少A基金折价到30%，每份价格约0.7元，按照市场价格的实际收益率会达到8%~10%，这种稳定的收益率已经相当不错。同时A基金在股市下跌中若实行下折，下折后价格会回升。例如，母基金达到下折线，A基金净值为1元，市场价格0.7元，B基金净值为0.1元，市场价格0.4元。实施下折时A基金1份转为0.9份母基金和0.1份新基金A，母基金0.9份可按0.9元净值赎回，0.1份新基金A折价率为90%时，0.1份新A基金价格为0.09元，那么1份原基金A价值为0.9+0.09=0.99（元），0.7元买入A基金收益率为（0.99÷0.7）−1=41%。这时在牛市末期能够取得41%的收益率已相当不错。投资中最重要的是分级基金管理人要保证A、B下折后，A分得的母基金顺利赎回。当时市场也有传言：大盘快速下跌会使A基金出现违约甚至不能保本。这种传言也是基金A大幅折价的原因之一。需要对分级基金有充分的了解，清楚最极端情况下在下折期间 B 基金净值不会下降至零或负，使分级基金违约。其实临近下折，基金管理人已有充分准备，提前做了减仓，以应对 A 基金的巨额赎回，并保证 A 基金的固定收益和本金无风险，2015 年的实际情况也印证了这一判断。不少分级基金出现下折，实行下折后的 A 基金折价幅度会降低到95%。牛市后期，在折价 30%时买入 A 基金，最后收益率达到 30%～40%是相当不错的。

买入 A 基金收益来自何处？天上不会掉馅饼，股市经常是几家欢喜几家愁，买入 A 基金得到收益了，买入 B 基金血本无归。B 基金的价格为 0.4 元，净值为 0.1 元，这时 B 基金净值低，但杠杆率接近 10 倍，不少 B 基金持有者在赌大盘会上涨、会反弹。但下折后 B 基金转化为 0.05～0.1 元的新 B 基金，这时新 B 基金的杠杆率重新调整为 2，A∶B 的净值调整为 1∶1，B 基金 0.05～0.1 元的净值想要回复原来 0.4 元的价格，大盘要涨 200%左右。其实 B 基金拥有者很多是在 1 元以上买入的，要想回到购买价位是很难的，就算大盘再上涨回到 5000 点，B 基金的多数购买者也不会不亏钱。当 B 基金购买者弄清楚分级基金是怎么回事时，他们受不了了，大呼上当。

## （四）货币基金

货币基金主要在货币市场购买票据等短期工具，这类基金风险低，收益低，但流动性高，已成为普通人对个人存款的一种替代。很多理财产品也属于这类货币基金，蚂蚁金服的天弘基金规模 1.4 万亿元，已成为最大的货币基金，由于进出方便，收益率尚可，天弘基金的余额宝已成为用户喜欢的理财产品。对证券投资者来说，货币基金已成为证券账户中使用剩余现金进行投资的不错选择。货币基金的购买渠道一般通过银行、电子支付系统，对证券投资者而言转出、转入资金并有额度限制很不方便。现在证券账户可以直接购买一些货币基金，如银华日利等，这些基金可在交易时间随时买卖，不收手续费。

银行发行的理财产品不少是货币基金，也有其他保本产品投资者可以选择。投资者要仔细辨别理财产品的内容和风险。以前银行的理财产品多是刚性兑付，其实风险不大，但随着国家对资管产品刚性兑付承诺的限制，保本的产品会减少。我们讨论货币基金不是为了让价值投资者去购买理财产品，只是在大牛市后卖出股票，账户上的现金可暂时买入货币基金，增加资金的收益。

# 三、优秀公司的股票

## （一）价值投资选择哪些普通股

价值投资者主要购买有安全边际的股票，这是本书主要关注的。沪深上市的近4000家公司，可供选择的范围很广，但真正符合价值投资者标的的并不多。评估上市公司的内在价值，其市场价格只有内在价值的50%～70%，达到这样的安全边际进行投资，才符合价值投资的要求。如果用格雷厄姆对廉价证券的评价标准：长期股息发放记录，利润稳定并且有增长，市净率小于1.5，流动比率大于2，营运资本大于长期债务，市盈率PE小于15。在市场活跃时A股市场这样的股票并不多，也相对集中于一些板块。但在整体市场低迷时，这样的公司还是很多的，2018年下半年上证指数约2500，找到这样的投资标的很容易。

普通股投资的安全边际。价格为内在价值的50%～70%是选择股票的重要安全边际标准。在前面讲述了企业分析、内在价值评估的内容，实际中对内在价值的评估并不总是很容易，对于一些企业、行业难度更大。在内在价值评估中要对未来利润进行预测，未来利润可以采用股息、自由现金流等替代指标替换。另外在实际投资中，可以使用一些相对估值方法对贴现模型进行修正、补充。市盈率就是一个重要指标，在上述价值投资步骤中我们提到，如果能对茅台10年后的利润做出预测，按照平均估值水平，就能够知道10年后茅台的大概市值，与现价市值进行对比，就可以大致看出茅台现价买入合算不合算。预测华电国际2014年、2015年每股收益EPS最好时会达到0.7～0.8元，那么就能推断2011年、2012年华电国际1.5港元股价，安全边际已经很高。

投资普通股要对企业的内在价值进行评估，重要的就是对未来利润预测。公用事业类企业、银行、有定价权的优秀公司利润相对平稳，预测利润相对容易。但是对证券、能源、钢铁、汽车、造纸、石化、航空等周期性公司，预测每年的利润肯定很难，因为年度利润波动，但我们可以预测出好年景、坏年景的盈利情况，然后对股价进行对比，知道其安全边际。

在沪深两市，价值投资者能够对企业的内在价值进行评估，并且确定企业的股票具有较高的安全边际，可以进行投资的并不多。真正优秀的成长性企业、公共事业类、金融企业、低估的周期性企业经常是价值投资的选择。

## （二）优秀的企业

这类企业符合巴菲特好企业的标准：好生意、好管理层、好价格。企业一般会有很宽的护城河，对产品具有定价权，这样的企业属于好的生意模式。在财务上的特点：资产负债率低，固定资产占比低，商誉、无形资产占比高，企业有很高的毛利率和净资产收益率。企业管理层有责任感、坦诚，为股东着想，把多余的钱及时分给股东。这类企业的股票也常是投资大师费舍所谓的成长性股票，由于企业的独特竞争优势，企业能够扩大生产，不断提高市场份额，具有很好的成长性。

### 1. 优秀企业的特点

在企业分析部分，提到优秀企业的特点：具有特许经营权，产品具有很高的黏性，在品牌、技术上具有垄断优势，企业具有规模优势、网络优势等。这样的优秀企业主要分布在快消行业、连锁企业、网络平台、银行和保险金融行业、医药行业等领域。优秀企业除了前面提到的特征，一般还有如下特征：企业在管理上、财务上胜竞争对手一筹；企业所在的行业格局最终是赢家通吃，最多只剩下几家企业；优秀企业的市场份额是最大的，而且能进一步提高；优秀企业的成长性起码是 5~10 年，而不是两三年。

但是这样的优秀企业是从小到大不断成长的，早期能够发现这样的企业并不容易，华丰、统一、康师傅、白象的激烈竞争，胜出者是康师傅；春都、双汇、郑荣等多家肉制品企业进行混战成就了双汇；8848、卓越等电商企业竞争酝酿出了巨头阿里巴巴；众多牛奶企业的江湖最终是伊利、蒙牛、光明三寡头一统天下……这些竞争的结果实难预料，也说明发现好企业需要我们有一双慧眼。投资者站在现在回头看，过去到处是机会，当前却找不到机会。但如果站在几年后的将来看现在，现在也到处是机会。只能说明任何时候都会有机会，只是你不具备发现机会的一双慧眼。同样的道理，现在去研究贵州茅台、双汇发展会发现两企业在管理上、经营上、财务上有很多独特的优势，怎么看都是"冠军相"。但在企业起步阶段，竞争对手云集，当时并不能看出这两家企业有过人之处。这也是投资者选择优秀的成长性企业的困难之一。

买入并坚守这样优秀的企业更不容易。因为企业经营、市场价格都是起伏不定的，很多聪明的投资者只能和优秀企业跟跑一阵儿，很少有从小到大伴随着企业一路成长的投资者。格雷厄姆也论证了只有企业的管理层或买卖受到限制的人，才有可能一直拥有这样优秀公司的股票。任何一位投资者都会面临这样的企业能否一直优秀下去和这样优秀公司的股票价格是否已经很高的双重困扰，有时还会面临市场其他更好投资机会的诱惑。这样坚定持有优秀企业的股票更难。

寻找优秀企业，长期拥有企业股票是价值投资者不懈努力追求的目标。一些优秀企业从上市到现在，会有上百倍的涨幅，你只要做出几次重要的选择，你就是一位成功的聪明的投资者。格雷厄姆在《聪明的投资者》中主张分散，具有较高安全边际的价值投资会取得不错业绩。其在后记中讲，其在政府雇员保险公司中投资 70 万美元，占公司股份 50%。20 年后，上涨了 200 倍，这一收益远远超过在其他证券投资的收益，这是知识、能力储备的结果，也有运气的成分。在 20 世纪 80 年代巴菲特又买入政府雇员保险公司并且 10 年取得了 10 倍收益。这事例证明投资优秀的成长股是价值投资最好的选择。

优秀公司的股价总是与业绩同步增长，这种增长是公司在市场竞争中不断扩大市场份额，增加收入的过程。某种程度上是在复制其生产线、复制工厂或店铺、复制其市场模式，像分裂的细胞或者不断繁殖的物种，这些企业由于固定资产占比较少，所以复制起来更快、更简单，不像钢铁、汽车复制周期很长，回收很慢。优秀企业每次业绩快速增长都伴随着复制速度的加快。可口可乐、麦当劳在 20 世纪 90 年代快速增长，是由于其在中国等亚洲市场快速扩张、复制。我们观察麦当劳的发展经历可以知道，先在一些城市开店成功，然后在美国各州不断建分店，店与店都很类似，麦当劳标准化的产品、管理、店铺，更利于其快速开店，其在美国市场迅速扩张。麦当劳卫生、方便、快捷的产品和服务，其实质代表了美国人的生活方式、文化方式，这种美式生活方式后来在欧洲复制、南美复制。20 世纪八九十年代登陆中国这个最大的市场，在中国和亚洲其他地区的成功复制，使同期麦当劳的业绩快速增长。在中国市场麦当劳不仅被当作快餐，而且被当作一种时尚，因此其利润率初期保持在 15%～20%。现在麦当劳 3 万家店，遍布全球，还能快速复制吗？

**2. 行业与企业的天花板**

行业的天花板、企业的天花板。优秀公司能通过再投资，不断复制，增加市场份额和企业利润，但企业所在的行业和企业都有天花板，要分析这个天花板，有利于了解优秀企业。改革开放 40 年，我国各行各业百废待兴，发展速度很快，每年近 10% 的 GDP 增长，现在人们的物质需求基本上得到了满足，很多行业也达到了顶点。快消行业如食品、饮料、日化品、餐饮、住宿等相继达到天花板，这其中的企业只能在竞争中占领其他企业的市场，在提质增效上下功夫，不能再与行业一起成长。这也是我国实行创新发展、高质量发展战略的原因。中国啤酒产业总产量 2014 年在下降，对华润、青岛啤酒、百威、燕京啤酒几个企业都会有挤压。啤酒行业之前跑马圈地、大规模并购，上市企业收入快速增长的时代已结束。前几年啤酒行业已经达到了天花板，市场也进入了寡头竞争阶段，市场竞争烈度不像之前那样血拼，但几家的日子过得并不安稳，青岛啤酒、燕京啤酒市场份额略有下降，利润也有下降。对比德国市场，中国市场主体并不多。而对比美国市场，中国啤酒市场主体也可能进一步集中。这些企业要持续增长，就需要在国内市场竞争中取胜，有可能的话走出去发展，否则企业已经到了天花板，也就不具有成长性。现在红酒、黄酒、白酒等在国内市场都达到了天花板，饮料中的各细分市场也相继达到了天花板。如果进行宏观经济研究，我们知道我国大多产品分类已达到全球第一，占世界份额也很高，已经达到了行业天花板。

达到了行业天花板，就要观察企业在行业中的份额是多少、有无增加空间。格力、康师傅所在空调行业、方便面行业已达到了天花板，两企业份额也分别达到50%、60%，很难再提高后企业在国内行业中也基本上达到了企业的天花板。房地产有10万亿元规模，万科有四五千亿元规模，占比5%，万科的企业天花板并没到。到了天花板，就要看企业能否走出去，成为世界级企业，如果能够成功开拓外部市场，企业就仍然有增长空间。达到了天花板，要观察企业跨行业经营的情况。有衰败的行业、没有衰败的企业，优秀的企业能够主动创新，适应变化的市场。中国很多优秀企业在跨行业经营，并不断试错，取得成功的也不少。

**3. 优秀企业的分类**

（1）快消行业与耐用消费品。快消行业主要是一次性快速消费，包括食品等，耐用消费品指使用期较长的消费品，包括家电、汽车、家具、电脑等。快消行业经常消费，常与口感、体验、健康、舒适、文化有关，'感觉放大效应'的心理倾向使这些产品毛利率较高，形成好生意模式，快消产品通常是赢家通吃，容易出现优秀的公司。耐用消费品使用年限较长，耐用消费出现优秀公司的情况较少，但会出现阶段性的优秀企业。我国不少家电企业属于此类企业。港股谭木匠收入近3亿元、利润1亿多元，企业毛利率很高，能成为快速成长的优秀公司吗？梳子是耐用消费品，更换频率不高；梳子市场天花板低，总体市场不大；谭木匠经销门店已达几千家，覆盖全国，再增加的难度较大。

（2）连锁经营、电子商务平台。连锁商业是较易产生伟大企业的行业，但传统商业连锁正在发生改变。商业连锁由于对生产厂家有较强的议价能力、能快速复制、具有规模经济优势，成就了当年的苏宁、国美。两家快速扩张还有一个原因——借鸡下蛋，就是拿着家电生产厂家的产品去做自己的生意。这种借鸡下蛋模式，也是共享单车迅速扩张的原因，共享单车借的鸡是注册用户的押金，每个用户200元，1辆共享单车吸引10个注册用户就是2000元，大型共享单车公司几十亿元的押金产生的利息，完全能够用来购买新车、弥补日常损耗。但共享汽车就走不了共享单车模式，因为汽车的价格过高，企业不可能收取过多的押金。连锁经营中快速发展的还有超市、百货、服装、餐饮、电影文化消费，但电子商务彻底颠覆了连锁模式，传统商业零售很难再出现优秀企业，但体验性较强的餐饮、文化娱乐可能还会有机会。电子商务平台由于其关注度高、效率高、成本低成为消费中增长最快的商业模式，现在阿里巴巴、京东等电子商务平台已有先发优势，其他综合类电商想再超越这两家比较难，细分产品门类、围绕电子商务的配套企业会有很好的机会成长为优秀公司。

（3）高端装备制造。每个国家的产业总是按照一定规律发生改变，中国产业已由第一、第二产业拉动，向以第三产业拉动为主。装备制造业也正在从低端制造转向高端，如高铁、核电、航空、电动车等，这些企业已经在国际市场占据优势，产品总装主要集中于国有企业。国有企业一般都有相当的规模，快速成长难度很大，但一些配套的企业可能会有更快的成长机会，甚至出现优秀企业。电动车领域还处在技术、商业模式的突破前期，行业肯定会有龙头企业出现。高端装备制造是重资产型企业、又属于技术型企业，这决定了该行业出现优秀企业特别是长期优秀企业很难。

（4）文化娱乐行业。人们对衣食住行的需求基本上得到了满足，这些物质需求得到满足后，人们对健（康）、体（育）、美、乐的需求正在增加。在美国，小康家庭的标志是一栋别墅、两部车、两个孩子、一只狗，此时物质需求基本满足，更广泛的文化、旅游、健康、娱乐等精神需求快速扩大。文化娱乐行业会大发展，找到标的上市公司不易。我们讲到，行业大发展、市场主体更多，不一定出现好企业，有的行业市场主体一直很散乱，企业集中度差，不易出现优秀的企业。中国的情况类似，人们解决温饱后更加关注休闲娱乐，中国电影票房收入全球第二，游戏市场几千亿元规模，网络直播近千亿元规模。中国网民最多，很多网民除了工作、吃饭、睡觉，就泡在网上，网络已经成为最大的商机。腾讯、网易盈利中占比最多的是游戏。作为投资者应该更多地关注这种倾向。互联网作为一种基础技术，正在改变着人们的生活方式、文化方式。但在A股市场，文化娱乐行业的估值一直偏高，你只能等待时机。影视传媒内容制作方，收入变动较大，一部好电影、好电视剧总是有偶然性，大的影视公司的产品不一定叫座，小的影视公司也可能是小投入、大回报，从这一点来看，文化创意与技术创新相类似，具有不可预测性。下游的销售通道成为曾经的关注对象，院线类的股票倍受关注。但出现了猫眼等网上销售平台后，让院线的价格体系受到极大的冲击。对文化传媒企业进行追根溯源，发现真正符合优秀公司的企业并不多，可能最终是一些互联网平台在整个产业链上最具话语权。2018年明星通过阴阳合同偷税、票房造假、收视率造假一系列的事件使文化传媒类公司相关股票大幅下跌，倒是有了挑选好公司，并以好价格买入的机会。

（5）医药、医疗与大健康领域。美国医疗行业占GDP的15%，中国只有5%，这一行业会有很好的发展前景。中国经济几十年的发展已经基本满足了人们衣食住行的需求，对医疗健康的需求快速增加。随着中国惠及全民的医保改革推进，带动近10年医疗、医药大发展，但现在还存在不少问题：医保支出过大、医疗不均衡、过度医疗的情况时有发生；医院资源配置不合理；医疗体制以及医药体制不利于好企业产生；在药品采购中，质优产品、创新产品的价值得不到体现，现在是 5000 家药企日子都可以，但有真正实力的企业并不多。很多药企的精力并没有用在开发新药上，而是设法保住现有仿制药的市场。随着药品流通体制等方面改革的展开，最终会催生出优秀的企业，这些企业将形成强大的新药研发能力，在中国医药市场的比重越来越高。中国医疗体制处在改革转型期，一些体制上的弊端不利于好企业成长，公立医院的建立定位了医疗的公共产品属性，对很多医疗相关企业的市场空间形成限定。但在专业医院、健康体检、大健康等领域为企业市场化运作留下空间。另外，医保费用过快增长，政府不得不限费，也给了高效率的民间医疗机构以空间。

（6）高新技术企业。这类企业一直是很多投资者关注的行业，我国之前的发展主要靠引进技术，我们的产品大多处于跟随、模仿阶段，很多技术型企业真正的技术含量并不是很高。但随着我国发展进入了更高的阶段，企业的技术水平已经逐渐接近世界最先进的技术，再依靠模仿已经无路可走，企业必须靠自己杀出一条血路。中国广阔的市场给各类新技术提供了应用空间，这也使我国技术型企业具有后发优势。高铁技术是我国引进消化吸收再创新的典范，中国巨大的市场空间必将使我国企业掌握最新的高铁技术。百度、阿里巴巴、腾讯、京东互联网巨头如日中天，说是高新技术企业的崛起，不如说是我国巨大的市场给企业进行创新提供了条件，这些企业大多是在商业模式创新后才进行技术创新，商业上的成功给这些企业进行技术创新提供了资金和人才支持。高新技术领域肯定还会不断出现优秀的企业，不过具体是哪家企业，花落谁家就很难知道了，除非你对技术和技术带来的市场变化很了解，否则，很难找到优秀企业。

我们在对各行业的企业性质进行分析时发现，在制造业、零售业、房地产等行业，民营企业占比已经很高，但金融业、文化、经营和租赁、教育等服务业主要以国有企业为主，民营企业和外资企业较少，随着市场门槛放开，会给优秀的民营企业留下很大的发展空间，能够出现优秀的成长型公司。传统金融企业和互联网金融也会出现优秀的成长型企业，我们在以后再讨论。

**4. 优秀企业的估值**

优秀企业通常很早就被市场青睐，价格很高，很多价值投资者觉得安全边际并不高。对优秀成长股进行预测和估值是很难的，前面以茅台为例讲述了价值评估的运用。但优秀的公司像茅台一样保持稳定增长的企业很少，由于企业经营的可变性，一般情况很难预测成长股的增长率及增长的年限，也给使用贴现法进行估值带来不便。也可以使用近似估值对优秀成长型公司进行估值。估值＝净利润×（8.5＋2×预测利润增长率），来选择成长股，例如，02018 年下半年，沪市的同仁堂1997 年利润为 1.02 亿元，2017 年为 10.2 亿元，年均增长 12.2%，假设同仁堂仍然以 12.2%的速度增长，其估值为 336 亿元，2018 年 10 月同仁堂的市值为 400 亿元，其股价并不便宜。对于快速成长的公司可以使用 PEG 进行近似估值，所谓 PEG，是用公司的市盈率 PE 除以公司未来 3 年或 5 年的收益复合增长率。例如，一只股票当前的市盈率为 20 倍，其未来 5 年的预期收益复合增长率为 20%，那么这只股票的 PEG 就是 1。当 PEG = 1 时，表明市场赋予这只股票的估值可以充分反映其未来业绩的成长性。PEG>1 时，说明该公司的股票被高估了。也可以说一公司的利润增长 20%时可以容忍 20 倍的市盈率。像同仁堂这种收益低速增长的公司和收益不增长的公司一般不采用 PEG 指标。贵州茅台、腾讯的预期增长率若为 20%、40%，2018 年 10 月其市盈率分别为 24、25，利用 PEG 判断，茅台稍有高估，腾讯是低估。当然实际中还是要综合考虑多种因素，如我们要判断腾讯的 40%以上高增长是否可持续。

优秀公司的股票何时买入？第一，用适中价格买入好公司胜过用便宜价格买入坏公司。第二，好公司有坏消息时买入。这些坏消息包括：产品质量问题、年报盈利变差、新产品不及预期、原材料价格升高、管理层更迭等。前提是你要保证这个坏消息不会真正影响公司的长久经营，坏消息只是被解读、被放大的坏消息。例如，茅台股价一直比较高，但塑化剂事件后，是很好的买入机会。

## 企业到达了天花板后怎么办

每个产品都有生命周期，行业也有一定的天花板。到达了天花板企业怎么办？中国家电行业，彩电、冰箱先后到达了天花板，国内市场不再增加，最后到达天花板的是空调行业。家电行业最早在欧美到达了天花板，20 世纪 90 年代家电在日本也到达了天花板，日本家电巨头索尼、东芝、松下、夏普不得不面临转型。美的 2012 年也开始了转型之路，2013 年集团整体上市，将小家电、机电、物流业务并入上市公司，此后收购华凌进入冰箱领域，收购荣事达和小天鹅进入洗衣机领域。2016 年向伊莱克斯收购吸尘器业务，收购东芝生活电器 80%的股权，又以 292 亿元收购全球著名的机器人制造商德国库卡股权，美的已成为涉猎智慧家居、智能制造的多元化集团。格力也开始向冰箱、小家电领域拓展，空调方面在推广中央空调、厨房空调等产品。企业到达了天花板，优秀的企业总能不断推动产品的革新，以变应变，由国内到国外，由一种产品转向另一种产品，企业在转型中升级、发展、壮大。步步高从游戏机、学习机起家，后来进入电话机、无绳电话，现在已成为全球领先的智能手机生产商，产品也由中国走向东南亚、全球。IBM 就是不断创新、变革，走在技术的前列。通用电器 GE、西门子也从消费电子领域进入工业领域，从传统制造到高端制造升级。

企业的某一主导产品到达了天花板，对企业来说是严峻的挑战，有不少企业无法迈过这个坎儿而倒下，但优秀企业总能变危为机，使企业脱颖而出，这也是基业长青企业的特点。要找到这样的企业，你很难从其产品、商业模式上发现明显的线索，你只能从企业的人员、管理、文化上更早地发现蛛丝马迹，这也是优秀投资者的过人之处。

## 四、行业反转、企业反转类股票

企业有不同发展阶段：第一类，由小到大不断成长的优秀公司，我们在前面已提到。第二类，企业经营维持在一定水平上，基本上是不增加，也不减少，很多公共事业类的公司都属于这一情况。第三类，企业或企业所在的行业，由低谷走出来，生产经营改善。企业、行业的改善有可能是周期性，从低谷走出来后，过几年可能还会变差；或者企业经营能长久持续改善变成第一类的成长型企业。第四类，企业景气度由高到低，企业经营会越来越差。第一类、第三类是我们要关注，并经常买入的企业类型。第二类经营平稳的企业在价格低时我们可能也会买入，在公共事业类企业中我们将讨论。第四类一般是要回避的。

企业反转类，除了企业所在行业整体发生变化的情况，就是企业自身的改变：企业的某项产品成功开发，市场反应很好；企业高层更迭，管理、战略向好的方向转变；企业的竞争对手宣布退出同一领域；企业开拓了某一国外市场……这些企业反转大都是企业的个性化问题，需要认真跟踪。再有，这些向好的改变，信息从公司内部扩散到机构投资者，速度很快，股价方面可能会很好体现，普通投资者看到的时候可能已不是机会。也就是说，你很难发现企业何时变好，不如逆向思维，反过来想想，它什么时候不能再坏了，这时价格可能更低，倒可能是买入时机。汇源果汁公司与可口可乐公司合并被否决后，企业就祸不单行，由 100% 果汁向低果汁含量的饮料拓展，一段时间里汇源果汁至少有 17 个系列产品，几百款产品，但是无论是冰糖葫芦汁、百里哇、早啊混合果汁等产品，都是投入很多，市场反应一般。后来又自建线上线下结合的销售系统，效果亦不佳。在产品和销售模式变革时，汇源不断从外部引进管理人才，你方唱罢我登场，2015 年，50 亿元销售收入，50 亿元市值，利润 2 亿元，企业进入谷底，股价从十多元到 3 元。汇源公司会不会再继续变坏？有买入机会吗？进入低果汁型饮料与其他企业进行血拼，显然是做企业本身不擅长的事情。后来企业管理层声称重新专注于 100% 果汁，在中央电视台开始集中宣传其 100% 果汁。后来的结果证明，2015 年看似很低的价位进入还是在接落下来的飞刀：2017 年企业的利润不见改善，负债上升到近 100 亿元，在 100% 果汁领域的市场份额从 60% 降到 40%，后来因为公司的借款违反港交所规定被停牌，进入谷底的汇源滑入更深的谷底。在香港上市的李宁公司，上市之后公司经营连年快速增长，似乎是优秀的成长型公司。由于行业同质化严重，后来经营下滑并连年亏损，企业开始调整，收缩店面、降低库存，市值从 2010 年的 500 亿元到 2014 年的 40 亿元、50 亿元，每股价格从 30 多元到 3 元，应该说企业已经到达低谷，企业能否反转？创始人李宁复出，企业宣布回归运动本质，避免同质化竞争，重塑李宁品牌，应该说企业走在了正确的道路上。李宁牌子不会倒，企业不可能再坏了，应该有买入机会。李宁公司后来经营有所改善，公司市值重新回到了 100 亿元。李宁公司实现了困境反转，汇源公司仍然处在困境之中，这两家是曾经都被认为是优秀企业的代表。还有不少这样的公司，曾经的成长股但大多数被证明只是暂时成长或是伪成长，买入这些公司的很多投资者落入成长股陷阱。很多抄底的投资者通常抄到了半山腰，这样的公司经常出现基本面与股票市场价格的戴维斯双杀，跌幅超乎一般人的预料，这符合墨菲定律，没有最坏只有更坏。这也是投资困境反转类公司要时刻谨慎的地方。

## （一）行业反转

在企业分析中我们讲到周期性行业，很多行业都会呈现周期性的特点：有色金属、钢铁、水泥、矿产、汽车、造纸、石油石化、航空、船运、养殖屠宰、金融、房地产……但是周期性的原因各不相同，周期性波动的频次也不相同。周期性经营变化带来股价的周期性振荡，有时出现较好的投资机会。我们把发展的第三、第四类如何区别开来，处于发展第三阶段的企业会有反转的机会，在第四阶段的企业一直走下坡路，已经没有反转的机会。在实际操作中一定要确定已是低谷的企业能不能发生反转。第一，要看企业低迷经营是一家企业的情况，还是整个行业进入了低谷。如果是企业自身生产经营低迷，整个行业经营正常，那么企业会不会反转要观察企业内部的各种因素。若企业是不景气行业中的一员，那是行业进入了低谷。第二，判断行业是否会转移或消失。若行业像马车行业、VCD行业，就会永远消失。还有一些行业如纺织不会消失，但会从一个国家转移到其他国家。若不转移、消失，行业是否能周期性复苏。周期性复苏的特点：由于行业亏损，行业产能被减压，供过于求的局面得以改善，或者对行业的需求突然增加，供过于求的局面得以改善。第三，在行业低迷时，企业利润虽然降低了，但市场份额并没有减少。

## （二）周期性行业复苏的触发因素

**1. 国家宏观经济发生改变，带动行业需求改善**

2008年、2009年固定资产建设加快导致了对工程机械的大量需求，出口的贸易量增加导致远洋运输复苏等，这是宏观经济变化引起的联动效应。2010年房地产市场突然爆发性增长，引起对钢铁、水泥的巨大需求，使这两个行业发生反转。2016年原油价格暴跌，使石化行业成本降低，行业发生反转。

**2. 国家政策改变行业状况**

煤炭去产能政策，导致煤炭供应减少、价格上升。国家严厉的环保政策，将大量散乱、不达标的污染企业淘汰，实现市场出清，很多行业供求改变，2016年、2017年钢铁、有色、化工、造纸、玻璃、水泥等行业复苏中存活下来的企业日子很好过。

**3. 国际大宗商品价格大幅变动，改善行业状况**

金融危机后，国际金价大幅度上升，使黄金行业大发展，催生了紫金矿业、招金矿业、中国黄金等大牛股。石油从20美元/桶上升到150美元/桶，让在香港上市的中石油从1元多涨到近20元，也使巴菲特在中石油投资赚了近10倍。中国经济已融入全球经济体系，世界经济变化对中国行业影响越来越大。

**4. 新技术、新产品对行业的改变**

SUV型汽车爆发性增长，改善了国产汽车行业、企业的状况，页岩油、页岩气开发的突破，使原油价格下跌，石油化学、化工行业状况好转。

周期性行业买入机会在前面章节有所述及。例如，首先，行业在持续低迷期，价格已大幅下跌，市净率PB≤1.5，很多时候PB≤1，甚至在0.5以下，可以买入，越跌越买。但这可能也会遇到一些困惑，行业、股价都探底了，但何时能复苏，这种低迷期有可能是长期的，甚至再延续几年。如金融危机后国家四万亿元刺激政策出台，使钢铁、造纸出现短暂复苏，在2011年进入低迷期。有钢厂被迫发展养猪等第三产业，造纸企业去做中小贷款业务，到2015年两个行业一直在谷底。2016年、2017年实行"三去一补"政策，同时执行更严厉的环保政策，才让两行业出现久违的"笑容"。如果在2012年买入，要有漫长的等待期，2016年、2017年行业转晴也是政府有形之手的作用，不然等待期更长。其次，你在发现行业复苏的准确信号时买入。如上述两行业的原纸价格、钢铁价格在长时间低迷徘徊后，突然掉头向上，这时股票价格可能已上涨，但如果你对行业反转后的公司业绩变化有较强的把握能力，就知道这些初期上涨只是"毛毛雨"，业绩改善后，股价会有大幅度变化，也可以在上涨趋势确定后再大胆、快速地买入。

从以上两条分析中，你可以知道周期性公司的投资重点是你对行业、企业基本面的把握，其后才是买入时机问题，前者解决好了，后者就不是问题了。

## （三）买入行业中哪些企业

行业复苏中每家企业的业绩都会得到改善，但是具体买哪一家，需要对企业进行充分的研究、分析，进行有侧重的精挑细选。有一些特点可能给投资者启示：越是在行业低迷期亏损额大的企业，业绩改善的幅度越大；市销率越低的企业经营业绩、股价变化越大。这两个特点，可以从财务上得以论证。

## （四）何时卖出周期性行业相关股票

通常是行业景气度到达了高峰，各企业的业绩也得到充分体现。这时公司股价也上涨了几倍，人们乐观地认为该行业是盈利能力很强的朝阳产业，好日子会越来越好，逐渐忘记"新三年，旧三年，缝缝补补又三年"的艰苦岁月。不同投资者会有不同的减持策略。如果你对行业、企业的经营状况不甚了解，你买入、卖出都显得"来也匆匆、去也匆匆"。行业的周期性变化不是一蹴而就的，你会有充足时间建仓，也有充足的时间减仓，"来也从容、去也从容"。从容来自你心里对行业、企业的把握，心里有谱。

## （五）周期性行业反转中的企业变化

我们提到了解行业反转的各种微妙变化，要考虑总体（整个行业）和结构（各个企业）的关系，了解整个行业的总体情况可以通过行业的数据、信息去观察，但也能从行业中的单个企业看出端倪，2016年白酒行业在近三年低迷期后，有一两家企业销量增加，企业开始提价，经营改善。然后是整个高端品牌出现反转。白酒行业是快消行业，其周期性应该不是很强，但在我国高端白酒受到国家廉政反腐政策、宏观经济的影响，出现了较明显的周期性。同样其他行业反转中，企业也是"春江水暖鸭先知"。2000年后，证券行业进入低迷期，很多证券公司破产重组，几年的熊市也让证券公司门前冷落。2005年、2006年行业有所变化，开户的人多了，证券市场的交投也趋于活跃。某高等学府的金融学教授跟他在证券公司上班的学生聊天中得知，证券公司经营情况有向好征兆，开始招聘大学毕业生，该学生邀请师弟、师妹到证券公司上班。金融学教授开始几元买入的一证券公司股票，后来有十多倍涨幅。这位金融学教授后又买入ST盐湖，ST盐湖与盐湖钾肥重组，该教授及其妻子被媒体披露在该交易中赚了6000多万元，网上质疑声一片：老师会有这么多钱？并对该教授人肉搜索，知其夫人是一部委的副司长，很多人开始怀疑其夫人是企业重组的内部知情人，涉嫌内部交易。某著名网站进行调查，有70%人认为该教授是内部知情人，提前介入要重组的公司。该教授顶着压力去上课，愤愤不平："70%的人认为我有问题，与证券市场统计规律一样，70%的人总是错的，亏钱的。"后来，调查还了该教授及家属以清白。

# 五、公用事业类公司

这样的企业一般获得了政府特许经营权，提供公共产品、公共服务。提供公共产品、公共服务由政府定价，政府定价参考了企业的经营成本，并会根据经营成本适当调整价格。这类企业常具有垄断经营权，却无定价权，不能随便涨价，这也是公共产品自身的要求。公用事业类公司主要是国有企业，不过逐渐有不少民营企业也进入该领域。公用事业类公司，经营一般相对稳定，收入、利润预测较简单。这类公司通常有较稳定的股息率，同时由于成长性较低，其在成熟市场上的估值水平并不高。前些年由于快速城镇化，基础设施建设快，经济发展速度高，我国的公用事业类公司呈现较好的成长性，但这几年速度降下来了。早期市场估值水平整体较高，公用事业类公司股票也通常处于高价。但近几年，这类上市公司越来越多，整体增长也变慢，市盈率水平降低至10~15，成为不少价值投资者的选择对象。

公用事业类公司包括电力（包括火电、水电、核电等）、水务（自来水供应、污水处理）、公路、铁路、港口、机场、城市热力和燃气供应、电信、管道运输、景区……

## （一）公用事业类公司价值评估

有的公司收入、利润较稳定，像水电、港口、铁路等。有的公司收入、利润有增长，这种变化也有规律可循，如公路、机场的收入增长较易预测，因此可以应用贴现模型估算出内在价值。下面以一家公司为例进行说明。

有H公司每年盈利100亿元，公司盈利全部分红，美国股市200年的平均收益率为7%左右，我国股市成立至今的年平均收益率大于10%，我们将贴现率定为7%，那么公司内在价值为：$100÷7\%=1450$（亿元），按照6折的安全边际买入时，此时市值为870亿元相当于$PE=8.7$。

若H公司第一年盈利100亿元，70%分红即70亿元，剩余30亿元再投资，再投资收益为10%，利润增长来自投资收益部分为$30×10\%=3$，利润增长率3%。按照股息分红贴现模型公司价值：$70/(7\%-3\%)=1750$（亿元）。按照6折的安全边际买入时，此时市值为1050亿元，相当于$PE=10.5$。

　　若 H 公司用 70% 分红后，剩余利润去购买利息为 3% 的理财，理财收益 30×3%＝0.9（亿元），利润增长 0.9/100＝0.9%，那么公司内在价值：70/（7%－0.9%）＝1148（亿元）。按照 6 折的安全边际买入时，此时市值为 689 亿元，相当于 PE＝6.9。

　　可以看出，公用事业类公司如果利润没有好的投资方向，最好将其分配。如果公司将留存利润投入理财等低收益项目，这样的公司估值应调低。

　　可以测算，若用 50% 分红，留存 50% 购买 3% 的理财，公司内在价值为 50/（7%－50%×3%）＝909（亿元）。按照 6 折的安全边际买入时，此时市值为 545 亿元，相当于 PE＝5.5。

　　上述分红 50%，若投资收益为 10%，那么内在价值 50/（7%－50%×10%）＝2500（亿元）。按照 6 折的安全边际买入时，此时市值为 1500 亿元，相当于 PE＝15 折买进。可见公用事业类公司分红率越低，留存利润的投资收益对公司内在价值影响越大。


　　从以上分析知道：公用事业类公司，评估时主要关注公司利润分红率和留存利润再投资收益。公用事业公司相对来说生意单一，财务报表也不复杂。在内在价值评估方面可以采取股息、利润贴现的方法进行评估。上例中，我们在内在价值评估的基础上，对 H 公司按照 6 折买入，也与市盈率联系起来，同样的安全边际对购买时 PE 的要求是不一样的。

　　当然上述测算中的一个重要变量是贴现率。笔者经常使用的贴现率是 7%，带有强烈的个人偏好，也是为了计算方便。也就相当于 10 年翻一番，我认为这样的投资收益率还算适当。真正选择贴现率要考虑更多因素：长期利率、国家、行业、企业、证券市场的风险溢价。大家可以根据资料，确定自己使用的贴现率。

　　各种估值方法有不同的使用条件，在符合假设条件下，每种估值方法逻辑自洽。如果大家进一步深究，估值方法是相通的，甚至可进行转化。上面提到的股息贴现法，利润要么以股息形式现期分给股东，要么留存利润再投资，使利润提高，以后分红提高。符合各自条件时，自由现金流、利润、股息三种贴现法最终得出的内在价值是相同的。上述 H 公司使用股息贴现模型只是近似代替 H 公司的内在价值评估，没有考虑股息的时间价值，精确的内在价值应以公司产生的利润或现金流来进行贴现，大家可以自己推算一下，但最终结果应该是相同的。

　　在公用事业类公司利润预测中，要关注的一个是成本，另一个是售价。成本中主要是原材料、折旧、人工费用、运营维护费，三项费用中主要是财务费用。不同类别的公司也有所不同，如火电企业近 60%～70% 的成本是燃料成本，但港口、机场的运营成本主要是折旧、人工费用。公用事业类公司都是高投入、重资产类的公司，负债率很高，所以财务费用是要重点跟踪的指标，甚至是风险指标。原材料是公司的主要成本时，原材料价格将成为重点跟踪的指标。在售价方面，由于是政府管制，其售价常具有滞后性。像电价、水价、燃气价格、景区价格调整很慢，有的几年才调一次，遇到稳物价、保民生的需要，虽然成本上涨但价格不调，会使企业出现亏损。但此后的一定时期，政府会适当照顾此类企业，让其有较好的盈利。由于原材料成本周期性变化、产品价格调整不同步，又使不少相关的公用事业类公司呈现周期性行业的特点。

公用事业类的公共属性也是可以改变的，价格由政府管制转为市场调节。国家不断扩大市场在资源配置中的决定性作用，将政府定价范围不断缩小。上网电价、燃油价格正逐步实行市场定价，在这些行业内市场主体有效竞争，价格由市场说了算，这样公用事业类公司性质也就改变为真正的企业。

## （二）公用事业类公司的安全边际

我们对这些公司进行内在价值评估，提出按约 6 折水平去购买，投资者可以根据市场总体水平、自己的偏好做灵活调整。安全边际要求过高，你可能找不到购买标的；安全边际要求过低，你就要承担更高的风险。格雷厄姆在《聪明的投资者》中涉及选择标准时，他会述及在道琼斯或标准普尔成分中有多少家公司符合此标准。当然，在当今市场符合格雷厄姆标准的企业很少。投资者制定安全边际时也要做到有股可选，特别是整体市场低迷时。由于公用事业类公司利润、分红的长期稳定性，有人也将债券的安全边际标准用在公用事业类公司上，如果公用事业的公司长年的股息率为 6%，而长期债券利率为 5%，就认为公用事业的公司有了安全边际，如果该公司股息率为 7%，那么安全边际就更高了。股息率为 10%，安全边际就认为达到了 100%。

## （三）公用事业类公司的成长性

公用事业类公司的种类不同，其成长性也大不相同，这需要我们具体分析。像火电、水电、港口等增长空间很小，但核电、燃气供应、水务这些行业还会有很大的发展空间。具体公司还要具体分析，首都机场、上海机场航班已经饱和，业务也到达了顶点，但美兰机场就仍然有空间。一些公用事业类公司的产能就只有那么多，就看它的对外收购情况。长江电力的三峡大坝机组就那么多，发电量、盈利也就稳定了，要扩大规模，只能外延式建新的电站、收购母公司的其他水电站。但收购过程中要关注其收购资产的质量、价格。很多上市公司就因为收购母公司的资产遭质疑，很多投资者认为收购这些资产不划算。高速公路、燃气公司的业务收入会随着车流、用户的增加得以提升，具有成长性。但是如果有一些并行高速开通、其他燃气公司开办，就会对本来应有的成长性造成负面影响。

### （四）公用事业类公司的买卖时机

这些公司"故事"少，常与大盘共进退，可以选在大盘低迷期买进，大盘高估时卖出。还有周期性的公用事业类公司，可参考周期性行业操作策略：在企业景气度差或证券市场低迷时买入。

## 六、金融企业

上市金融企业盈利 1 万多亿元，占到沪深总利润 2 万多亿元的 50% 以上，A股市场的利润半壁江山来自金融企业。作为价值投资者肯定不能回避金融企业，金融企业是不得不讲的故事。

金融企业一般指传统的银行、保险、证券、信托等机构，但现在外延更广泛：资产管理公司、中小贷款公司、互联网金融、汽车金融、投资管理公司（包括证券投资、股权投资 PE、风险投资 VC）、融资租赁等。传统的"银、保、证"中不少企业已由 10 多年前快速成长的明星企业，变成了传统的金融企业，估值也从市盈率 30~40 下降到市盈率 10 以下。很多银行、保险已成为大不能倒的巨头，但也由于其过于庞大臃肿而不受待见，2018 年 10 月，有不少公司市盈率在 5 以下。传统金融再快速增长已没有可能，在传统金融的夹缝里，一些创新性金融公司悄悄生长发芽，有的已野蛮生长。互联网科技、金融创新正在改变中国金融生态，传统金融能否主动创新，适应新环境，互联网金融能否独辟蹊径，把传统金融拉下马，这些都需要等待时间的检验。

### （一）银行业

#### 1. 近年传统银行快速成长的原因

要知道传统金融的明天，我们先去分析一下以银行为代表的传统金融十多年来为什么会快速成长？原来不良贷款率居高不下，财务上已破产的银行为何能起死回生？可能有几方面的原因：

（1）银行市场化改革，本身治理水平、管理水平的提高。

20 世纪 90 年代大量死账、呆账是由于各级行政影响贷款的后果，改革后银行不再唯政府马首是瞻，而是走向"嫌贫爱富"的市场化方向。

（2）内部管理加强。银行内部加强管理，防止出现"人情贷""关系贷"，防止由内鬼引发的道德风险。近 20 年，银行发生的变化是有目共睹的，这种银行内部的市场化企业化改革使其重新焕发出活力和动力，这也是促进银行快速发展的内部原因。

（3）随着宏观经济的高速发展，我国资产价格快速膨胀。改革开放40年中国经济快速发展，随着经济的高速发展，近十多年中国资产价格快速膨胀。八九十年代大批国有企业破产、倒闭，银行因此出现巨额呆坏账。20世纪90年代后期，中国住房货币化改革，后来土地市场实行"招拍挂"制度，城镇化水平快速提升，中国信用快速扩张，M2长年以年增15%以上的水平增长。中国房地产、股权等资产价格快速上涨，资产为抵押进行贷款的银行，充分享受资产泡沫盛宴，业务快速扩张。实体经济也在资产上涨中感到钱很好赚，老百姓的收入、消费水平也很快提高。例如，2000年北京三环内的房子每平方米4000元，一套一百平方米的房子40万元，按70%去抵押贷款能贷到28万元。2010年，房价2万元/平方米，房子价值200万元，按70%能贷140万元。2017年房价5万元/平方米，房子500万元，能贷350万元。还是同一套房子，资产价格上涨，银行贷款业务能扩大12倍，对银行来说资产有效抵押下这笔贷款应是优良资产，消费者的信用和消费能力也快速提升。这是个人房地产的情况，但其情形同样可以推广到政府平台公司上。政府平台公司、房地产企业、很多国有企业负债快速提高，银行也是这些公司的主要资金提供者。例如，一省会城市有两家棉纺厂，都有10万锭规模，人员从5000人已经逐步降到2000多人，但经营状况仍不好，收入约3亿元，常年亏损，好年景微利，企业面临破产。前期该市有同样规模的四五家纺织企业已破产，结局大体一样：职工拿几万元的补偿另谋出路，厂房设备资产拍卖，国有土地政府收回，银行成了买单者，原贷款变成坏账核销。这两家幸存者赶上2006年、2007年房地产高涨，两工厂在市中心的各200亩地成了香饽饽。政府分别给两企业10亿元、9亿元让其搬迁并收回土地，政府的钱主要是通过平台公司从银行贷来的款。两块地在2009年、2011年挂牌出让分别为30亿元、37亿元。两企业搬迁后，银行原来对两家企业贷款的几个亿有了着落。同时又增加了放款额度，因为两企业成了富裕户，银行本来就要"黄"的贷款，现在起死回生。土地价格上涨，腾挪搬迁使两企业继续经营（两家企业搬迁后，经营仍然不太好），银行业务有了扩展，两家的欠税补上了，政府获得土地收入近40亿元，职工保住了工作岗位。这就是资产膨胀的巨大威力，各方都受益。在这个过程中，银行原有的业务是贷款给两家企业5亿元，后来在政府收储土地过程中（一级开发）贷款给政府平台十多亿元，在土地出让后，贷给房地产公司30多亿元，房子开发出来又可以给购房者按揭几十亿元。银行业务扩展了多少倍，而且在房地产价格不跌的情况下（实践证明房产价格一直在涨），银行业务利润增长是惊人的。房价等资产价格上涨，带动信用扩张，银行的利润水平快速提升，从"财务上已破产"的行业到最赚钱的行业。这种现象并不是个别现象，全国城镇居民现有住宅

200 多亿平方米，在 1998 年，全国平均住宅价格 500 元/平方米，全国总市价共 10 万亿元，2010 年 5000 元/平方米，全国约 100 万亿元，2017 年 10000 元/平方米，全国共 200 万亿元，由于国内大城市的房价奇高，总的数字可能会更高。这些资产不包括农村住宅、城镇已出让的工业用地、已出让没盖成房子的土地。所以有的经济学家估计，国内资产共有 400 万亿元，其中 60%~70% 是房地产。

　　快速的资产膨胀，也迅速扩大了银行的资产负债和利润。2004 年底，我国 GDP 为 16.2 万亿元，广义货币量 M2 为 25.4 万亿元，银行资产总额为 31.6 万亿元，2017 年底分别为 82.7 万亿元、167.7 万亿元、252.4 万亿元，年均增长分别为 13.3%、15.6%、17.3%，三个数据依次增加，说明我国的银行业务快速扩张，远超过名义 GDP 的增速。其实银行业的利润增长与银行业资产增长的速度接近。相对应的实体经济资产负债也快速扩大，经营规模扩大，个人在资产膨胀中收入、消费提高，整个宏观经济保持多年快速增长。这种房价带动的资产泡沫盛宴当然不会永久持续。在资产膨胀中，好像各方都受益了，那么谁是受损者？可能只有退潮时才知道谁在裸泳。任何形式的资产上升，并不会直接产生社会财富，只是社会财富的一种再分配。我们仔细分析，房地产等资产价格的膨胀，其实带动了城市综合成本的提高，这些成本包括商业成本、生活成本，细心的人可以对比一下你身边的物价与过去的变化，大城市的物价与小城镇的物价。做实体经济的人可能会更有体会，物价成本的不断提高使生意很难做，实体经济也只能将成本不断往下传递，最后成本会传递到最终消费者。应了一句话：出来混总归要还的。其实资产价格的膨胀提高了各行各业的成本，也削弱了我国很多产业的国际竞争力。

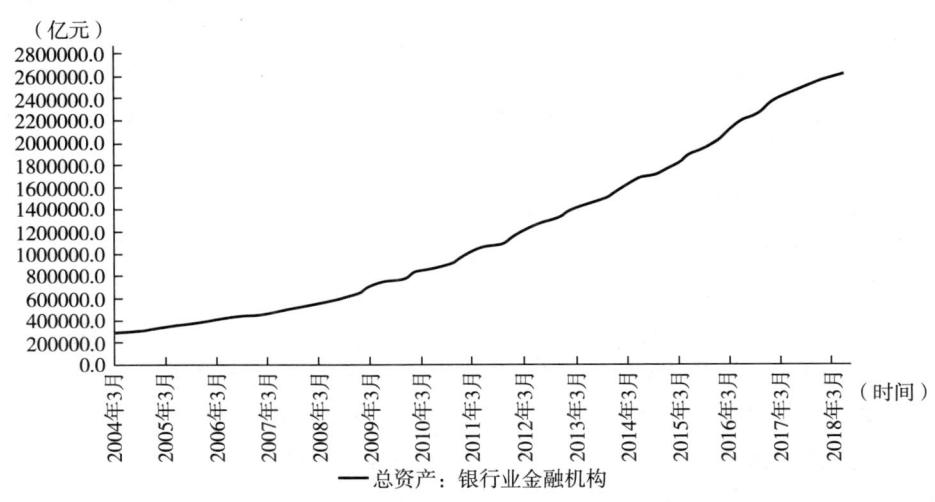

图 6-1　2004~2018 年银行资产总额

（4）相关企业的快速扩张。银行主要服务于国有企业、政府平台、其他大企业，这些企业业务快速扩张。这些年相关企业快速扩张，靠银行的资金支持，银行的业务、利润随着国有企业的发展而快速增长。这与上面提到的资产膨胀增加银行业务又不太一样。假设是电力企业，投资一个4×60万千瓦的电厂，要投资100亿元，电力公司只要投入20亿元，总投资额的20%，其他资金可申请贷款，银行贷款80亿元，贷款利率5%每年利息共计4亿元，火电企业属公用事业基本上收益有保证，还本付息也有保障。国有的五大发电公司装机规模从千万千瓦级很快跃升至亿千瓦级，每家公司资产从几百亿元升到3000亿元以上，其中银行贷款也近2000亿元。建发电厂是成熟模式的复制，重要环节是拿到项目批文，国有企业在这方面有得天独厚的条件，形成银行贷款支持与国有企业跑马圈地相结合的扩张模式。这种模式在水电、核电、建筑、交通、房地产等不少领域大致相同，高负债下的快速扩张，这些企业的资产负债率基本在70%以上。对银行来说，服务大型企业效率上也划算，对此类项目贷款50亿元消耗的银行人工成本与小银行贷款100万元的房产按揭消耗的人工成本差不多，这是大银行服务大企业的集约化优势。

表6-1 我国2007~2016年银行业金融机构税后利润　　　单位：亿元

| 年份 | 2007 | 2008 | 2009 | 2010 | 2011 | 2012 | 2013 | 2014 | 2015 | 2016 |
|---|---|---|---|---|---|---|---|---|---|---|
| 银行业利润 | 4467 | 5834 | 6684 | 8991 | 12519 | 15116 | 17445 | 19277 | 19738 | 20732 |

（5）利率市场化改革一直没有完成，存、贷利率尤其是存款利率没有真正市场化。在银行的活期、短期存款真实利率一直为负，使银行特别是大银行拿到了很便宜的资金，由于利率管制、银行牌照管制等因素，使我国存贷差居高不下。银行业务扩张很快，监管部门发放的新牌照并不多，也导致现有银行受益。正是这种利率管制使互联网金融、其他理财产品冲击着传统银行的存款，使存款搬家。长期的存、贷利差，有利于银行扩大贷款规模，支持实体经济的发展，但其中的负效应是广大储户的存款是贬值的，大都不富裕的储户拿钱去补贴了银行和企业等"富裕户"。

（6）银行向财富管理、保险、外汇和金属交易多领域渗透。以前很多人批评中国银行业只会挣存贷利差，中间业务占比少，但银行幡然醒悟，汇兑、异地存取等多项业务都收费，大家又都埋怨银行坐地收钱。银行利用其销售渠道、客户资源大规模向其他金融业务扩张，大家质疑银行搞垄断、压制竞争。很多银行实际上已成为混业的金融控股集团，到了大而不能倒的程度。

由于上述原因，银行现在变成最赚钱的行业，我国金融业增加值占GDP比例已超过美国，很多人质疑金融等虚拟经济拿走了实体经济的盈利，以钱生钱、以钱炒钱带来了金融风险。

**2. 银行业这种盈利能持续吗**

银行在资本泡沫破裂后会有风险吗？首先，银行盈利再快速增长很难，维持现有水平也不易。我国政府、居民、企业非金融机构占 GDP 比例即杠杆率约260%，风险水平较高。房地产等资产泡沫也已得到共识，国家对房地产、地方政府债务控制趋严。国有企业靠量的扩张，不断复制的模式难以为继，因为传统产能已过剩，科技创新高质量的发展模式不是靠银行贷款加杠杆就能解决的。金融行业超额盈利，还有一定程度是竞争不充分造成的，现在国家增加外资、民营金融牌照发放，有利于竞争。大银行更便于服务于大企业，小的金融机构、创新金融更便于服务小客户。随着国有等大企业、地方政府平台贷款受制，银行的主要业务肯定受影响，大银行做普惠金融需要其自身转型。好比适合集团军作战的队伍去打游击战一般不在行。互联网金融满足了普通民众的金融需求，所以能够快速发展。互联网金融发展正是银行等传统金融给自己创造了"对手"，如果你去银行办业务，你就知道有多么不方便：网点减少（大银行降低成本通常是减网点、减员工），排队等候，你等了半小时，营业员挂出免战牌"暂停营业"。你去办业务，他们要把你的身份证明传真到后台中心去验证（原来柜台直接验证），又要等。银行太不方便了，才给便利化的互联网金融带来了机会，正如一互联网大佬所讲，银行不革命，我们就要革银行的命。现在国家对互联网金融有了一些限制，其实是给传统银行改变自己提供机会。资产泡沫何时破裂很难讲，但破裂会对银行有冲击，冲击有多大需要深入研究，但有一点可以肯定：国家级银行其实以国家信用为隐性担保、地方银行以地方政府为担保，一般不会倒闭。

**3. 现在银行的估值水平**

几家大型银行市盈率低于 10，市净率小于 1.5，股息率接近 5%。银行基本面在高景气状态，盈利水平在高位不会再快速上涨但并没有下跌。银行同其他金融机构一样，属于周期性行业。按照我们前面讲到的，周期性行业买入机会：周期性行业基本面处于低谷，证券价格处于低谷。显然第一条不满足，并不是买入的最好时机，但从目前 PE、PB 来看，价格并不高，可以适当配置，相当于买入收益 5% 的债券，但现在绝不是让你下决心出重手的时候。另外，2018 年的港股中有不少 PB 约 0.5 的地方银行，如哈尔滨银行、重庆银行、重庆农商行等可以考虑。整个银行的情况如此，但是肯定有某些优秀的银行能脱颖而出、抢占更大的市场。分析银行的重点是，看这些银行是不是业务成本比其他银行低，银行资产的风险是不是很高，管理层能否推动银行业务扩张。这也就是看银行在同质化竞争中，有无有特色的银行。民生银行、招商银行前些年快速扩张，但这几年民生银行的特色竞争并不明显。

表 6-2　我国部分上市银行情况

| 公司名称 | 股价（元） | 市值（亿元） | 2017 年利润（亿元） | PE | PB | 股息率（%） |
|---|---|---|---|---|---|---|
| 民生银行 | 6.37 | 2784 | 489 | 5.6 | 0.72 | 2.74 |
| 兴业银行 | 16.03 | 3330 | 572 | 5.82 | 0.78 | 4.08 |
| 中国银行 | 3.73 | 11000 | 1724 | 6.35 | 0.77 | 4.74 |
| 农业银行 | 3.84 | 13500 | 1929 | 6.96 | 0.91 | 4.23 |
| 交通银行 | 5.99 | 4448 | 702 | 6.34 | 0.71 | 4.83 |
| 光大银行 | 4.05 | 2125 | 315 | 6.74 | 0.78 | 4.41 |
| 工商银行 | 5.62 | 20000 | 2860 | 6.99 | 0.96 | 4.23 |
| 建设银行 | 7.15 | 17900 | 2423 | 7.36 | 0.96 | 4.41 |
| 招商银行 | 28.35 | 7150 | 702 | 10.19 | 1.53 | 2.96 |
| 重庆银行 H 股 | 4.8 | 139 | 37 | 3.1 | 0.38 | 3.36 |
| 哈尔滨银行 H 股 | 1.78 | 195 | 52 | 3.1 | 0.39 | 3.37 |
| 重庆农商行 H 股 | 4.19 | 419 | 89 | 3.9 | 0.53 | 5.97 |

注：A 股以人民币计，港股以港币计，股价为 2018 年 10 月 30 日价格。

## （二）保险行业

格雷厄姆、巴菲特先后对政府雇员保险公司出手，巴菲特对保险公司情有独钟，后来又不断并购保险公司。保险公司的浮存金是大量低成本的资金，与巴菲特本身的投资能力有力结合，使伯克希尔·哈撒韦公司取得了很好的业绩。保险公司是巴菲特喜欢的标的，是好的生意模式。中国保险行业近年也取得了很快的发展，但保险行业业务常脱离保险、保障本质，去更多开拓分红型业务，使保险行业进入某种误区，不惜各种手段去盲目扩大业务，主要是分红、理财业务，这种业务推广费用奇高，佣金经常占保险收入的近 15%，其实保险资产年均收益也就 5%。高额的营销佣金说明：保险业务同质化，只有大打价格战、营销战。为了支付高额的营销佣金，最终会对客户利益产生负面影响。有的保险营销常带有某种程度欺骗，吹嘘高收益无风险，其实高收益常意味着高风险。保险业这种状况，说明保险业急需整顿，优秀的保险公司需要脱离这种业务模式，寻找真正的竞争力。不然保险公司只能是同质化周期性行业中的一员，投资者只能按照周期性行业的策略去考虑。保险行业同银行业接近，都处在景气度很高的平台，而且业务增长已经变慢。保险业负债端是客户的资金，资产端主要是长期资产、长期股权、债券、银行存单，另外，可以投资 20% 以下的证券。资产端的投资能力与保险公司的竞争力有关。资产端公允价值变化会对利润产生较大影响，在 2000

亿元资产的保险公司，平时每年利润 40 亿元，若其 20% 即 400 亿元投入证券市场，证券收益上涨对其年度利润产生了很大影响。这一点同证券公司的自营业务对其年度利润产生的影响接近。

保险公司本身也面临互联网金融的冲击，一些网上保险业务的开展，对传统的保险营销方式形成了竞争。一些保险公司主动将各种业务集成于网络平台，给客户打造了一个综合、便利了金融服务平台。主动、成功与互联网融合的保险公司应该很有前景。

## （三）证券公司

证券公司是周期性很强的金融企业。其主要业务含经纪业务、投行业务、自营业务、信用业务、资管业务等，传统经纪业务中竞争日趋激烈，佣金价格战不断使盈利受损，但是融资融券业务使证券公司在 2015 年行情中找到新的增长点。投行业务主要集中于大券商，自营业务、资管业务倒是真正考验券商的投研能力。总的来讲，证券公司从周期性行业角度去分析、去实际操作更合适，对具体业务的分析、定量测算，有利于你理解其行业高峰低谷时的业务、盈利水平，为操作策略提供依据。从图 6-2，2011~2018 年证券行业营业收入、利润中可以看出，行业的营业收入和利润与证券市场走势密切相关，我们将在投资案例中对证券公司进行具体分析。

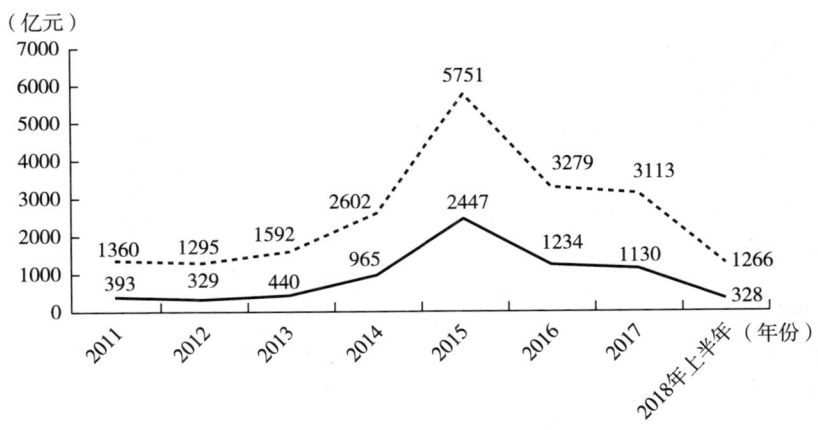

**图6-2　2011~2018 年证券行业营业收入、利润**

## （四）信托公司

信托业务前些年发展很快，主要是国家对某些行业贷款进行限制，使这些行业通过打擦边球、金融创新获得资金，信托公司成为银行贷款业务的某种通道，使业务得到大发展，但信托公司体现自身竞争力的业务并不多。

## （五）资产管理公司

主要研究其不良资产包括哪些资产，这些资产本身的价值、变现能力，及其价值与宏观经济的关联。资产管理公司中国华融 2018 年中报业绩大变脸让很多人知道了金融行业的脆弱性、风险性，金融类行业相关资产经常是个外人看不懂的黑箱，也使投资金融行业相关公司的投资者很容易踩到地雷。

## （六）互联网金融、科技金融

这些公司正在改变传统金融的业务模式，肯定会出现优秀的成长型公司。这些公司可能的特点：改善传统金融的繁杂；更关注小客户、小业务；利用科技包括大数据、人工智能、互联网重塑金融商业模式、业务流程；与其他电子商务等互联网平台融合、连接；提供综合性的金融服务平台。清华大学朱民教授认为："金融科技对整个金融功能的冲击是颠覆性的，金融科技的运行模式是平台式的、非网点的、轻资产的、重数据的。它拉近了和客户的距离，减少了中介、操作互动化，它赋权客户，金融生态正在进行根本变化。"

为什么山西票号、江南钱庄没有升级为现代银行？清末山西票号在全国布局，成为晋商远距离支付的主要渠道，后来为各地商人、官方提供支付金融服务。江南钱庄也由江浙扩展到国内主要城市，主要提供换钱服务。在清朝末年为什么两个系列的金融机构雏形在与国外银行的竞争中纷纷落马？为什么银行胜出？鸦片战争后中国口岸相继开埠，进出口业务快速发展，洋人、洋行登陆中国。汇丰、花旗等国外银行在中国开展业务与江南钱庄、山西票号竞争。现代银行包含了后两者的业务，同时利用资本实力开展商业承兑业务，还能提供跨国汇总业务、外汇业务、大额贷款。江南钱庄、山西票号败下阵成为必然，后来官僚资本、民营资本合作成立现代金融机构——中国银行，才重新展开与外国银行的竞争。从这个例子可以看出，金融机构只有不断创新，才能适应不断变幻的市场需求、外部环境。金融行业的竞争不是单一金融业务的竞争，而是综合服务能力的竞争。

为什么移动支付成为中国的新"四大发明"（高铁、淘宝、电子支付、共享单车）？金融强国英美两国大多数人使用 VISA、万事达信用卡，东南亚正在普及银行卡。中国移动支付消费在大街小巷遍地开花，老太太买菜也不用带现金。移动支付在中国快速推广，也从中说明，在中国各种银行卡支付并不方便，银行服务不到位。余额宝金额达 1.4 万亿元，恰好说明从前居民在银行的活期存款真实利率一直为负，但无可奈何，别无选择，有了新选择，储户开始存款搬家，支付宝、余额宝应运而生，成为一种新的商业模式。新的商业模式冲击旧的商业模式，常说明旧的商业模式的固有弊端。淘宝、天猫、京东兴起，说明我国旧有的零售模式的高成本、低效率，这种高成本来自高房价引发的高租金和多层经销商坐地收钱。美国的传统商业模式没被电子商务颠覆，证明其原来模式的优势。滴滴租车快速发展，说明原来出租车模式的弊端。

中国非金融部门债务持续快速上升，由 2016 年占 GDP 的 242% 进一步上升，债券市场 70 万亿元，证券市场 A 股市值 40 多万亿元，国内资管市场 7000 多只开放式公募基金，上万只私募基金，资产管理总规模超过 120 万亿元，与银行业的信贷总规模相当。银行总资产 250 万亿元，中国银行业贷款规模 130 多亿元，保险业资产 15 多万亿元，信托资产 20 多万亿元，证券资产 6 万亿元，网贷规模 1~2 年增长近万亿元。2008 年金融危机后，国内 GDP 和实体经济趋缓，但金融行业随着全球宽松步伐在大幅度扩张，金融行业处于行业景气度高点。中国的杠杆率——债务与 GDP 的比例，2015 年、2016 年都提高 20 多个百分点，杠杆率已高高悬在上面，债务风险、金融风险也越来越高。

# 互联网金融对传统金融的冲击

互联网金融企业利用互联网科技开展金融业务，对传统金融正在产生很大影响，传统金融业也惊呼"狼来了"。宜人贷、信而富、趣店、和信贷、拍拍贷等主要从事信贷业务的金融科技公司已经在国外上市，互联网保险公司众安在线登陆港交所，互联网金融公司出海 IPO，反映互联网金融、金融科技相关公司得到市场认可。2017 年上半年，趣店、宜人贷、拍拍贷利润分别为 9.7 亿元、2.6 亿元、10.5 亿元人民币，趣店市值一度超过 100 亿美元，宜人贷 30 多亿美元。趣店以消费信贷、助贷为主要业务，拍拍贷主要业务是网贷，众安在线是网上保险。

蚂蚁金服、陆金所、京东金融等金融科技独角兽公司，也摩拳擦掌准备登陆资本市场，蚂蚁金服 2017 年盈利约 100 亿元，蚂蚁金服、陆金所估值约 1000 亿美元、600 亿美元。蚂蚁金服活跃用户 5 亿多人，其中余额宝用户数 3 亿人，余额宝 2017 年余额 1.4 万亿元，已经超过很多股份制银行个人存款量。蚂蚁金服已经具有银行、基金、中小贷、支付、保险等多个传统金融牌照，京东金融也拥有移动支付、理财、贷款、场景金融等多个业务。金融科技公司开展传统金融业务，不是金融科技公司的主要价值所在，其价值体现在入口价值和大数据价值，入口价值来自于庞大的客户群、产生流量和拓展应用场景，大数据价值是能提供生活习惯、购物好恶、财务状况、投资风格、信用水平各类数据基础。另外，互联网技术使金融科技公司效率更高，很多互联网金融直接面对普通大众，但由于新技术应用使其能提供方便、高效的服务，这些才是互联网金融的厉害之处。传统大银行只能更好地服务于大企业，很难给小企业、个人提供小额、高频的金融服务。

支付宝、微信支付占据移动支付 90% 的市场份额，让传统金融难以追赶。在移动支付中，两家机构积累了大量的数据，为两家机构拓展金融服务，赢得了很大的市场空间。传统银行正在失去基础的消费数据，进而担心传统业务受到负面影响，几家主要的商业银行不得不主动与 BATJ 合作，以便能了解掌握基础消费数据。

随着电子商务在社会消费品零售市场中的渗透率越来越高，传统实体店的刷卡消费、现金消费逐渐减少。人们购物搬到了网上，其实很多活动也转到了互联网上，玩游戏、看电视、阅读、社交等，很多年轻人除了吃饭、睡觉、工作，其他时间全在线，互联网科技不仅是一场技术革命，其实也带来了人们生活、文化方式的巨大改变。以金融科技为领先的互联网金融就有了先天优势，它们更能利用大数据从线上找到客户，也能通过互联网为客户提供更加高效多样的金融服务，传统金融在资本、牌照、物理网点、客户资源等方面的优势正在失去，传统金融也不得不跟随互联网金融开展线上财富管理，平安集团开放保险业务数据，建立线上共享平台……但传统金融、互联网金融毕竟是不同的思维方式、不同的业务模式，传统金融彻底转型肯定是一个艰难的调整过程。在资本市场上，互联网金融倍受青睐，而传统的银行、保险不受欢迎，估值很低。

# 第三节　操作策略

## 一、操作的具体策略

投资操作策略：前面已讲到投资的方法、步骤，也讲到可能的投资可供选择的品种，具体投资中还要讲究一定的策略，下面将价值投资使用的一些策略加以介绍：

## （一）动态再平衡法

格雷厄姆等很多价值投资者都介绍相类似的方法，这种方法更适用于资金量较大或专业的基金公司。在前面介绍过债券、股票投资的不同特点，动态再平衡，就是将两种投资相结合，股票在投资中占比25%～75%，债券在投资中占比25%～75%。我们可以根据风险偏好、市场总体状况确定这一比例，例如，股票和债券各占50%，如果我们对股票更有信心，可以确定股票60%、债券40%。一旦确定这一比例，就不能轻易改变。当股票上涨，股票在投资中的比重就会增加，若开始是50%∶50%，我们可以按照涨到股票占比55%或某一固定时间（如每季度末）调整仓位回到50%∶50%，上涨行情中卖掉部分股票，买入债券使两者重新等额。当大盘下跌股票占比降至45%或某一固定时间，重新卖出债券买入股票，使股票和债券比例为50%∶50%。这就是动态平衡法。我们根据实际情况确定：其一，股票与债券的比例，然后就不再改变这一比例设定，而是以此比例调整股票、债券仓位，保持设定的比例。其二，开始调整可以按照原比例变化程度为调整触发点（如股票已超过55%或低于45%），也可以固定的时间点进行调整（如可设定为每季度末）。现在国内外很多基金采取动态平衡方法作为投资策略。这种方法按既定程式化调整仓位，避免由于个人原因引起的错误。另外，可以利用债券、股票市场的跷跷板保证收益相对稳定。

我们可以通过数学推导知道，这种投资策略当股市在一定区间波动时，效果最好。

## （二）定投指数基金

这是对于被动投资者更为实用的策略，我们讲过指数基金跑赢了70%～80%的投资者，因此指数基金对大多数投资者是不错的选择。在指数基金的具体投资选择上，可以定期按一定金额不断买入，这样你的投资可以较好地与指数耦合。在大盘明显高估时，可以减持。定投指数基金的策略贵在坚持，这样此策略的优势才能显现。如果投资者的资金量比较大，可以将指数基金换成一揽子股票。定投指数基金不仅对"菜鸟"，而且对大多数投资者都是最好的策略。但是大多数投资都有"自视过高"的心理倾向，认为自己投资能力更强，喜欢自己挑选股票，这也是大多数投资者最终失利的原因。我们讲价值投资的三大原则，其中之一是能力边际，就是要求投资者有自知之明，知道自己的能力圈。

## （三）分批买卖

当价值投资者，确定买入标的后，总是要碰到一次建仓或是分批买入的问题。卖出时也会遇到同样的问题。可以按时间长度或按股价变化幅度分批进行，资金较小时分三批建仓。分批买卖能平均你的买入价、卖出价，也就能减小一次性买卖给你带来的压力、后悔。分次程式化买卖在某种程度上是投资者的"心灵抚慰剂"，是否有疗效要看每个人的情况。

具体买入批次、买入时间跨度、股价调整幅度等会有很多种具体的程式化操作模式。分批次就要有一定的时间、变化跨度，不然就同一次建仓没什么实质区别。形成自己的程式时还要考虑 A 股熊长、牛短的自身特点。闪电下来，你必须在场，股市主要升幅的时间段只占 7%，你程式化分批买卖必须保持在 7% 的时间段有仓位，不然会坐失良机。

## （四）适当分散

从数学上可以轻易证明分散投资能降低个股变化带来的风险。1990 年诺贝尔奖得主哈里·马科威茨和威廉·夏普早在 20 世纪五六十年代就推导出投资组合和资产定价理论，告诉我们如何平衡风险和收益以及建立最优投资组合。格雷厄姆主张 10~30 只股票，但过于分散你只是取得了类似于大盘的收益。《巴菲特的投资组合》的作者推算出，你只有投资少数优秀的股票才能取得优异的投资业绩。巴菲特主张集中买入好公司的股票。他说："对你做的每笔投资，你都应当有勇气和信心将你的净资产 10% 以上投入此股。"菲利浦·费舍（Philip Fisher）说："我知道我对公司越了解，我的收益就越好，10 家公司之内，75% 的投资集中在 3~4 家公司。"巴菲特与格雷厄姆的方法都没有错，巴菲特的前提条件是对公司很了解，能够找出好公司。格雷厄姆的前提条件是你不能把握公司的未来，只需买入一大堆便宜货。本书讲述价值投资，就是找出有价值的公司进行投资。若我们具有挑选好公司的能力，可适当分散，个人投资者选择 3~10 只，这些股票来自 2~3 个行业，每个行业最多不超过总投资额的 60%，每只股票不超过 40%。但也不能过于分散，一般不超过 10 只。如果是基金公司或者大额资金就另当别论。1988~1997 年巴菲特投资组合共几百亿美元的市值，也就 10 只左右股票。

分散程度对不同投资者没有一个统一的标准，这取决于你的风格和你对投资标的的把握程度。有激进的投资者喜欢把鸡蛋放在一个篮子里，然后认真看护这个篮子。即使你选择了好公司，仍然会遇到大盘、个股价格波动，有时会给你带来前所未有的精神压力，你若经受住各种波折、考验，最终会得到不错的结果。这一心路历程，就像去西天取经的唐僧师徒，经过九九八十一难才能最终取到真经。你适当分散，这是中庸之道，东方不亮西方亮，你可以避免个股大幅波动给你带来的困扰。

## （五）套利

沪深两市金融产品不断丰富，满足了投资者的更多需求。这些金融产品是风险管理的工具，同时也成为套利的工具。大量无风险、低风险的套利成为价值投资者新的投资策略，有的年收益非常不错。

下面简单列举一些套利工具，以供参考，但具体操作方法需要投资者认真琢磨，在实际操作中慢慢练习：

其一，合并重组中的套利。在南车、北车合并中，南车、北车换股的比例已经确定，但两者股价与即将换股的比例不一致，我们可以卖出高估的，买入低估的，当股价修正时再反向操作。

其二，分级基金的套利。场内 A+B 的价格与母基金净值存在差额，可以通过申购母基金拆分成 A、B 卖掉套利或在场内买入 A、B，合并成母基金然后赎回来套利。另一种方式，在基金下折前，买入低估的 A，然后在下折后，将母基金赎回。

其三，封闭基金封转开。买入折价的封闭基金，转成开放基金后赎回。

其四，股指期货的套利。股指期货与现货之间套利，期限不同的股指期货之间套利。

其五，指数基金 EFT 与股票之间套利。ETF 与对应的股票之间有时存在价格差异，可以在 EFT 与一揽子股票间进行套利。

其六，上市型开放式基金 LOF 场外、场内套利。

还有很多这种类似的套利策略，投资者可以自己去学习、操作，这些内容不是本书重点。

## （六）打新

A 股市场打新一直是不错的低风险投资手段。买入一部分股票，然后以此为基础认购新股。市场中新股 IPO 不中断，打新的年化收益最好时会达到百分之十几，已相当不错，特别是你在找到更好的价值投资标的之前。中国打新神话不破的原因，仍然是与发行制度、市场供求有关。在成熟的证券市场，新股上市、企业退市也有一种市场平衡点：当大盘很高时，IPO 增多，上市公司供给增加；当大盘低迷时，不少企业选择私有化退市；当 IPO 与退市同时存在，证明市场进入一种均衡状态。但 A 股市场总是 IPO 排队，说明 A 股市场高溢价吸引着企业去上市融资。但在美股、港股有很多上市公司，认为股价过低，理性选择私有化退市。我们证券市场仍然呈现新兴市场的特点，所以打新是低风险投资的手段。这种状态随着上市企业的不断增加，最终会达到成熟市场的这种平衡。

打新也要注意：认购要分散，防止出现高中签率买入大盘股，这样的大盘股有跌破发行价的风险。打新退出应选择固定的卖出模式，以免操作失误。

## 二、找到适合你的策略

我们在本章中讲到价值投资的方法步骤、投资品种选择、实际操作的策略。如何找到适合你的策略？首先，你要了解自己，你的个人情况、个人特点。格雷厄姆认为，防御型投资者可以避免损失，不付出太多努力，进取型投资者能付出时间、精力挑选股票。正如投资思想家查尔斯·埃利表明的那样，积极的方式是劳心费力的，而防御型的方式则要求控制好自己的情绪。投资策略在很大程度上取决于投资者个人的态度，你喜欢价值类投资还是喜欢冒险类投资；你愿意还是不愿意投入更多的时间和精力去从事证券分析、企业分析、定量定性分析，最终投资决策取决于个人价值判断、个人偏好。

如果你是上班族，没有太多时间、精力、兴趣去关注股市，也没有相应的专业知识去了解上市公司基本面，你应该成为一个被动投资者或称防御型投资者，你可以投资债券，也可以考虑货币基金、分级基金 A。如果你想要分享股票上涨带来的收益，可能就要承担更高的风险，你可以选择股票型基金，最好的是指数基金，定投指数基金是不错的选择。若你是专业投资者或立志成为专业投资者（如金融专业学生），你有兴趣、爱好，也有时间、精力去研究证券，而且有专业知识、能力去研究、分析企业，那么你就应该采取主动投资或积极投资的策略，按照价值投资的原则、方法，对企业进行分析，选择有较高安全边际的股票去投资。也有的投资者可能遇到这样的问题：我想成为专业投资者可自己刚毕业没有资金实力，怎么办？你可以寻找证券行业的工作机会，使自己从事投资相关职业。没有这样的机会，你只能在原来的工作岗位，利用业余时间关注投资，少量资金跟踪市场，工作积累资金后，同时你已经有投资能力，将更多资金进入证券领域，收益不错后转型为专业投资者或自由投资者。这样说，就是强调，你在资金不足、能力不足的情况下，不要轻易以"炒股"为生。

我们讲过价值投资既是理论更是实践，光说不练不行，"只有下了赌注，才知道输赢"。具体的投资理论、投资策略需要你去体会，在实践中去体会。尤其是已经具有价值投资的理念、原则，具体方法、策略更要在实际操作中揣摩，最终形成自己独特的投资风格。一个成功的商业人士常与其第一笔投资的年龄相关，也说明了投资实践的重要性。

## ▣ 写给职业投资者

职业投资者与其他职业一样要有职业认同。父亲是个村卫生院的赤脚医生，后来是开个人诊所的乡村医生。少年时代，诊所就在家里，早晨起来就是喧闹的病人，父亲经常忙到晚上，临休息前的十多分钟，父亲总是哼着小曲儿盘点，算盘嗒嗒响，盘点一天的成绩。母亲说："钱都在那儿，有什么好算的。"父亲每天、每月、每年盘点，怡然自得地打着算盘。我后来才弄明白：盘点其实是对一天辛勤劳动的总结，对职业的认可。父亲年事已高后不再看病，也不再盘点，也没有了盘点的微笑和欢快的小曲儿。农民播下种子，总是天天看着麦苗生长，收获时很忙碌也很快乐，盘点着收成，虽然一亩收入也就几百元钱，但农民脸上的笑容洋溢着收获的喜悦，是对自己劳动成果的满意、认可。辛勤的付出最终得到回报，这就是职业的满足感。职业投资者通过自己认真分析、精挑细选确定自己的投资标的，然后经过漫长的等待、坚守，最终验证自己的判断，获得回报。丰厚的回报证实了你的思考、判断，是一种自我实现，也是职业投资者的满足感。这种满足感让巴菲特每天都想高兴地跳着舞蹈去上班。最终科技成果的实现是科研工作者的职业成就感、满足感，政治抱负的实现是官员的职业成就感、满足感，思想家希望其思想得以传播、对社会产生影响，企业家希望企业越办越好……农民每年的收获似乎回报太低；科研工作者回报周期太长；官员成为一方大员时已年近花甲，发现体制、环境诸多限制，使其难以大展宏图；思想家可能在生前也看不到自己思想的实践力量……职业投资者似乎更好！

职业投资者像淘金者，淘金者在荒漠里探寻，辛苦地发掘，有惊险、有汗水、有惆怅，要耐心、要坚守，最终收获喜悦，这就是淘金者。职业投资者需要你辛苦分析、调研，有汗水、有惆怅，要耐心、要坚守、要智慧、要运气，最终收获投资回报。

职业投资是不断学习、不断实践、不断领悟的过程，有的专业领域的高才生对投资总是不得要领，有的"土鳖"做投资却风生水起。学习、领悟的效果不一样，职业投资读书、学习要经历王国维老先生所讲的三个境界：一是"昨夜西风凋碧树。独上高楼，望尽天涯路"。二是"衣带渐宽终不悔，为伊消得人憔悴"。三是"众里寻他千百度，蓦然回首，那人却在灯火阑珊处"。职业投资者不断追寻，终会有恍然大悟的一天。

聪明的职业投资者，看懂了投资，看清了世间百态，更看开了人生。大海潮起潮落，草木一岁一枯荣，企业兴衰成败，人生得失沉浮，你在投资过程中同样能体会到。

职业投资者把爱好、学习、工作、生活融为一体，好像美国著名投资者罗杰斯骑士，他驾摩托环游世界，也将投资扩展到全球。爱好让你选择投资，学习让你更好地理解投资、更出色地工作，投资成功让你更好地生活。不像业务投资者，学习和工作若即若离。

职业投资者重视投资结果，更应享受这一过程，更应欣赏一路风景。职业投资者爱好的是投资过程，不仅是投资结果或金钱。学者爱好的是科研过程，不仅是科研成果、鲜花、掌声。有的年轻人急着赚钱、成为富翁，就应该去学习去工作，可又不愿付出，这些年轻人不是喜欢赚钱而是喜欢不劳而获。职业投资者付出的是智慧、耐心，收获的是价值、财富，但绝不能想着不劳而获。

职业投资者选择的投资理念决定了你的人生道路。价值投资者相信企业价值总能体现出来，心怀希望，是乐观主义者，财富越积越多，常是快乐长寿的一生。投机者，快进快出，高度紧张，经常九赢一输，也会让你的财富快速减少，注定是大悲大喜、大起大落的一生。

职业投资是职业的选择，更是爱好的选择，知之者不如好之者，好之者不如乐之者。

# 第七章　投资案例

> 兵法：一曰度，二曰量，三曰数，四曰称，五曰胜。地生度，度生量，量生数，数生称，称生胜。
>
> ——《孙子兵法》

本书在前几章介绍了价值投资的原理、方法，为了对价值投资原理的应用有进一步的理解，我们介绍一些投资案例。原理具有普遍适用性，具体案例有一定时效性，同时案例肯定带有强烈的个人色彩。投资案例只是价值投资理论在实践中应用的特例，不能作为投资的建议，否则很容易误入歧途。第一节中的双汇发展和雨润食品分别在深圳、香港上市，第三节中是在香港上市的两家运动服饰企业李宁、中国动向，这四家都是曾经的优秀成长企业，也是作者长期跟踪的企业。第二节中的火电公司属于公用事业类，第四节是两家高铁相关企业中国铁建、中国北车，分别是作者投资过的 H 股和 A 股的主要品种，将投资日志原汁原味地附上，便于理解投资过程中的心理变化。第五节中的证券公司是典型的周期性行业，也是 2018 年我在投资中重点关注的对象。

## 第一节　两家肉制品加工企业：
## 双汇发展和雨润食品

### 一、两家公司的概况

双汇发展、雨润食品是中国两家最大的屠宰、肉制品加工企业，双汇发展 1998 年登陆深市，雨润食品 2005 年在香港上市。双汇 20 世纪 90 年代开始生产火腿肠，从收入几亿元的原漯河肉联厂发展为布局全国多个城市、销售几百亿元的大型企业。雨润食品从低温肉制品入手，产品逐步扩展到屠宰、高温肉制品（火腿肠）、低温肉制品等系列产品，收入也与双汇相当，加工厂同样全国布局。2011 年底两家企业的基本情况（见表 7-1 双汇发展、雨润食品基本情况的比较）：双汇发展、雨润食品 2011 年销售收入分别为 376 亿元、323 亿元，双汇发展受瘦肉精事件的影响利润从 2010 年的 10.89 亿元降到 2011 年的 5.65 亿元，销售利润率从上年的 3.5%降到 1.5%，雨润食品的利润和利润率情况要好，2011 年利润率约 10%远远超过双汇，双汇发展净资产收益率 28.7%优于雨润食品的 11%。两公司的负债率都不高。从估值上看，双汇市值 423 亿元，雨润食品 185 亿元，瘦肉精事件后双汇股价从 90 多元跌到 50 多元，雨润食品从 30 多元跌到 10 元。双汇的 PE 是 75，按 2010 年利润计算 PE 为 38，PB 为 11.5。雨润食品 PE 为 10，PB 为 1.2。从 PE、PB 上看，雨润似乎更便宜。双汇一直保持很高的分红比例，雨润的分红比例不高。双汇、雨润 2008～2011 年的营业收入年均增长 13%、35%，双汇 1998 年上市后年增长 26%，雨润食品上市后增长率高达 48%。当时看来两家公司是优秀的成长型企业，能不能买两家的股票？哪一家更好？

表 7-1　双汇发展、雨润食品基本情况的比较

|  | 双汇发展 | 雨润食品（港元） |
| --- | --- | --- |
| 股价（2011 年 12 月 30 日） | 69.95 | 10.2 |
| 公司总股本 | 6.06 | 18.2 |
| 公司市值 | 423.9 | 185.6 |
| 2011 年销售收入 | 376 | 323 |
| 利润 | 5.65 | 17.99 |
| 四年利润平均值 | 8.2 | 18.6 |
| 每股收益 EPS | 0.93 | 0.98 |
| 股息 | 1.21 | 0.22 |
| 每股净资产 | 6.08 | 8.89 |
| 公司总资产 | 78.4 | 255.8 |
| 流动资产 | 49 | 81.9 |
| 流动负债 | 43 | 83.5 |
| 市盈率 | 75 | 10 |
| 市盈率（以四年平均利润） | 52 | 10 |

续表

| | 双汇发展 | 雨润食品（港元） |
|---|---|---|
| 市净率 | 11.5 | 1.2 |
| 2011年销售利润率 | 1.5% | 9.6% |
| 销售利润率（2008~2011年） | 3.1% | 9.9% |
| 净资产收益率 | 16% | 11% |
| 股息率 | 2%，双汇多年分红占利润的比例70%以上 | 2% |
| 资产负债率（%） | 45 | 36 |
| 流动比率 | 1.42 | 0.98 |
| 公司的营收增长率 | 2008~2011年平均增长13%，1998年上市后年平均增长率26% | 2008~2011年平均增长35%，2005年上市后年平均增长率48% |
| 2011年投资 | 4.5 | 48 |
| 2011年折旧 | 2.4 | 4.1 |

## 二、企业业务分析

两企业商业模式差不多，都是综合性肉类加工企业，主要业务集中于传统的屠宰和肉制品加工，对养殖业有涉足占比较低。但在产品布局上有所不同：2011年屠宰能力双汇3000万头、雨润5000万头，双汇的产能利用率50%，而雨润不足30%。双汇的产品中冷鲜肉（包括冷冻肉）占营业收入的41%、高温肉制品占34%、低温肉制品占25%，而雨润主要是冷鲜肉（包括冷冻肉）占80%，高低温共占20%。从全国布局来看，双汇主要在大中城市，主要是新建工厂，雨润在小城市很多县城布局，通过收购、租赁、新建等多种形式扩张，扩张的成本低、速度快。雨润的屠宰能力是双汇的2倍，而且雨润还在加大并购。各家屠宰厂生产的冷鲜肉并无明显差异化，因此，冷鲜肉利润率很低，遇到生猪提价可能出现亏损，屠宰产能总体供大于求。双汇在肉制品上占优势，双汇火腿肠是市场的老大，火腿肠市场占有率70%，低温肉制品产量也超过被称为"低温肉制品领跑者"的雨润。火腿肠、低温肉制品是差异化的产品，能显示出品牌价值，从财务报表可以看出两者的毛利率也远远超过冷鲜肉。

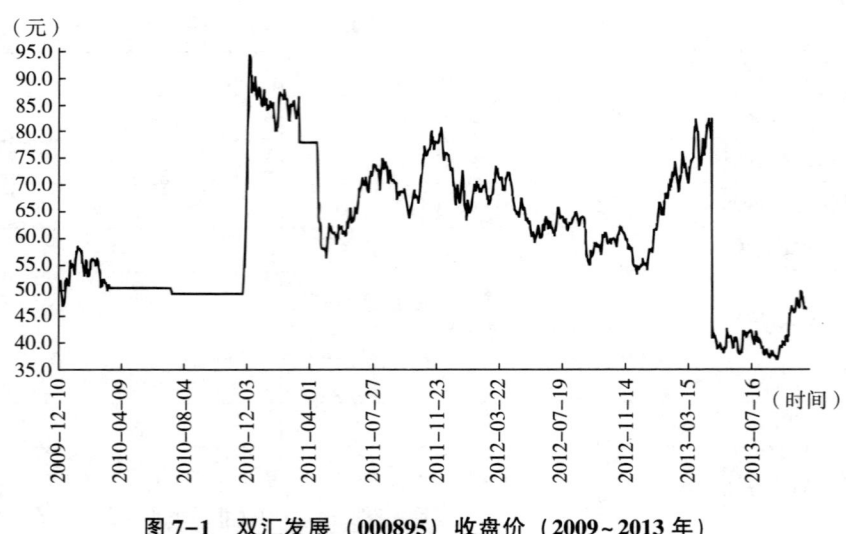

图 7-1　双汇发展（000895）收盘价（2009~2013 年）

图 7-2　雨润食品（01068）2010~2012 年股价走势

## 三、两家企业利润率的进一步分析

2008~2011 年双汇发展平均利润率只有 3%，雨润食品为 9.9%。从产品组成上看，双汇的肉制品占比较高，利润率水平应该高。对于利润和利润率的差别，很多人不得其解，有人对雨润的利润提出了质疑。造成两家利润率差别的主要原因如下：①营业外收入的差别。雨润每年获得政府补贴约 10 亿元，雨润在县城进行投资，政府为了招商引资会有一些政策，双汇在大城市投资补贴较少。雨润采取负商誉会计处理方式，主要是雨润打折收购企业的账面资产形成的。②计提折旧不同。雨润多年迅猛扩张，每年新增投资 10 亿~16 亿元，2011 年为 48 亿元，折旧大致为 1 亿~3 亿元。双汇发展每年 1.5 亿~4 亿元新增投资，折旧约 2 亿元。可见雨润食品计提折旧比例较低。2011 年年报双汇的固定资产为 20 多亿元，而雨润为 90 亿元，两家的总资产分别为 78.4 亿元、255.8 亿元，资产周转率和资产效率差别很大。③双汇发展的关联交易。双汇发展之外，双汇集团拥有大量的同业资产由管理层控股，业务快速扩张。两个双汇之间发生了大量的关联交易，双汇发展代销双汇集团的产品，只收取一定的销售代理费，但是营业收入记入双汇发展报表中，这是双汇发展利润率偏低的主要原因。④雨润食品跑马圈地的速度更快，租赁、收购现有企业营运成本较低、收效快。我们对比两家的毛利率、营业利润率时发现，两者差别没有那么大，双汇高温肉制品利润率应为 7%~10%，远远超过其他产品，也远远超过雨润的利润率。仔细分析后知道，财务报表给我们的也可能是假象，由于双汇在肉制品上优势明显，双汇产品的真实利润率更高。

## 四、净资产收益率的差别

双汇发展的净资产收益率 ROE 约为 30%，雨润食品只有 10%。通过杜邦分析，主要原因是双汇的资产周转率高，其资产周转率、存货周转率、固定资产周转率分别为 5.2 次、22.9 次、18.0 次，远超过雨润，在所有快消行业中都是很高的。这也说明双汇在肉制品上凭借规模优势，实现了高周转、低利润率，也形成了企业一定的"护城河"，让竞争者和新进人者无计可施。另外，双汇在高温肉制品上占有市场份额的 70%，企业已经在该类产品上具有定价权。

## 五、管理等方面的分析

双汇发展的母公司双汇集团有与上市公司相当的产能，投资者因关联交易、同业竞争提出质疑，双汇发展为解决此问题决定收购同业资产。雨润食品的母公司雨润集团除上市资产外也有很多同业资产，另外雨润集团大举进入房地产、商业、农产品流通。在分红政策上，双汇发展连续多年高额分红，雨润分红较少。两家企业在众多肉类企业中能脱颖而出，在管理和企业文化上肯定有独特的优势，在发展初期能够聚集主业，管理严格，执行力较强。

## 六、对两家企业未来的预测

上市后两家企业的业务增长表现强劲。但高温肉制品增长已变慢，距离行业天花板很近，低温肉制品和其他特色肉制品由于受运输、地域局限，两家企业发展都较慢。两家企业屠宰产能利用率并不高，这是屠宰行业性质所定。国内肉类行业遭遇国外同类产品的有力竞争，国内粮价收储政策，使玉米价格在高位，中国的生猪、猪肉价格比美国、巴西高，国外厂家对中国市场虎视眈眈，屠宰冷鲜肉行业已到达天花板（见图7-3），企业要增长只能抢占同行市场。双汇火腿肠本已是市场老大，市场份额也很难再提高。上市后增长率都保持较高，但随着到达屠宰行业天花板，肉制品主要是火腿肠也到了天花板，增长基本上停滞。两企业作为行业龙头应能维持目前水平，并保持低速增长。

图7-3　1980~2017年我国猪肉产量

## 七、内在价值评估

用贴现模型预估两家公司的内在价值，由于公司产品系列多，分产品增长情况难以预测，生猪价格上下变动幅度大，冷鲜肉利润率也不利于预测，为了简化，我们不再分产品进行估值。由于双汇发展的营运资本变化较小、新增固定资产投资与折旧接近，因此现金流与利润接近，可以用净利润代替现金流，对双汇进行预测，假定第一阶段超额收益期为 7 年，利润增长率 15%，第二阶段是 7 年后企业的每年现金流保持不再变化，采用 7% 的贴现率，以 2010 年每股收益 1.8 元为基础测算每股的内在价值为：

$$\frac{1.8\times1.15}{1.07}+\frac{1.8\times1.15^2}{1.07^2}+\cdots+\frac{1.8\times1.15^7}{1.07^7}+\frac{1.8\times1.15^7\div7\%}{1.07^7}=59.6（元）$$

双汇发展每股内在价值为 59.6 元，总股本当时为 6.06 亿，双汇公司内在价值为 361 亿元，对比当时市值 423 亿元，其并不便宜。

我们对雨润食品进行预测时，由于其利润中有较多并非来自于主营业务收入，要进行预测只能将上述因素进行剔除，我们假设其营业收入每年也增长 15%，由于每年大量的投资（占营业收入的比例为 20%）超过其经营的净现金流和利润，它的自由现金流其实为负。另外，雨润食品的屠宰利润很低，能赚钱的高低温肉制品只有不到 20%，真实的估值应该将两者分开。为了简化，假设其收入每年增长 15%，主营业务利润为 6%，新增投资和折旧占营业收入的比例分别为 15%、1%，公司的所得税率为 7%（上市的税率水平一直较低），营运资本变化为 0。利用前面的现金流贴现模型估算公司的内在价值为 172 亿元，每股为 9.5 元。

2012 年的现金流＝营业利润－税收－净投资＋折旧－营运资本的净变化

$$=（323\times1.15）\times1.15\times6\%\times（1-7\%）-323\times1.15\times15\%+$$
$$323\times1.15\times1\%-0$$
$$=-31.3（亿元）$$

用 7% 的贴现率进行贴现，2012 年的现金流贴现值为 $-31.3\div1.07=-29.2$（亿元）。

同样方法，我们能计算出第一阶段超额收益期 2013～2018 年的现金流贴现值。第二阶段的公司净利润 47.9 亿元不变，第二阶段残值为 47.9/7%＝684.9（亿元），贴现值为 426.5 亿元，两阶段的贴现值加上公司现有的现金和超额有价证券，减去长期负债，可以得到公司的内在价值为 169 亿元，每股价值为 9.3 元，与当时的股价 10.2 元比较也不便宜（具体计算过程见表 7-2）。

表 7-2　现金流贴现 DCF 测算雨润食品的内在价值

| 年份 | 营业收入 | 营业利润 | 税赋 | 净利润 | 投资 | 折旧 | 现金流 | 贴现因子 | 现金流贴现值 |
|------|---------|---------|------|--------|------|------|--------|---------|------------|
| 2011 | 323 | | | | | | | 1.00 | |
| 2012 | 371.5 | 22.3 | 1.6 | 20.7 | 55.7 | 3.7 | −31.3 | 0.93 | −29.2 |
| 2013 | 427.2 | 25.6 | 1.8 | 23.8 | 64.1 | 4.3 | −36.0 | 0.87 | −31.4 |

续表

| 年份 | 营业收入 | 营业利润 | 税赋 | 净利润 | 投资 | 折旧 | 现金流 | 贴现因子 | 现金流贴现值 |
|---|---|---|---|---|---|---|---|---|---|
| 2014 | 491.2 | 29.5 | 2.1 | 27.4 | 73.7 | 4.9 | -41.4 | 0.82 | -33.8 |
| 2015 | 564.9 | 33.9 | 2.4 | 31.5 | 84.7 | 5.6 | -47.6 | 0.76 | -36.3 |
| 2016 | 649.7 | 39.0 | 2.7 | 36.3 | 97.5 | 6.5 | -54.7 | 0.71 | -39.0 |
| 2017 | 747.1 | 44.8 | 3.1 | 41.7 | 112.1 | 7.5 | -62.9 | 0.67 | -41.9 |
| 2018 | 859.2 | 51.6 | 3.6 | 47.9 | 128.9 | 8.6 | -72.3 | 0.62 | -45.1 |
| 第二阶段残值 | 859.2 | 51.6 | 3.6 | 47.9 | 71.3 | 71.3 | 684.9 | 0.62 | 426.5 |

| 第一阶段现金流的贴现值 | -256.7 | 公司内在价值 | 169.1 | 营业收入增长率 | 15% |
|---|---|---|---|---|---|
| 第二阶段公司残值的贴现值 | 426.5 | 普通股数量 | 18.1 | 投资比率 | 15% |
| 超额有价证券 | 50.7 | 每股价值 | 9.3 | 折旧比率 | 1% |
| 公司总价值 | 220.5 | 贴现率 | 7% | 税率 | 7% |
| 长期负债 | 51.4 | 营利利润率 | 6% | 营运资本变化比率 | 0% |

在估值中我们会发现象双汇财务比较稳健，各种指标比较容易预测，但雨润的估值难度很大，雨润的每年新投资比例较高，在第一阶段的现金流为负值，这也是其内在价值较低的原因。我们的估值是假定公司的财务报表是真实的，通过对企业的估值能够帮助我们理解企业的价值，对企业的分析也更容易区分财务的真实性、利润的含金量。

## 八、利用相对估值法进行估值

双汇的 PB 约为 10，PE 大于 50，按 2010 年的业绩 PE 为 38，明显高估，利用 PEG 指标考量也高了。雨润的 PE 约为 10，PB 为 1，看似便宜，但利润有近一半为营业外收入。两家公司与国外同类企业对比，美国的上市猪肉加工企业泰森、史密斯 PE 约为 14，PB 约为 2，双汇和雨润并不便宜。

## 九、投资的决策

对比价格与内在价值，按照价格打 5~7 折的安全边际要求，双汇在瘦肉精事件前股价是 90 元，事件后股价跌到 50 多元，2011 年底股价约为 70 元，与评估的内在价值 59.6 元比较，双汇当时并不便宜。雨润食品股价从 30 多元跌了 10 元，与内在价值 9.3 元相比，也不符合安全边际要求。

## 十、2012 年之后的情况

双汇发展收购双汇集团的同业资产，股本增加一倍，双汇 2012 年年报基本情况：公司生产高低温肉制品 155.13 万吨，同比 2011 年增长 6.4%（按照可比口径），共 230 亿元，增长 12.27%，毛利率 22.59%，其中高温肉制品 137 亿元，增长 16.67%，毛利率 24%；低温肉制品 93 亿元，增长 6%，毛利率 20%。屠宰生猪 1141.86 万头，同比 2011 年增长 14.1%，收入 154 亿元，增长 14.6%，毛利率 10.5%；2012 年实现营业收入 397.05 亿元，同比增长 10.81%；实现利润总额 39.11 亿元，同比增长 110.28%；实现归属于母公司股东的净利润 28.85 亿元，同比增长 116.25%。2012 年新增投资 12 亿元，折旧 6 亿元。

雨润 2012 年的基本情况（以港币计）：公司生产高低温肉制品共 27 亿元，其中低温 23 亿元，下降 29%，毛利率 17%；高温肉制品毛利率 13%。屠宰生猪 1060 万头，收入 210 亿元，下降 14.5%，毛利率 -0.3%；2012 年实现营业收入 267.05 亿元，实现净利润总额 -4 亿元，政府补贴 8.9 亿元，公司存货 16 亿元，固定资产 145 亿元，投资 22 亿元，折旧 5 亿元，贷款 36 亿元。

双汇年报超过预期，由于双汇已经从瘦肉精事件中恢复，其核心竞争力为肉制品的护城河。雨润的年报超乎想象的差，主要原因可能是：公司主导产品屠宰冷鲜肉无护城河，公司以前靠政府补贴和负商誉大幅 "盈利" 模式不能继续。雨润能否恢复还要看行业整体情况、屠宰利用率能否提高、公司在肉制品上能否有作为。"低温肉制品的领跑者" 的低温营收只有双汇的 20%。高低温肉制品收入只有双汇的 10%（2012 年市值也只有双汇的 10% 也许有道理）。在估值中双汇的可预测性较强，雨润的预测偏差，雨润经营会有更大的不确定性，也可以看出雨润并不是便宜货，2011 年 10 元买入是接落下来的飞刀。

## 十一、随后几年发生的情况

瘦肉精事件冲击后双汇得以恢复，但是肉制品特别是高温肉制品系列增长变慢，冷鲜肉销售中由于同质化严重利润情况一直不好。其老大地位仍然不容撼动，市场稳中有升，但成长性显然变慢。雨润食品由于赚钱的高温肉制品、低温肉制品萎缩，屠宰利用率仍然很低，母公司出现危机，对雨润产生巨大冲击，公司经营也出现亏损。

双汇 2017 年营业收入为 506 亿元，利润为 43 亿元，双汇的营业收入、利润增长低于原来预测的 15%，但由于其品牌等的护城河和产品的定价权，使利润率不断提高。2018 年 10 月股价为 23 元，考虑股本扩张因素，复权后与 2011 年的股价基本相同，当时买入时每年能有 4% 的分红收益。这也说明投资好公司还要有好价格，优秀的成长股其股价经常比较高，可以说市场通常是有效的，只有较短的时间段是低估的，这也是好公司出现暂时坏消息买入的原因。雨润 2017 年营业收入为 120 亿元、利润为亏损 20 亿元，比营业收入下降更快的是其股价，从当时的 10 港元降到了 0.6 港元，降低了 94%，以最高 30 港元计降低了 98%。

从两家企业对比案例中，我们可以看出：双汇算是优秀公司，但保持长期快速成长不易。雨润食品经营状况每况愈下，但从 2011 年年报中可以看出端倪，聪明的投资者有充分的时间回避。

# 启 示

两家公司都是曾经的成长型公司，备受青睐，但成长型公司持续很难，特别是在行业天花板到来后。投资者在投资成长股的一定不能仅仅局限于之前的历史，否则会落入"成长"的陷阱。

对企业进行价值分析时，不能仅凭财务报表，要对公司的业务、产品进行综合分析，有时很有必要对公司进行实地考察，防止踩到"地雷"。

远离不诚信的公司。发现公司有虚报利润的情况，应该回避，君子不立危墙之下。投资者对企业的了解存在信息不对称现象，外部的人很难了解企业的内幕，投资者更需要有较高的敏锐性发现企业不对的地方要提早远离，我们要高度重视企业一些违反常理的做法：企业有大量的存款又去大量贷款，企业产能已经过剩还要不断扩张，企业不良资产被高价卖出等。

盲目扩张和盲目多元化常给公司带来风险。雨润食品的风险来自公司产能利用率很低仍然进行扩张，并购不营利企业常是以后的负担。当有人问此问题时，公司领导人寄希望于国家对屠宰场进行整合，显然公司是不负责任的说辞。雨润食品的母公司雨润集团盲目扩张到多领域，风险会传递到上市公司。

管理层的利益必须与上市公司一致，管理层为股东着想。两家公司原来存在同业资产，双汇后来解决了，但雨润始终存在这样的问题。上市公司之外有太多的同业资产，给企业调整利润埋下伏笔，也经常让管理层三心二意。

有不少公司的资本支出远远高于利润，这样的公司未必是真赚钱的公司。如果资本支出长年保持高位，但营业收入、利润不见增长的公司更值得怀疑。

在财务分析中我们讲到，新增投资常是不少利润造假公司自圆其说的手段。包括一些公司如建筑企业长年有大量的研发支出，但公司利润率仍然不高，收入不增长，这说明其研发支出并不一定真正用在研发，最起码说明其研发效率不高。

# 第二节　周期性企业：火力发电公司

火力发电属于公用事业类公司，公用事业类公司也是价值投资者的选择之一。火力发电由于煤价波动，使发电成本大幅变化，但国家对火电上网电价并没有同步调整，这使火电企业呈现周期性行业特点。

煤炭价格从 2003 年开始上涨，每吨从 100 元、200 元涨至 2007 年、2008 年的 1000 多元。2008 年经济危机，煤价大幅下跌，国家出台刺激政策后煤价 2009 年出现报复性反弹至 1000 元，但此后小幅下跌。2012 年煤炭行业出现急剧变化，之前到处买不到煤，变成到处是煤：国产的，澳大利亚、印度尼西亚、美国、越南等国进口的。煤炭一路下滑，2014 年、2015 年跌到 400 多元/吨，最低时 300 多元/吨。2007~2012 年，煤炭在高位，国家为了控制物价上涨，火电上网电价很少调整，煤电联运机制并没有真正实行，火电整个行业出现亏损，五大发电公司只能靠水电、核电利润来弥补，火电相关上市公司微利或微亏。煤炭企业与火电企业每年底确认来年煤炭价格，但 2012 年中，煤炭价格突然从年 800 多元/吨降到年中 600 元/吨，火电行业最高时 70% 的成本来自燃料，煤价下跌给火电企业带来机会，后来几年的低煤价，火电行业持续保持较好利润。2016 年，煤炭行业在国家去产能政策作用下，2016 年中煤炭价格从 400 元/吨跃升到年底的 600 元/吨，到 2018 年煤炭在 600 元/吨上下波动（煤炭价格的变化见图 7-4）。

五大发电公司是前一轮电力体制改革的结果，国家将主要发电企业（火电、水电）分别组成 5 个集团。5 大集团在全国快速跑马圈地，发电装机容量占全国 70%，火电占比更高，在前面我们提到过这种扩张模式。这五家集团下属的主要上市公司分别有华能国际、国电电力、大唐发电、华电国际、中国电力，这些上市公司集中 5 大发电集团主要火电、水电资产，其中华能国际、华电国际、大唐发电在上海、香港两地上市，国电电力在国内上市，中国电力在香港上市。发电企业从 2007 年开始日子都不太好过，民营、外资企业把自己的火电厂转让给五大发电公司。2011 年，由于火电连年微利、亏损，这几家企业股价很低，特别

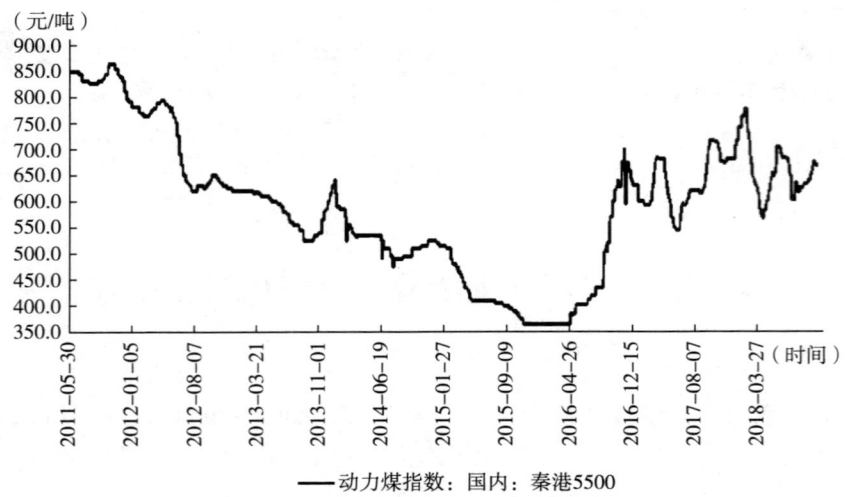

图 7-4  秦皇岛煤炭价格：山西优混（5500 大卡）

是 H 股的价格更低，2011 年底 PB 都小于 1，2011 年中，华电国际 H 股创历史新低 0.97 港币，到 2011 年底股价为 1.5 港币，该股的 PB 约 0.5，H 股只有 A 股的 30%，每年的营业收入是 500 亿元，总市值是 100 亿元，市销率为 0.2（四家火电企业 2011 年和 2018 年的情况见表 7-3）。

表 7-3  四家火电企业 2011 年和 2018 年的情况

|  | 华能国际 | 大唐发电 | 华电国际 | 中国电力 |
|---|---|---|---|---|
| 2011 年四家公司的情况 | | | | |
| 股价（2011 年 12 月 30 日，港元） | 3.26 | 2.57 | 1.5 | 1.82 |
| 公司总股本 | 140.5 | 133.1 | 73.7 | 55.5 |
| 公司市值 | 458.03 | 342.07 | 112.8 | 101.01 |
| 2011 年营业收入 | 1334 | 723 | 542.0 | 160 |
| 利润 | 11.8 | 19.7 | 0.7 | 11 |
| 每股收益 EPS | 0.08 | 0.15 | 0.0 | 0.19 |
| 股息 | 0.05 | 0.11 | 0.0 | 0.08 |
| 公司净资产 | 876 | 521 | 163.0 | 131 |
| 市盈率 | 38.82 | 17.36 | 161.09 | 9.18 |
| 市净率 | 0.52 | 0.66 | 0.69 | 0.77 |
| 市销率 | 0.34 | 0.47 | 0.21 | 1.22 |

续表

| | 华能国际 | 大唐发电 | 华电国际 | 中国电力 |
|---|---|---|---|---|
| 销售利润率 | 0.88% | 2.72% | 0.13% | 6.88% |
| 净资产收益率 | 1.35% | 3.78% | 0.43% | 8.40% |
| 股息率 | 2% | 4% | 0% | 4% |
| 2011 年第一季度有息负债 | 1303 | 1413 | 894 | 252 |
| 2012 年第一季度有息负债 | 1473 | 1600 | 1006 | 269 |
| 2011 年财务费用 | 80 | 70 | 50 | 13 |
| 2018 年四家公司的情况 | | | | |
| 2018 年 11 月 2 日股价（港元） | 4.5 | 1.8 | 3 | 1.62 |
| 市值 | 706 | 333 | 300 | 159 |
| 市盈率 | 39 | 16.3 | 57 | 16.6 |
| 市净率 | 0.71 | 0.6 | 0.59 | 0.46 |
| 市销率 | 0.35 | 0.31 | 0.3 | 0.6 |
| 股息率 | 2.67% | 6.10% | 0.66% | 6.17% |
| A 股与 H 股差价 | -39.80% | -52% | -37% | |

## 一、对四家公司进行具体分析

四家公司中中国电力水电占比超过 20%，其他三家主要是火电，其他形式发电比例很小。大唐发电正在新建两个煤制气项目，但没有产生收入。四家公司重资产、高负债，负债率甚至超过 80%。三项费用中财务费用是大头，管理费用不高，销售费用接近于零。负债率高，发电企业是给银行打工的，从表 7-3 中也可以看出，华能、大唐、华电的财务费用分别为 80 亿元、70 亿元、50 亿元，大唐发电 2011 年第一季度到 2012 年同期有息负债增加近 187 亿元，按 6% 利率计算，年财务费用增加近 11 亿元。在生产环节，成本的近 70% 是燃料成本，其他人工成本、折旧费相对稳定。电卖出去后与电网结算，应收账款不高。这些年营业收入、装机容量增长率都很快，但销售利润率不高，净资产收益率 ROE 也较低。

通过分析我们知道，影响每家发电企业利润最主要的因素主要有几个方面：燃煤成本、财务费用、电价，其中电价由国家调控，每半年、一年如果煤炭变化超过一定幅度，就会调整一次，电价变化的频次较低。我们就将煤价变动、财务费用作为影响火电利润的主要因素。我们可以进一步建立煤价、财务费用与企业利润之间的数量关系，以便于建立投资逻辑，假设：

其一，四家公司全部业务为火力发电（其实中国电力有较多的水电、大唐发电有较多的煤化工）。

其二，公司的燃煤成本占收入的70%，燃煤中40%合同煤（全年价格不变）、60%市场煤（也可以从各公司的财务报告中，找到燃煤的具体情况）。

其三，公司的2012年负债和2011年负债为当年第一季度末的数据，2012年第一季度的收入中电价已经调整、煤炭价格变动较小。

其四，公司增加财务费用会使业绩等额下降，2012年增加的财务费用为增加有息债务总额乘以5%。

其五，公司只有煤价和负息债务总额两因素变动，其他包括电价等内外因素不发生变化。

其六，煤价变化10%、20%、5%，指全年的平均价格。

其七，中国电力的数据由港币按0.82汇率兑换为人民币，中国电力没有季报，数据采集有变化。

表7-4"煤炭价格变化对四家公司利润和每股收益的影响"中列出在煤价的不同情况下，几家利润在煤价下跌10%、20%、5%的不同假设条件下利润和每股收益EPS的变化。结论：煤价下跌对火电业绩影响很大，华电国际、华能国际、大唐发电、中国电力在煤炭下降5%时，EPS分别增加0.09元、0.13元、0.05元、0.04元；下降20%时，EPS分别增加0.61元、0.71元、0.40元、0.21元，其中影响华电国际和华能的弹性较大。债务总量的增加会使财务费用增加，利润减少，其中大唐发电债务增加较快。

**表7-4　煤炭价格变化对四家公司利润和每股收益的影响**

| | | 营业收入 | 2012年第一季度有息负债 | 2011年第一季度有息负债 | 财务费用增加 | 市场煤成本 | 利润增加（煤价因素） | 利润变化 | EPS变化 |
|---|---|---|---|---|---|---|---|---|---|
| 煤炭价格降10% | 华电国际 | 600 | 1006 | 894 | 5.6 | 252 | 25.2 | 19.6 | 0.27 |
| | 华能国际 | 1300 | 1473 | 1303 | 8.5 | 546 | 54.6 | 46.1 | 0.33 |
| | 大唐发电 | 750 | 1600 | 1413 | 9.35 | 315 | 31.5 | 22.15 | 0.17 |
| | 中国电力 | 140 | 269 | 252 | 0.85 | 58.8 | 5.88 | 5.03 | 0.10 |
| 煤炭价格降20% | 华电国际 | 600 | 1006 | 894 | 5.6 | 252 | 50.4 | 44.8 | 0.61 |
| | 华能国际 | 1300 | 1473 | 1303 | 8.5 | 546 | 109.2 | 100.7 | 0.71 |
| | 大唐发电 | 750 | 1600 | 1413 | 9.35 | 315 | 63 | 53.65 | 0.40 |
| | 中国电力 | 140 | 269 | 252 | 0.85 | 58.8 | 11.76 | 10.91 | 0.21 |

续表

| | | 营业收入 | 2012 年<br>第一季度<br>有息负债 | 2011 年<br>第一季度<br>有息负债 | 财务费用<br>增加 | 市场煤<br>成本 | 利润增加<br>（煤价<br>因素） | 利润变化 | EPS 变化 |
|---|---|---|---|---|---|---|---|---|---|
| 煤炭价格降5% | 华电国际 | 600 | 1006 | 894 | 5.6 | 252 | 12.6 | 7 | 0.09 |
| | 华能国际 | 1300 | 1473 | 1303 | 8.5 | 546 | 27.3 | 18.8 | 0.13 |
| | 大唐发电 | 750 | 1600 | 1413 | 9.35 | 315 | 15.75 | 6.4 | 0.05 |
| | 中国电力 | 140 | 269 | 252 | 0.85 | 58.8 | 2.94 | 2.09 | 0.04 |

## 二、投资逻辑的建立

煤价跌 20%时，华能和华电每股 EPS 分别增加 0.71 元、0.61 元，2012 年第一季度报出来时煤价已经快速下跌近 20%，华电股价不到 1.5 港元，华能约 4.2 港元，特别是华电相对于预期收益市盈率 2 倍多一点，如果按市场整体市盈率 10 倍，大致知道 2012 年以后其股价会到 6 港元以上，与股价 1.5 港元对比，有 3 倍以上的升幅，可以得出购买华电国际有较高的安全边际，可以买入该股。其他三家公司的估值也不高，同样具有比较高的安全边际。

## 三、跟踪、验证阶段

跟踪煤价、有息负债、电价以及三因素引起的利润变化，并与预测情况对比，最终判断投资决策的正确性。跟踪煤价的变化，应该注意的是，五大发电公司的电煤是长期协议，煤价对利润的影响具有滞后效应。我们在上述量化预测中，没有将电价因素纳入其中，电价是由政府定期进行调整的，跟踪电价调整，电价每度每次一分钱左右，几家公司都会公布。上网电价从 0.4 元/度调至 0.39 元/度，营业收入降 2.5%，利润降低约 10%，电价变化我们可对上述预测的结果进行适当调整。在跟踪过程中，如果煤价变化、有息负债、电价的变化与预测的走势相反，证明原来假设的数量关系是有问题的，应该重新审视投资的逻辑，必要时进行仓位调整。2012 年后的实际情况是：2012 年中，煤炭价格开始下跌，从年初的每吨 800 元降到了 600 多元，降幅约 20%，由于季度利润有滞后性，2012 年底、2013 年业绩基本上符合预测。2013 年、2014 年煤价降到了 550 元，2015 年初煤价又大幅下降，降到了 400 元的水平。火电行业也进入"好时代"，利润保持在高位并不断提高。股价的变化情况：华电国际从 2012 年中的 1.5 港

元，一直盘整上升到 2015 年的 9 港元多，这时上涨 4~5 倍，华能国际从 4 港元
多到 11 港元，上涨 2 倍，中国电力从 1.5 港元涨到了 6 港元多，上涨 3 倍，大唐
发电从 2.8 港元涨到最高 5 港元，涨幅约 1 倍，大唐发电主要是由于投资几百亿
元的煤化工项目出现了问题，其经营和股价都不是太好（见图 7-10：华能国际、
华电国际、中国电力的价格变化对比）。三家在香港和内地同时上市的公司，虽
然 A 股股价一直高于 H 股，但在这一煤价下跌的周期中，A 股股价也有充分的
表现（四家公司的 K 线图，华电国际 AH 价格比，见图 7-5~图 7-9）。

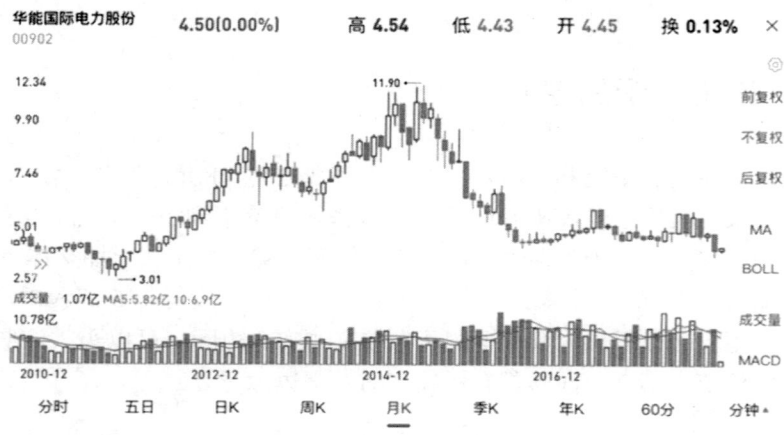

图 7-5　华能国际股价走势

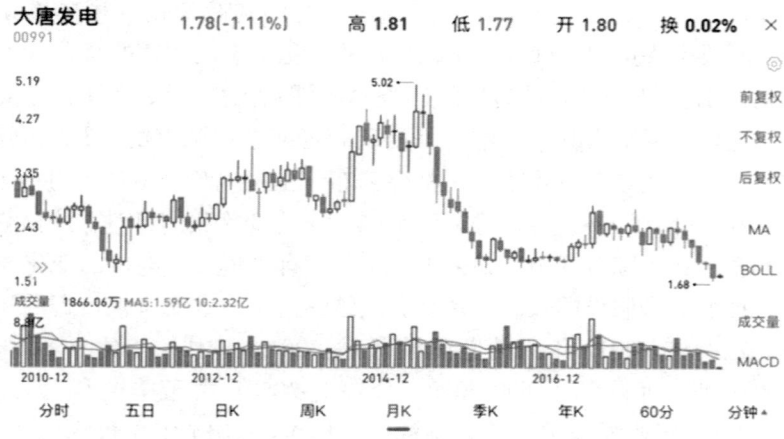

图 7-6　大唐发电股价走势

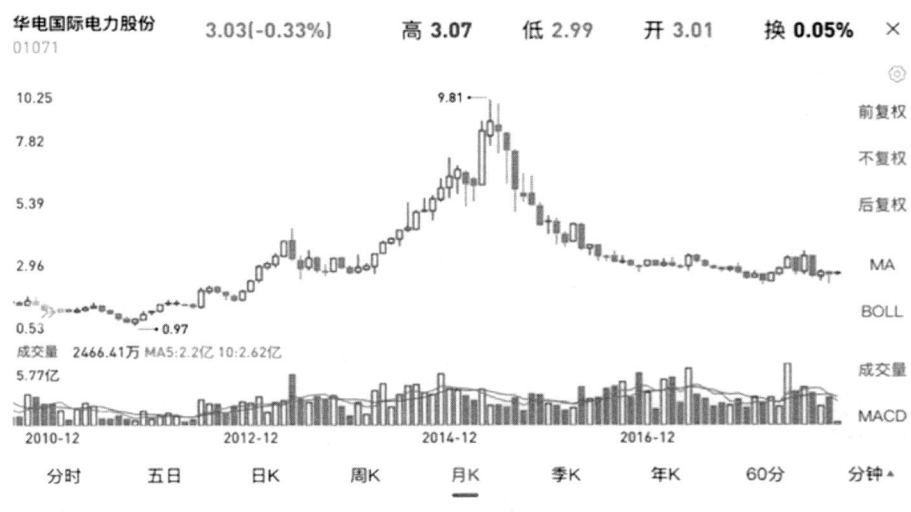

图7-7 华电国际股价走势

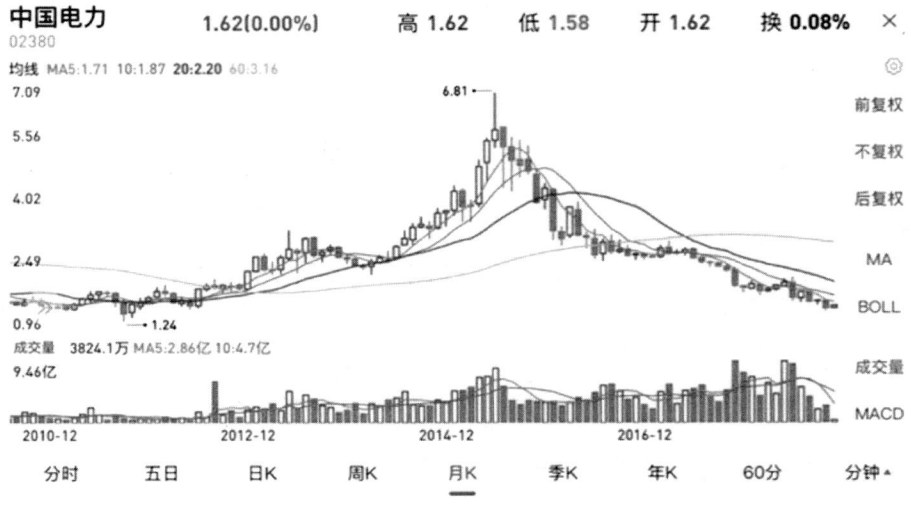

图7-8 中国电力股价走势

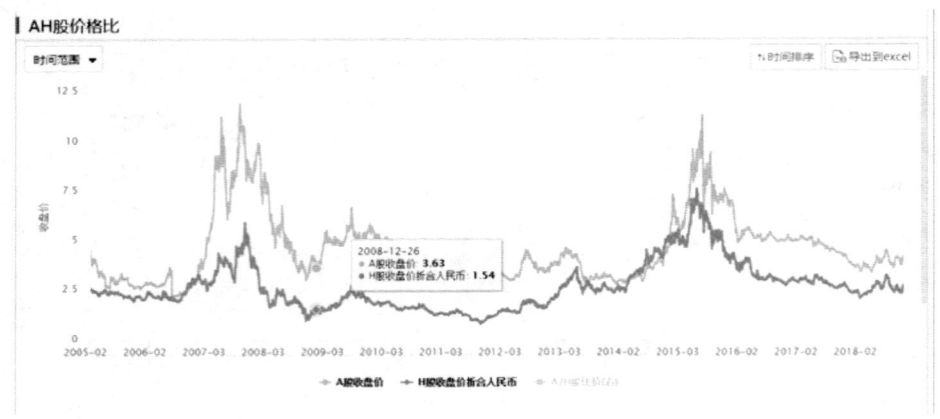

图7-9　华电国际AH价格对比

图7-10　华能国际、华电国际、中国电力的价格变化对比

## 四、对周期性行业的进一步探讨

投资周期性行业要找出发生周期性变化的主要因素。发电行业发生变化的最主要因素就是煤炭的价格。煤炭行业是典型的周期性行业，该行业与中国宏观经济一路高歌猛进10年，这一行业不可能一直处于景气度高点，价格快速上涨，

赚钱效应使越来越多的资本进入该行业，也使产能大幅提升，物极必反，这都为煤炭价格下跌埋下了种子。2015 年煤价回到了 300 元，使整个煤炭行业进入寒冬。后来由于国家的各种政策综合施行，淘汰了大量落后产能，再使该行业重新赚钱，"几家欢喜几家愁"，火电企业日子又越来越不好过。

要找到业绩弹性最大的企业。在四家火电公司的案例中我们可以看出，华电国际在行业变化中其业绩变化最大，其股价涨幅也最大，如果你投资了大唐发电收益其实也就是大盘的平均数。几家公司的市净率都在 0.5~0.6，业绩变化差别怎么这样大？其实反弹幅度通常要看市销率，华电国际的市销率只有 0.21，华能国际、大唐电力的市销率分别为 0.34、0.47，中国电力由于有很多水电资产不具有可比性。我们在周期性行业介绍中已经讲到市销率低的业绩反弹力度大，其背后的原因：行业不好时，企业的情况与管理、资产等有关系，好的企业会稍有盈利，差的企业会亏损；行业反转时，由于周期行业的产品没有差异性，利润率接近，这时销售收入高的企业利润也高。

投资周期性行业买入的时机。最关键的是判断行业的基本面变化的可能性、何时会变化、行业变化时企业的业绩变化幅度。如果这些问题考虑好了，投资的时机问题应该迎刃而解，早一点儿晚一点儿买卖也就不重要了，你也不会再纠结于股价的微小变化。长远的事情看清楚了，你也就不会为当前的事情挖空心思，反过来，你过于在乎眼前的常会影响你看清更长远的。价值投资重要的是你的前瞻性、预见性，巴菲特看的是 10 年后的企业，投资常是 10 倍的收益，所以对股价的短期波动不会太在意。

周期性公司的基本面改善与证券市场的牛市叠加效应可能导致公司股价发生几倍甚至十多倍的变化。2007 年的券商类股票、煤炭行业股票的大幅上涨也是两种因素共同作用的结果。2017 年的煤炭、钢铁行业的基本面有所改善，但股价涨幅并不是很高，与证券市场的整体情况有关。

投资周期性公司要进行必要的量化分析才能有的放矢。对周期性公司的估值，利用贴现法并不太适用，因为你在使用贴现法时必须跨越行业的周期。在发电行业的例子中我们预测行业景气时公司的利润，与现在的股价进行对比，能够大致知道投资安全边际，这是一种实用的方法。

影响周期性行业的因素、周期性公司的基本面和股价三者的变化并不同步，这给关注基本面的价值投资者留下了空间。我们跟踪的煤价变化早于火电公司基本面和股价的变化，给投资买入充分的时间。

2018 年火电公司的情况。我们在表 7-4 中列出了四家公司 H 股 2018 年的市净率、市盈率、市销率的数值，四家公司的市净率在 1 以下，中国电力市净率不到 0.5，华电国际、大唐发电的市净率约 0.6。三家公司的市销率在 0.3。火电是否又到投资时？火电公司的股票价格并不贵，决定投资时要进一步搞清楚：①煤炭价格的走势。煤炭价格 2016 年拔地而起，秦皇岛 5500 大卡的煤炭价格很快到了 600 元/吨，一直持续到 2018 年，这次煤炭价格的上涨有市场作用的结果，但主要是政策作用的结果，政策及其效果更难预料。但有一点可以肯定：煤炭价格不可能再涨，何时跌还有待判断。②多种发电形式正在对火电企业进行替代。我国的核电、风电、光伏、水电这几年上升速度很快，电力整体上还是过剩的。③竞价上网的"市场电"比例越来越高，这会对火电公司产生影响。当然最主要的还是煤炭价格的变化，现状是"煤炭行业好不到哪儿去了，火电也差不到哪儿去了"。还有一点可以肯定，这一次火电行业的反转肯定不会有上次幅度大。

# 投资火电股日志

笔者关注火电行业很多年，2011 年开始建仓，2012 年与朋友交谈中确认煤炭价格下跌，对煤炭价格影响火电企业利润进行深入分析包括量化分析，又进一步加大仓位，主要投资香港上市的华电国际、中国电力、大唐发电。正如预期，2012~2014 年火电行业的基本面发生了改善，又赶上 2014~2015 年牛市，火电企业有不错的表现。2013 年、2014 年进行了减仓，火电投资取得了不错的收益，其中华电国际收益约 2.5 倍。将原来的投资笔记进行整理，还原投资的心路历程，将整个操作过程原汁原味地展现出来。

2011 年 10 月 12 日

华电国际（1071）H 股是否具有投资价值？华电国际 H 股又创历史新低 0.97 港币，现在是 1.14 港币。该股的 PB 不到 0.5，H 股股价只有 A 股的 30%，每年的营业收入是 500 亿元，总市值是 77 亿元。火电行业已经是数年的低谷，2010 年提出电价改革，由于物价上涨的因素，一直没有推行。

华电国际和大唐发电、华能国际等火电都面临同样的问题："市场煤"不断涨价，"计划电"的价格上涨幅度跟不上，夹在煤炭企业和电网公司中间受气，其实华电国际这两年是亏损的，财务报表调整后是微利；高资产负债率，超过 80%，利率提高，发电企业是给银行打工的；几年来大幅度扩张，发电有可能过剩。

这个行业多年的低谷是否会有转机，可能取决于两个因素：第一，多年一路狂奔的煤价是否会掉头，房地产以至于中国经济增速放慢后，对煤炭的需求是否会减少。第二，国家对电价是否进行市场化改革，低电价是中国对高耗能企业、出口企业的一种补贴，这不利于中国经济的转型。

股价是便宜了，还要等待行业的复苏和市场的认可。

2012年1月5日

港股投资与2011年资产总值相当（同期恒生指数和国企指数分别下跌了20%、23%），主要重仓火电股为中国电力和华电国际，火电已经在低谷几年了，由于政府对电价的限制和煤价的高企，如果持续下去，火电会受不了。物极必反，如果政府提高电价和降低煤价的双重效应共同来到，对火电会有几年好光景。如果两重效应不能同期而至，火电的情况也坏不到哪儿去了，拿住这两只股票还是比较放心的，也比较有耐心。

2012年6月11日

煤炭价格的变化与火力发电的机会。最近与几个煤厂的朋友见面，他们正为销煤而发愁："直接从爷爷的地位，回到了孙子。"工厂和码头是煤满为患，下游企业逐渐强势，煤厂与电厂的话语权发生了变化。

中国煤炭价格已经连续上涨了10多年（2008年短暂下跌），中国煤产量已经到了35亿吨，是世界的一半，每年还要进口上亿吨。其在河南省、山西省等产地的价格从100元涨到700元。煤价的十年上涨与中国固定资产的高增长、房价的猛涨、中国宏观经济的增长有关，也与世界石油价格的上涨有关。

十年一个轮回。煤降价的原因是什么？高价格刺激煤产量不断提高，中国宏观经济主要是以房地产为代表的钢铁、水泥经济正在转型，国际能源价格下跌。煤矿产生暴富的神话正在被打破。

火力发电企业前些年在高负债、"市场煤计划电"的重压下，已经痛苦不堪，发电厂也变成了会哭的孩子，但是政府为了大局、民生、消费者价格指数CPI，并没让电价同燃油价格那样飞涨。电厂的日子很艰难（每年负担的利息比利润高得多，也是银行的"打工仔"），有外部原因，也是企业高负债扩张的结果。

发电企业的业绩逆转只能寄希望：电价上涨和煤价格下跌。电价2011年已经涨过，煤价下跌对电力行业会是利好。港股中的发电企业华电国际与中国电力最近已经上涨不少，还远远低于净资产，还会有不少机会。

2012 年 6 月 25 日

今天再次买入大唐发电（HK0991）。火力发电行业和煤炭行业此消彼长，发电行业正处在大周期的拐点，应该有几年的好日子，这是由中国宏观经济形势决定的，煤炭价格与基础设施投资、房地产、重化行业高度相关，这些行业正在变化，引起了煤价变化。从短期来看，火力发电企业的 2012 年中报业绩会好转，如果煤炭价格走势不改变，第三季度的报表会亮丽。笔者在香港市场主要持有华电国际和中国电力，今年表现不错。近期上涨幅度较大，大唐发电上涨较少，今天将 10% 的剩余资金全部买入了大唐。

煤炭价格下跌、电价 2011 年底的上调、银行降息对电力股是利好。可能存在的风险：①国际市场煤价上涨、政府刺激和房地产上升会带动煤炭价格重新上涨，现在看国际市场不支持煤价上涨。②煤炭大幅下降，会使国家调整上网电价，时间窗口在年底。③经济下滑使发电量减少，影响到电厂发电量。这个对业绩的影响不会太大。④A 股、H 股大盘下跌拖累火电股。第三季度出季报，是进一步观察的窗口。

投资香港市场几年，成功投资个股如上海石化、仪征化纤、国航等，全是行业自身反转过程中的机会。感觉现在电力行业处于行业反转的拐点，应该有不错的行情。

2012 年 8 月 1 日

煤炭价格和债务影响了华能国际、华电国际等火力发电公司业绩的定量分析。煤炭价格从 5～6 月开始大幅下跌，对火力发电企业利好。煤炭价格下跌 5%、10%、15%，华能国际等公司会增加多少利润？另外，火力发电企业全是高负债企业，总资产负债率超过 75%，每年给金融部门创造的利息比净利润高得多，有息负债（短期贷款、长期贷款、债券等）的总额、利率对公司的业绩影响也很大。我们对煤价和有息负债总量两个主要因素对公司业绩的影响进行定量分析（定量分析过程略）。结论是，煤炭价格变化对火电企业的利润产生很大的影响，其中华电国际的弹性最大。

2012 年 12 月 31 日

2012 年小结。香港恒生指数从 19441 点到 22656 点，上涨 16.5%，笔者的 H 股收益约为 40%，持股基本不变。在投资中学习了不少新知识，感觉收获很大。2013 年持股不会发生太大变化，火力发电预期不变。

2013 年 5 月 3 日

2013 年煤炭价格和有息债务影响了火力发电公司的定量分析。煤炭价格从 2012 年 5~6 月第一季度开始大幅下跌，对火力发电企业利好。2013 年第一季度煤炭价格同比下跌 20%，各火电公司的利润第一季度季报大幅提升。如果下半年煤价发生变化，华能国际等公司的利润会变化多少？我们对煤价和有息负债总量对公司业绩的影响进行定量分析（分析过程略）。若煤价 2013 年下半年环比下降 10%，预估 2013 年华电国际、华能国际、大唐电力、中国电力每股利润分别为 0.61 元、1.03 元、0.35 元、0.17 元。

2013 年 9 月 21 日

华电国际等电力行业的未来趋势。华电国际、大唐电力等火电行业的拐点从 2012 年下半年已到来，2013 年下半年煤炭又同比下降 10%，与笔者此前预测的一种情况接近，当时预测华电在电价不变的情况下，每股收益会超过 0.6 元。不利的因素可能会降电价（煤价升的可能性较小）。电价下降时间和降幅很难预测，可能会在年底或明年，但第三季度的报表会很好看。营业利润率会到 6%~8% 的社会平均利润率。行业拐点，也是最值得深入研究的。电价马上降，行业会稳定；电价晚降，电力 2013 年业绩会达到高点，然后回落并稳定。电价调整是多方博弈的过程，很难判定。可以确定的是，火电的苦日子已过去，好日子会持续一段时间。

还有一种好的预期，电价降后煤炭继续降，这对电力也会利好。这种可能性是有的。

2014 年 4 月 16 日

2013 年投资小结。2013 年市场整体情况：香港恒生指数上涨 2.9%。2013 年笔者的 H 股收益约为 15%，持股基本不变，华电国际、大唐电力、中国电力。煤炭价格仍然会低位运行或降低，火电企业的利润会提高。火电企业的机会是周期性的机会。

2014 年 7 月 18 日

华能国际、华电电力等火电企业 2014 年上半年利润预测。2014 年影响火电企业的因素是煤价下跌、设备利用小时、容量增加等。最主要的煤炭成本，秦皇岛煤炭价格从年初的 610 元到现在的 506 元，2014 年第一季度的平均价格约为 568 元，第二季度的价格为 525 元，第二季度比第一季度的价格下降了 7.5%。

我们可以以第一季度利润为基础，再加上煤炭价格下降增加的利润，预测第二季度和上半年的利润。预测隐含的假设条件：煤成本是影响利润的唯一条件，第一季度的利润是真实的，少数股东的权益为30%，企业用煤全部是以秦皇岛为基础的市场煤。预测结果是预估2014年上半年华电国际、华能电力、大唐电力、中国电力每股利润分别为0.38元、0.59元、0.17元、0.09元。

### 2015年1月4日

2014年投资小结及对火电相关行业的分析。2014年H股账户收益为75%，今年整体上跑赢了大盘。H股的主要操作和现在的仓位：2013年主要仓位是火力发电股，依次为华电、中国电力、大唐。持续关注火电已经好多年，2012年开始注意煤价的下跌，火电行业的反转。投资香港股市整体赢利，主要得益于火电行业的准确判断。当然也有很多不足：测算过程中，注意到华电在行业反转中业绩弹性最大，投资中又分散到大唐、中国电力。到2014年华电收益为2.5倍（已经兑现），中国电力为1倍，大唐只有50%。今年清仓华电，平均卖出价为5港元（最高一批为6.06），中国电力和大唐也减仓了，第三季度对航空股进行跟踪并大幅加仓，南航的成本为2.66港币，占总仓位的50%。到年底主要仓位情况：南航，中粮控股、大唐、国航、中远、中国电力等。

火力发电行业。在第四季度面临的两个不确定因素逐渐消除：电改的负面影响和煤价的上行。电改最终方案可能在发电端并不是完全的市场化竞价，对相对过剩的火电企业是好事。火电企业前些年受制于国家定价政策出现亏损，这两年和今后可能会受益于国家定价政策，享受政策红利。我认为，发电端完全放开竞争也是不太可行的，有水电、火电、风电、太阳能、核能，不同的建设成本，以价格来竞价上网确实很难推进，最终改革方案对火电没有预想的那样坏，对水电没能像预想的那样好。下半年政府和煤厂推动的煤价上涨告一段落，市场环境下，政府等人为因素只能延缓价格调整趋势，但并不能从根本改变变动方向。我认为，在大宗商品下跌的国际大背景下，2015年煤价还会继续探底。如果跌幅超过5%，火电企业的盈利会创新高。另外，华电这两年利润体现出来了，华能、国电电力总感觉有隐蔽利润的可能。火电企业国企改革和资产注入会是业绩改善的诱发因素。

对2015年两地大盘的分析和可能的操作。A股感觉会有大行情，高度和持续时间很难讲清楚，保守估计会到4000~5000点（上证指数），至少延续半年行情。不过我总认为A股的价值中枢就是2000~3000点，超过了就有泡沫的成分。

H股还是相对便宜，估计会被 A 股带着跑一阵。2014 年 H 股由火电部分转成航空股是成功的，A 股由铁路部分转成火电是失败的，多年的实践证明我在个股和行业调整上经常失误，有时不如持股不动。

# 第三节　两家运动服饰企业：
## 李宁公司、中国动向

## 一、两家企业的基本情况

李宁公司、中国动向是两家运动服饰企业，进入新千年之后，国人的消费习惯发生改变，穿着上由西服传统服饰向运动休闲服饰转变，李宁公司成为耐克、阿迪达斯国际品牌之后中国最响亮的运动服饰品牌。中国动向主要经营原意大利品牌"Kappa"。到 2010 年，李宁公司已经在全国拥有 6000~7000 家连锁店，中国动向有 2000 家。两家基本情况：2010 年底李宁公司、中国动向的市值分别为164.8 亿元、190.5 亿元，收入分别为 95 亿元、42 亿元，利润为 11.1 亿元、14.6 亿元，销售利润率为 11.7%、34.5%，两家企业的利润率很高。两家公司的净资产收益率较高，分别为 32.94%、19.47%。公司的资产负债率、流动比率也很正常。两家公司 2005~2010 年的年销售增长率分别为 31%、95%，2010 年两家公司的同比增长率下滑为 13%、7%，李宁公司的股价从 30 元跌到 16 元多，中国动向从 6 元跌到 3 元多。从估值上，市盈率 PE 分别为 14.9、13.1，对于成长率较高的公司来说也不高。中国动向的股息率 5%，也算不错。两家公司的股价已经腰斩，是不是可以投资？是高处落下的刀子，还是上涨中的回调？企业基本面有问题吗？

表 7-5　李宁公司、中国动向的基本情况

| | 李宁公司 | 中国动向 |
|---|---|---|
| 股价（2010 年 12 月 30 日） | 16.48 | 3.36 |
| 公司总股本 | 10 | 56.7 |
| 公司市值 | 164.8 | 190.5 |

|  | 李宁公司 | 中国动向 |
|---|---|---|
| 2011 年销售收入 | 95 | 42 |
| 利润 | 11.1 | 14.6 |
| 每股收益 EPS | 0.95 | 0.26 |
| 股息 | 0.38 | 0.18 |
| 公司净资产 | 33.7 | 75 |
| 负债 | 30.2 | 8.7 |
| 流动资产 | 41.7 | 50.3 |
| 流动负债 | 23.7 | 3.69 |
| 市盈率 | 14.9 | 13.1 |
| 市净率 | 4.89 | 2.54 |
| 市销率 | 1.73 | 4.50 |
| 销售利润率 | 11.7% | 34.5% |
| 净资产收益率 | 32.94% | 19.47% |
| 股息率 | 2% | 5% |
| 资产负债率 | 47% | 10% |
| 流动比率 | 1.8 | 13.6 |
| 2010 年营收增长率 | 13% | 7% |
| 2005~2010 年营收年增长率 | 31% | 95% |
| 2011 年投资 | 3.2 | 8.5 |
| 2011 年折旧 | 2.1 | 0.2 |
| 股价（2018 年 11 月 2 日） | 4.5 | 1.2 |
| 2018 年市值 | 174 | 72 |
| 2017 年营收 | 88.7 | 13.5 |
| 市盈率 | 27 | 7.7 |
| 市净率 | 2.88 | 0.61 |
| 市销率 | 1.49 | 3.46 |
| 股息率 | 1.37% | 2.50% |

# 二、企业分析

两家主要是品牌运营，产品设计后交给代工厂或自己加工生产，销售模式采取连锁经营。加盟商要交数目不小的加盟费，购买一定货物后，取得加盟连锁店资格，这些货物按一定折扣取得，加盟商按统一定价销售，年销售额达到一定数额，可以得到一定返点。两家企业的竞争力就是品牌影响力、产品竞争力。从财务上分析，企业负债不高，产品销售利润率超过10%，5年的营收年增长率超过30%。两家企业属于成长型企业，连锁模式当时也很受市场青睐，两家每年都有几百家连锁店扩张计划。进一步分析发现，如果企业基本面没问题，能按照20%的年增长，第一阶段期限为7年，内在价值采取现金流贴现模型分别为337亿元、287亿元，相当于每股为32元、5元，与2010年底的股价对比，打5~6折，可以成为价值投资标的。企业增长率成为最重要的假设条件，也是我们跟踪的重要指标。特别是中国动向店铺从2000家到6000家还有较大提升空间，能不能年增20%，就看每年开店数目，每个店年均销售额能否保持增长。从年报、公告上看问题不大，2010年的增长减缓也只是暂时的问题，公司今后还会快速增长。通过简单的实体调研，在某城市著名步行街观察发现，两家公司连锁店总是人气不旺，成交很少。步行街同类店很多：匹克、361°、乔丹、安踏、特步等，国外品牌有耐克、阿迪达斯。李宁公司、中国动向两家公司与国内产品的档次、价格差不多，人气都不旺。耐克、阿迪达斯店面更大、更多，人气更旺。看来在耐克、阿迪达斯的压力下，李宁公司、中国动向品牌定位已快速下移，成为大路货。眼睛看到的和报表情况不一样，君子不立于危墙之下，应该选择规避，不去捡"便宜货"。笔者一直关注这种差异，后来知道了大致的奥妙：这是连锁商业、经销商模式通常出现的，就是销售收入确认问题，厂家把货物转移给连锁加盟商、经销商，厂家货款也已收到，但大量货物积压在加盟商、经销商环节，并没有真正卖给消费者。有时某些货物中间环节时还会退货给厂家。中间环节虽积压，厂家财务报表的利润、收入增长很快。这种情况在很多产品的销售环节都存在：家电、酒类、服装、鞋、食品饮料等，有些食品饮料由于保质期短在中间环节的数量有限，但白酒、服装可以停留在中间环节时间更长、量更大（尤其厂家压货或年返点政策，更催生这种情况）。从表7-6"李宁公司、中国动向应收账款、存货变化"中可以看出，两家公司营业收入增长的同时，伴随着公司的是应收账款、存货的增加，当然这还不包括我们谈到的在中间环节的货物。

表7-6 李宁公司、中国动向应收账款、存货变化　　单位：百万元

| | 年份 | 2005 | 2006 | 2007 | 2008 | 2009 | 2010 |
|---|---|---|---|---|---|---|---|
| 李宁公司 | 营业收入 | 2451 | 3181 | 4349 | 6691 | 8387 | 9478 |
| | 应收账款 | 373 | 579 | 685 | 1053 | 1028 | 1613 |
| | 存货 | 290 | 350 | 513 | 651 | 632 | 805 |

| | 年份 | 2005 | 2006 | 2007 | 2008 | 2009 | 2010 |
|---|---|---|---|---|---|---|---|
| 中国动向 | 营业收入 | 148 | 859 | 1711 | 3322 | 3970 | 4261 |
| | 应收账款 | 37 | 84 | 138 | 392 | 390 | 373 |
| | 存货 | 31 | 88 | 88 | 232 | 223 | 255 |

两家企业若不能保持快速增长，其内在价值的评估值也就下来了，投资也就不再有安全边际。这也验证了提到的悖论：成长股的投资者常误入"成长陷阱"，成长股不再真正成长让你投资失败。两公司股票成为正在落下的刀子，你不能轻易去接。很多耀眼数字、宏伟计划是上市公司说的，你可以听，但有时你要去看。实地调研也是了解企业的一种方式，会让你预知一些风险及时规避。味仟拉面上市后从200~300家分店扩张到600~700家，企业计划很快就会到1000家。这是连锁经营的共同特点：快速复制。这时企业市值最高约150亿元，每股15元，PE 40~50倍，被称作中国的麦当劳，前景一片光明。笔者在上海时，看其一家店门庭若市。在武汉看了4家店中的3家，店面大、座位多，但人总是很少，后来看到一家店营业面积缩小了。华东是味仟拉面的大本营，生意好正常。武汉生意不好，有多种原因，但从侧面反映了其快速扩张中，有些新开店并不理想，应该回避！实践证明，提前回避就躲过了味仟拉面后来的"骨汤门"事件，该事件使味仟拉面的经营受到极大影响，股价到了3元，市值30多亿元。

## 三、两家企业后来的情况

2011年李宁公司的营业收入开始下降，但是利润从2010年的11.1亿元降到3.9亿元，2012年营业收入下降了30%，亏损19.6亿元，2013~2014年连年亏损。公司的股价也从2010年的16元不断下跌至2元多。后原创始人李宁重新出来主持公司大局，公司大幅削减加盟店，减少同质化产品，宣布回归体育。2017年李宁公司的营业收入接近2010年的水平，市值也与2010年差不多。中国动向情况类似：2011年开始公司的营业收入、利润、股价出现了蹦极式下跌，之后的几年公司虽然没有出现亏损，但也只是微利。公司的股价曾经跌至1元以下，直到2018年11月市值也只有70多亿元，还不到2012年的一半。

## 四、对成长型企业的再讨论

我们在前面已经对优秀的成长型公司进行了讨论，价值投资者普遍偏好投资

**图 7-11　李宁公司 2010~2018 年走势**

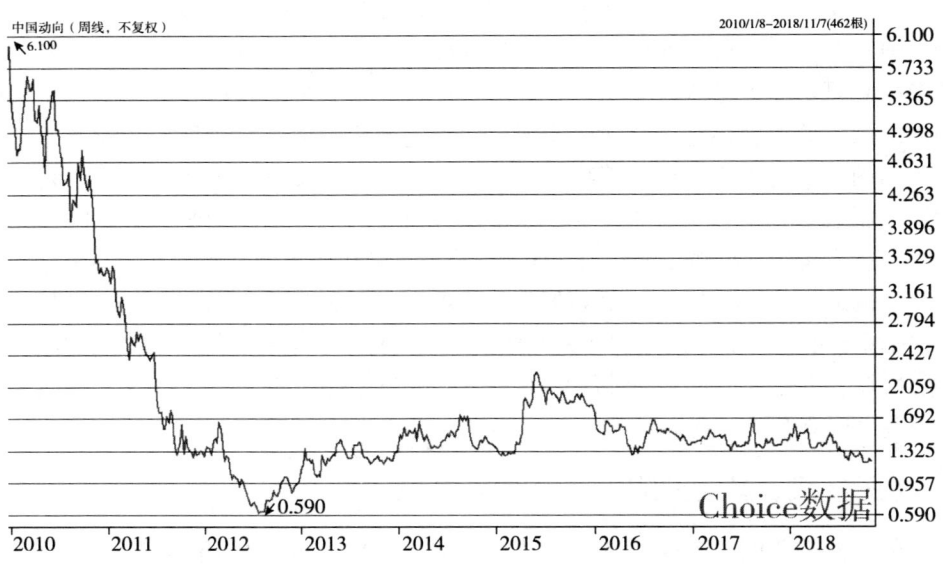

**图 7-12　中国动向 2010~2018 年走势**

成长股。我们本节的两家运动服装企业和前面的两家肉制品企业都是曾经的成长型企业。通过四家企业的案例我们知道成长型企业的高速成长是很难持续的。

## （一）真正的成长型优秀企业很少

国内外不少学者做过相关统计，能够在 5～10 年内快速增长（如超过 20%）的企业很少。前些年中国很多企业多年快速增长与中国的宏观经济形势和企业所在行业相关，其实并非企业本身的竞争力，企业只是随着水面升起的小船。由于中国证券市场长期的高估值，让上市企业主动通过增发并购方式扩张，这也是二级市场指数不涨、市值快速扩大的主要原因。上市企业如果是 100 倍的市盈率，它去并购 30 倍市盈率的资产就能摊薄其高估值，上市公司看似快速增长，也让被并购方卖个好价钱，但最终接盘的是二级市场的投资者。这种并购式增长的企业的竞争力并没有增强，只是暂时的"虚胖"。李宁公司、中国动向和前面讲过的双汇发展、雨润食品都曾经是成长型的明星企业，在证券市场上格外引人注目，但后来的实践证明，企业之前的增长并不能延续。企业的快速增长被证伪后，形成了戴维斯双杀，股价跌得更快。

## （二）真正的成长型企业具有独特的核心竞争力

企业实例给我们启示，像巴菲特所说的具有很宽护城河的企业并不多，很多护城河只是浮云。曾经的成长股所在的商业环境总是瞬息万变，企业的产品、商业模式总是不断被复制、超越。企业停止快速成长的原因有很多，李宁公司和中国动向的主要原因还是产品和商业模式同质化严重，企业的产品本身对于常常喜新厌旧的消费者来说黏性并不高。巴菲特曾经因为购买纺织企业、鞋生产企业而后悔。服装、鞋帽这类企业的流行趋势变换很快，产品、品牌并没有长久的黏性。一些高溢价、高档品牌常被其他品牌取代，或由于人们返璞归真，高价难以维持，这也是这些年优衣库、H&M 低价质优产品流行的原因。双汇、雨润增长变慢主要是企业的屠宰业务已经到达天花板，企业具有差异化的高温、低温肉制品是竞争力所在、也是企业的主要利润来源，但传统肉制品也逐渐接近天花板。当然雨润业务萎缩还有企业经营的问题。

## （三）成长型企业的内在价值评估

成长性企业的价值主要来自于其增长性。我们在近似估值法中提到的增长率，是今后 7～8 年的增长率，如果是 20% 的增长率，其市盈率可以达到 $8.5+2\times20=48.5$，但这样连续多年增长 20% 的企业很少，对企业 7～8 年内的情况能够精准预测的投资者也很少。在贴现估值中，企业的增长率也直接关系到企业的评估结果。我们在两阶段模型中，一般假设第一阶段超额收益期为 7～10 年，在前面一章，假设茅台的增长率为 16.6% 的第一阶段为 10 年，这有待于跟踪验证。在本章双汇发展、雨润食品的案例中，我们假设增长率为15%，增长期限为7年，李宁公司、中国动向的假设增长率为20%，增长期限为7年。多种原因会给企业的未来经营带来不确定性，一般高速成长3~5年后就变得不可持续，我们利用贴现模型进行估值常会高估成长速度、成长时间，这会计算出过高的内在价值，给我们的投资决策带来误导，这也是"精确的错误"带来的误导。增长率等这些假设条件在我们跟踪时，发现假设条件有问题或逻辑有问题，我们应及时调整投资，可以避免继续犯更大的错误。四家企业后来的情况都未能满足假设条件，只有双汇发展增长率虽然低于预期，但同业并购后，企业的利润率提高，才使得其实际利润与我们的估值接近。为什么人们喜欢投资成长股？在上市公司有像茅台、格力这样的优秀企业不断增长，使其投资者获得巨大回报。这些成功的投资者可能有能力和运气两方面的因素，但最后投资者总是归因于自己的能力和眼光，这些成功的投资者成为高手，被市场关注、过分解读，也使众多投资者成为追随者，去挖掘、寻找成长股。其实这样的明星企业很少，就好像影视明星被大家关注、追随，但很多人没注意到更多的人倒在了成为明星的路上，电影学院很多毕业生找不到本专业工作。成长型企业的价值来自于成长，但由于对成长的乐观估计常导致投资成长股失败。"沉舟侧畔千帆过，病树前头万木春。"但沉舟和病树大家关注较少，同样投资"成长股"失败的投资者更多，自己不会说，别人也较少关注。其实多数投资者亏损是由于投资明显高估的成长股，如果在高位投资雨润食品，最后的结果基本上归零，这时投资成长股的风险远远超过投资便宜的烟蒂股。

寻找优秀的成长企业，不能仅从企业的财务报表去分析，应更多地从企业的商业模式、产品、企业管理和企业文化上考量。对李宁公司、中国动向从产品本身来分析，企业的品牌和技术本身并无明显优势，其财务上的高增长、高利润率也是难以为继的。

## （四）如何避免成长股陷阱

格雷厄姆认为："拥有成长股的最大风险，并不在于增长会停止，而仅仅在于其增长率会放缓。"要对企业进行综合分析，发现有问题及早回避。必要时对企业进行实地调查，你更容易发现企业的变化信号。不要轻易接落下来的刀子，证券市场的股价波动幅度远超过企业本身经营的变化。选择成长股要在自己的能力圈内，对成长型公司的业务、技术搞不懂就不要去投资，坚持能力圈的原则可能会让你规避很多风险。

## 百丽为什么退市

2007 年，百丽国际控股有限公司（以下简称百丽公司）上市，之后市值最高为 1500 亿港元，最高销售收入近 400 亿港元，利润 40 亿港元，2012 年处于景气高点。2017 年 7 月 27 日，百丽公司以 531 亿港元完成私有化，曾经的行业老大选择退市，百丽公司业绩下滑的原因是什么？2007~2011 年百丽公司零售店从 3800 多家扩张到 14000 家，主要销售渠道为百货商场。电子商务不断扩大，2012 年电商规模 1.3 万亿元，同比增长 67.5%，百货商场继家电后受到电商的冲击。2014 年电商在社会总消费中的渗透率为 12%，鞋类消费渗透率为 16%。百丽公司业务进入寒冬，收入增长停滞，每年关店近 500 家，净利润又回到 2010 年 20 亿元的水平。首先是受到电商冲击。百丽公司是集鞋类、服装生产、销售为一体的综合性企业，营业扩张模式就是我们讲到的连锁经营，但这种商业模式本身有天花板，经销店铺到了 1 万多家，已经是顶点了。经销商 3 折拿货，然后 9 折卖出，一双鞋 150 多元进货，400~500 元卖出，营销环节是高利润，更易受到电商物美价廉优势的冲击。另外，一代鞋王百丽公司在生产、设计环节也落后于国外鞋类大牌，逐渐失去高端市场。鞋类作为时尚型快消商品，消费者更易喜新厌旧。百丽公司后来近一半的收入来自于运动、休闲服饰，更是充分竞争的商品，百丽公司在运动休闲服饰上并无优势。最后百丽公司在多重压力下，不得不转型，企业开始重视线上业务的拓展，但企业并不具有这方面的优势。百丽公司的情况与李宁公司和中国动向的情况十分相似。

# 第四节　两家高铁企业：中国铁建、中国北车

## 一、两家公司的概况

高铁最直接相关的有四家企业：中国南车、中国北车两家生产车辆，中国中铁、中国铁建两家建设铁路。前两家业务类同、规模类同，后两家也是这样，为了避免重复各选 1 家：中国北车、中国铁建。这四家追根求源同属铁道部，后来

分为四家，分久必合、合久必分，2015 年南车、北车合并为中国中车。

中国铁路大建设开始不久，四家公司都选在较好时机进行大规模 IPO，成为内地、香港两地上市企业，经过 300 多亿元证券市场融资，四家企业净资产翻了几倍，实力明显加强。铁路建设大提速在十一五规划中更得以体现，规划了 1.7 万千米铁路，其中四纵四横高速铁路，高速总里程 7000 千米。铁路每年投资约 7000 亿元，对建设和车辆的需求都明显增长，这一盛宴肯定少不了 4 家央企。4 家企业上市后经营情况较好，2010 年底股价也有一波不错的表现，中国北车在这一波行情中从 5 元到 10 元，铁建也从 6 元到 8 元。但后来大盘疲弱，两企业股价也大幅回落。

在 2010 年之后，股市波动，关于高铁股投资价值的争论也异常激烈。主要争论内容：中国铁路建设企业的技术门槛高不高，这么多建设项目盈利水平如何，高铁建设别的公司能做吗，铁道部唯一买家对四家公司的影响，两家建设企业下属 20 多个分局、南北车下属多个动车生产基地拼价格战，对四家公司的不利影响如何，南北车车辆生产的技术水平到底如何，高铁到底能赚钱吗，高铁在高负债压力下能持续吗，南北车、中铁、铁建谁的竞争力更强……正反方在多个网站论坛先后开战。网名"冰工厂"较出名，他力挺高铁，力挺中国铁建，他发表了很多帖子证明其论点，也对广大网民进行了高铁知识普及。但反方也越来越强大，提出对中国铁建的质疑支持中国南车。论战长达 2 年，跟帖几十万篇。正方有名气的"安泰科技老股民"，也是一位资深股民，对铁路建设很是了解，在铁建出现各种坏消息时，能理性看待，并亲自参加铁建股东大会。

网上的论战也随着我国铁路建设的推进，中国铁建、中国北车基本面的改变而发生改变。国家铁路建设十一五规划在 2010 年实施，网友看多派人气上升，2010 年下半年高铁概念有一波行情。但 2010 年中铁建沙特项目巨亏、2011 年铁道部领导被查、"7·23"高铁追尾事件等几件大事件先后发生，之后新任铁道部长宣布调整铁路基建规模，京沪高铁工程完工结算中国铁建利润不及预期，中国铁建天价招待费事件，动车组在运行中由于小毛病中途停车，中国铁路负债过重争论，这时看空派又占了上风。网上论战是对四家公司的讨论，折射出对中国高铁建设的争议和调整，也折射出高铁的不断试错和完善。但一系列负面消息不断来袭，中国铁建从 10 多元跌到 4 元多，中国南北车也到 4 元多。2011 年中国铁建业绩下滑，2012 年也不及预期，彻底让看多者也怀疑自己对高铁的判断。对中国铁建基本面分析是否出了问题，公司基本面、大盘市场行情，形成戴维斯双杀，股价不断下跌。原来信心满满的"冰工厂"，以前总能找到力挺中国铁建的各种证据，认为中国铁建价值应超过 20 元/股，后来反对者的声音太强大或铁建的负面消息不断，打击了众多看多者，冰工厂不再发声。随后从冰工厂其他帖子中，可以看出其对铁建的疑惑，对运气不佳的哀叹。2012 年、2013 年只有安泰科技老股民仍然发声唱多，但看多的声音已被情绪化看跌、愤怒的汪洋大海所淹没。只是在"一带一路"政策利好，高铁建设加快，四家业绩改善，南北车合并等多重利好因素作用下高铁成为 2014 年、2015 年牛市的领头羊，这时网站上又重新看多高铁，又有网友把中国中车的股价看多到 100 元。这正应了传奇投资家约翰·邓普顿的一句名言："金融天才皆得益于股市行情上涨。"将这句话扩展就是，一些方法、概念和理论在股市行情大涨、大跌时得到证实、证伪，金融天才、金融骗子应运而生。

网上论战说明公司基本面、市场价格、人们认知之间复杂的关系，三者相互影响。公司基本面不但影响市场价格，还影响人们的情绪和理性认识。市场价格变化和情绪波动也影响人们的理性认识。还有一个更隐蔽的关系，就是人们的非理性情绪对经济基本面、公司基本面的巨大影响。正如索罗斯所说：金融市场影响基本面。在高铁追尾之后，人们开始质疑高铁技术及安全性、铁道部高负债和高铁建设的可行性。这样质疑更加情绪化、非理性化，又加上媒体推波助澜，变成声讨高铁。这种非理性的舆情对决策者造成了一定影响，决策者决定压缩高铁建设。但随着高铁技术稳步提高、运营水平不断提高，得到社会各方不断认可。后来为了保增长、刺激宏观经济，高铁建设又重新成为政府刺激经济的重要抓手，投资建设高铁的资金并没有减少、一直稳定在高位，现在高铁已经成为中国的响亮名片。

我们在表 7-7 中可以看出中国铁建、中国北车的基本情况：2011 年底中国铁建、中国北车的市值分别为 466.2 亿元、356.9 亿元，收入分别为 4574 亿元、894 亿元，利润分别为 79 亿元、30 亿元，销售利润率分别为 1.7%、3.3%，两家企业的利润率不高。两家公司的净资产收益率分别为 12.2%、12.0%。公司的资产负债率较高，中国铁建高达 85%。两家公司 2006~2011 年的年销售增长率分别为 26%、31%，2011 年两家公司的同比增长率为-3%、44%。中国铁建的股价上市后一直下跌，2010 年有一波上涨到 8 元，后来一系列的利空消息，下跌到 2011 年的 3.8 元。中国北车 2010 年下半年上涨到 10 元，2011 年受到高铁利空消息的影响股价跌到年底的 4 元。相对估值情况，两家公司的市盈率 PE 分别为 5.9、11.9，两家公司都不高，市净率分别为 0.7、1.4，也不高。两家公司处在业务扩张中，分红比率较低，因此股息率不高。两家公司的股价 2010~2011 年已经腰斩。

表 7-7　中国铁建、中国北车的基本情况

|  | 中国铁建 | 中国北车 |
|---|---|---|
| 股价（2011 年 12 月 30 日） | 3.8 | 4.3 |

续表

| | 中国铁建 | 中国北车 |
|---|---|---|
| 公司总股本 | 123 | 83 |
| 公司市值 | 466.2 | 356.9 |
| 2011 年销售收入 | 4574 | 894 |
| 利润 | 79 | 30 |
| 每股收益 EPS | 0.64 | 0.36 |
| 股息 | 0.1 | 0.05 |
| 公司净资产 | 647 | 250 |
| 负债 | 3572 | 710 |
| 流动资产 | 3603 | 631 |
| 流动负债 | 3187 | 653 |
| 市盈率 | 5.9 | 11.9 |
| 市净率 | 0.7 | 1.4 |
| 市销率 | 0.1 | 0.4 |
| 销售利润率 | 1.7% | 3.3% |
| 净资产收益率 | 12.2% | 12.0% |
| 股息率 | 3% | 1% |
| 资产负债率 | 85% | 74% |
| 流动比率 | 1.1 | 1.0 |
| 2011 年营收增长率 | −3% | 44% |
| 2006～2011 年营收年增长率 | 26% | 31% |
| 2011 年投资 | 120 | 76 |
| 2011 年折旧 | 92 | 12 |
| 2018 年 11 月 8 日股价（中国铁建、中国中车） | 10.9 | 8.6 |
| 市值 | 1481 | 2456 |
| 2017 年营收 | 6809 | 2110 |
| 市盈率 | 9.2 | 23 |
| 市净率 | 1.03 | 1.97 |
| 市销率 | 0.2 | 1.2 |
| 股息率 | 1.65% | 1.75% |

注：2017 年的数据来自中国北车和中国南车合并后的中国中车。

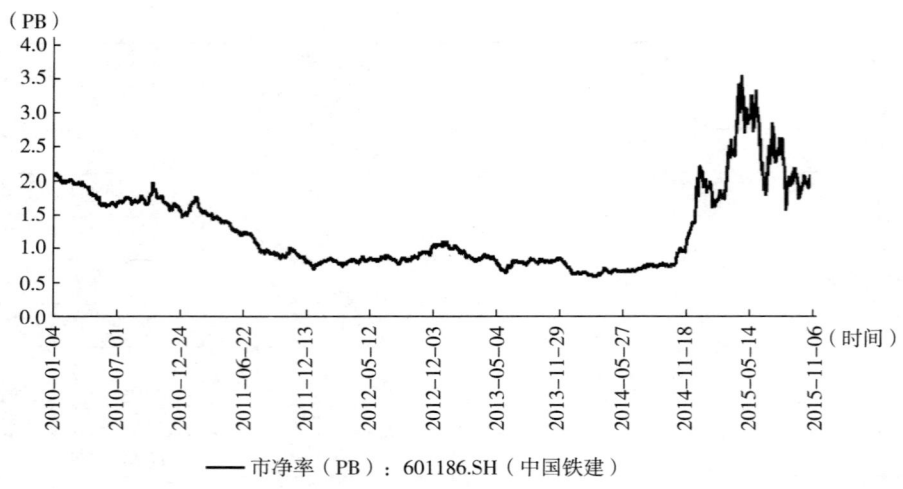

图 7-13　中国铁建 2010~2018 年市净率

## 二、商业模式、竞争力分析

铁建是施工企业，主要业务分布在铁路、公路、房建、水利工程。铁路建设方面中国铁建占其半壁江山。其下属有十多个局（分公司），分布在全国。国家建设项目主要采取招投标形式，这些具有相关建设资质的分公司会参与竞争，一般来讲，项目建设甲方（如铁道部）更有话语权。这些施工企业前期要有大量资金投入，具体项目中标实施后，将一些具体的施工工程转包。随着这些年房地产、政府项目增多，像中国铁建这样的施工企业也将业务拓展到铁路外，业务发展较快。但建设项目竞标中通常压低价格，营利不多。施工企业在资质、施工技术上门槛并不高，几家央企已冲破原来的条块分割，多向进入。央企的优势是资金优势，政府尤其是地方政府缺资金，常将公路、地铁、开发区三通一平以 BOT 形式承包给央企，央企去融资建设，再逐步从政府得到资金，施工企业的利润和风险被动地与建设单位、地方政府紧密联系在一起。铁建在沙特 17.7 亿美元的项目总金额，按平均 2% 的利润水平也就能赚 2 亿多元人民币，但由于施工条件变化，公司预计潜在亏损 41.5 亿元。从这一项目也可以看出，施工企业其实并无定价权，利润率低、风险高，不是好的商业模式。

中国北车是制造业的生产模式，其业务主要包括：动车组、客车、传统车厢、机车、地铁、城轨和风电设备生产等，车厢和机车是老产品，市场较稳定，动车组、地铁成为新的增长点，市场需求增长快，产品技术含量高，两种系列产品利润率较高。随着高铁建设的推进，对动车组的需求稳定。

从上下供应链上分析两家企业的竞争力，其主要采购方是铁道部，中国铁建、中国北车无定价权。

## 三、财务分析

中国铁建资产负债率85%，很高，应收账款、应付账款都快速增长（见表7-8"中国铁建的2004~2011年收入、应收账款、应付账款情况"），这是建筑行业的特点。流动比率为1.1，有息负债增长很快，ROE高于12%，利润率约为2%，与其他建筑企业比利润率也较低。2006~2011年营业收入平均增长26%，2011年增长率为负，2011年由于各种负面影响，这一年的营业收入增长为负。

表7-8　中国铁建的2004~2011年收入、应收账款、应付账款情况

单位：亿元

| 年份 | 2004 | 2005 | 2006 | 2007 | 2008 | 2009 | 2010 | 2011 |
|---|---|---|---|---|---|---|---|---|
| 主营业务收入 | 887 | 1141 | 1584 | 1774 | 2261 | 3552 | 4702 | 4574 |
| 营业利润 | 2.4 | 8.3 | 21.4 | 49.0 | 47.0 | 87.9 | 58.4 | 99.3 |
| 营业利润率（%） | 0.27 | 0.73 | 1.35 | 2.76 | 2.08 | 2.47 | 1.24 | 2.17 |
| 应收账款 | 134 | 162 | 223 | 301 | 689 | 967 | 560 | 629 |
| 存货 | 47 | 57 | 79 | 119 | 221 | 335 | 596 | 760 |
| 应付账款 | 256 | 277 | 353 | 416 | 752 | 937 | 1276 | 1494 |
| 新投资 | 30 | 47 | 56 | 102 | 108 | 130 | 170 | 120 |

中国北车资产负债率为74%，应收账款年中较多，年末减少，主要是与铁道部的结算方式有关，坏账风险不高，有息负债很低，利润率为3.3%，但随着公司的动车、地铁产品占比逐渐提高，产品结构调整使公司的利润率从3.3%增长到4%~5%，这将与中国南车的水平相当。

## 四、两家公司的内在价值评估

进行内在价值评估重要的是业务增长率、利润率等指标。业务增长率在2011年前都增长很快，但随着铁路投资稳定在一定平台上，两家公司业务增长都变慢，尤其铁建基数已很大，增长更难。铁路建设基本维持稳定，其他公路、水利、房建等我们可以参考国家宏观经济固定投资中的数据，也基本稳定。假设中

国铁建的业务增长率为5%，第一阶段超额收益增长时限为7年（2012～2019年），然后现金流固定（2019年以后），营业利润率2%，所得税率为20%，营运资本增加额（应收+存货-应付）为营业收入的0.5%，每年资本支出为营业收入的3%，折旧为营业收入的2%，贴现率为7%。中国铁建的内在价值为：

$$V = \sum_{t=1}^{7} \frac{CF_t}{(1+K)^t} + \frac{CF_7 \div K}{(1+K)^7}$$

2012年的净利润、现金流、贴现值：

净利润=收入×营业利润率×（1-税率）=4574×（1+5%）×2%×（1-20%）=76.8（亿元）

现金流=收入×营业利润率×（1-税率）-净投资+折旧-营运资本的净变化

=4574×（1+5%）×2%×（1-20%）-4574×（1+5%）×3%+

4574×（1+5%）×2%-4574×（1+5%）×0.5%

=4.8（亿元）

贴现值=CF/（1+7%）=4.8÷（1+7%）=4.5（亿元）

同样可以计算第2～7年（2013～2018年）的现金流和贴现值。

第一阶段的现金流贴现值为：$\sum_{t=1}^{7} \frac{CF_t}{(1+K)^t} = 29.7$（亿元）

其中，第7年即2019年的净利润、现金流为103亿元、6.4亿元。

第8年后公司的业务不再增长，投资与折旧相同，营运资本也不再增加。那么第8年后每年的现金流与净利润相等：103亿元。第二阶段公司的现金流贴现值为：

$$\frac{CF_7 \div K}{(1+K)^7} = \frac{103 \div 7\%}{(1+7\%)^7} = 916.1 \text{（亿元）}$$

从中国铁建2011年的资产负债表中，可以知道其现金与短期投资为803亿元，长期负债为305亿元。那么公司的内在价值为：29.7+916.1+803-305=1471（亿元）。

中国铁建的总股本为123亿元，那么每股的价值为12.96元。

按照现金流贴现模型进行评估，需要预测中国北车的业务增长率。中国北车业务增长以每年新增铁路估算，这样的话，动车组需求增加很少，笔者认为，还是客运人数增加更能代表对动车组需求的变化。另外要考虑车辆更新及维修等因素，地铁增长也较快，可以从有关资料中找到车辆需求。假设中国北车的业务增长率为20%，增长时限为7年（2012～2019年），然后现金流固定（2019年以后），营业利润率为4%，所得税率为15%，营运资本增加额（应收+存货-应付）

为营业收入的 1%，每年资本支出为营业收入的 5%，折旧为营业收入的 3%，贴现率为 7%。2011 年现金与短期投资为 60 亿元，长期负债为 3 亿元，公司的总股本为 83 亿元，我们能测算出北车内在价值为 893 亿元，每股内在价值为 10.75 元。

我们计算中国铁建、中国北车的内在价值分别为 12.96 元、10.75 元，与两者股价 3.8 元、4.3 元相比，安全边际已经很高，可以买入。

我们可以采取 "毛估估" 的方法，对内在价值和安全边际进行评估，中国铁建按照铁路 2020 年远景规划对基建和车辆的需求，在 2012～2020 年每年铁路建设投资 7000 亿～8000 亿元，铁建拿到 2500 亿元，地铁每年投资 3000 亿元，铁建拿到 1000 亿元，这两项业务每年约 60 亿元利润，8 年 480 亿元。每年还有公路、房建等年收入 2000 多亿元，每年利润 30 亿元，8 年 240 亿元，再加上 3000 万～4000 万平方米的土地储备，也值 300 亿～500 亿元，加起来其价值为 1000 亿～1500 亿元。铁建市值 460 多亿元，安全边际很高。

中国北车成长性要好，不像铁建修路是一次性业务，车辆会不断更新、维修，另外出口业务、地铁业务都会快速增长，业务的顶点还没有达到，按客运每年增 7%，10 年也翻一番，动车组、地铁技术更新，制造成本降低，会使其利润率提高，公司利润率达到 5% 以上完全可能，公司盈利会达到每年 50 亿元，每股约 0.6 元，按 10～15 的 PE，价格应在 6～9 元。当时股价 4 元，市值 350 亿元，也不贵。

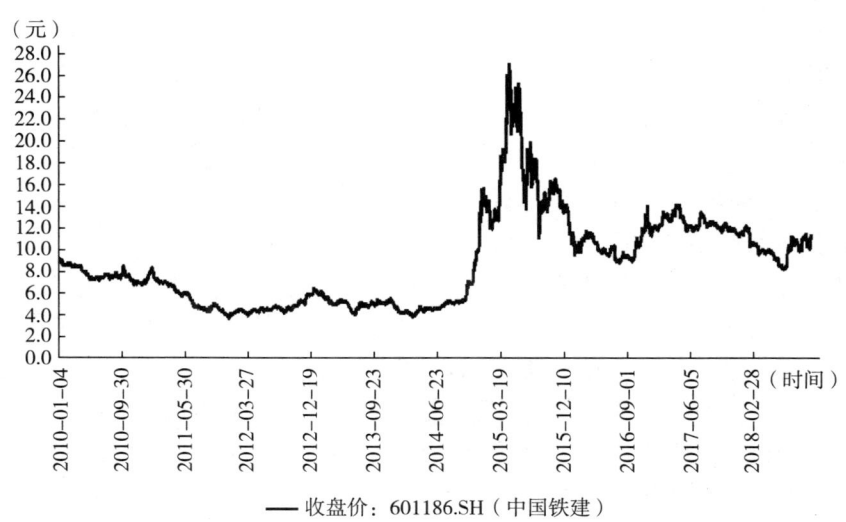

—— 收盘价: 601186.SH（中国铁建）

**图 7-14　中国铁建 2010～2018 年走势**

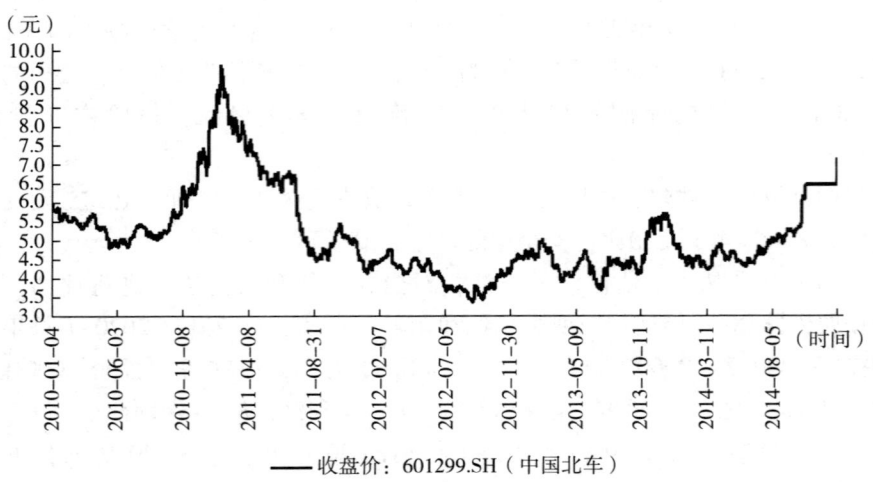

图 7-15　中国北车 2010~2014 年走势

注：中国北车与中国南车后来合并为中国中车，中国中车在 2015 年涨至近 40 元。

## 五、实际发生的情况

铁建利润情况稳定，中国北车增长较快，南北车合并后，其在动车组、地铁、机车、客车等产品上都有了极强的议价能力，受到市场认同。"一带一路"倡议又给两家公司带来更好的前景，更主要的是前景被投资者一致看好，充分体现在股价上。对价值投资者来说，以内在价值为标准，确定安全边际，然后去投资，价值投资的收益实现可能来自两方面：价值投资者分享到公司的价值，公司的股价回归内在价值；另外市场非理性将股价推高，价值投资者同样分享到市场非理性上涨带来的好处。疯狂市场之下何时卖出，价值投资者可参考市场总体状况、公司股价偏离程度、投资者风险偏好，这不是本书重点，不过还是一部电影的名字讲得对：让子弹飞一会儿。

在中国北车、中国铁建实例中，有一个更深入的问题值得关注，就是当经济面、公司基本面调整对我们的假设条件产生影响，整个估值体系和安全边际就会发生改变，我们的假设条件和投资逻辑是不是当初有不适当的地方，或者能否在更高的层次建立投资逻辑，可能更好地应对短暂的基本面改变对我们投资的影响。这种更好的投资逻辑对我们的投资做支撑，避免了公司利润或预期的稍微变化，改变了我们投资的逻辑支点。追尾事件引起对高铁技术的怀疑，但如果对技术发展规律进行探究，如果市场有巨大需求，国外已有成熟技术，我们对技术的掌握是早晚的事，技术出现小波折最终不会影响我们拥有成熟技术。最大的高铁市场会让我们掌握最先进的技术。这样，技术不成熟导致的预期变化，影响内在价值评估的困惑或疑问就没有了。还有就是国家高铁投资盈利预期对投资决策的影响，我们对高铁投资可行性或投资速度的判断常局限于高铁不赚钱为什么要投资，不赚钱的生意不可能持久。这也是当初网上争论的焦点，影响投资的主要困惑。我们原来从北京到上海需要 10 小时，现在 3 个多小时就能到达，这么多人坐车给我们节约了多少时间成本，高铁对我们的生活方式也产生了极大的影响。更进一步，高铁建设对国家安全、经济布局、区域协调发展的正面影响。这样我们就可能跳出高铁不赚钱的思维怪圈，我们就能大胆投资，不用担心高铁不赚钱不持久。其实实现高铁赚钱有许多渠道，沿线土地开发、票价调整。京沪高铁、京津高铁已相继赚钱。有价值的产品最终能实现利润，价值投资者需要看到公司盈利这一数字，更要看清盈利数字背后的东西——企业价值的源泉。我们的投资建立在一定的逻辑上，投资逻辑高远，才能不为"浮云遮望眼"，我自岿然不动！这可能是投资大师与一般投资者的区别所在。

## 六、价值评估方法的适宜性

在两家公司的讨论中，我们采用贴现模型和大概估值法两种方式来判断内在价值和安全边际，贴现模型要依据收入增长率、利润率水平、投资和折旧、营运资本变化等假设条件（指标），指标常是线性假设，指标变化会使估值大幅度变化，差之毫厘，谬以千里。根据公司分部业务或资产进行"毛估估"是大致的精确，但却容易得出价值及安全边际。所以估值法的选择要根据所掌握的公司基本情况，包括公司的业务、资产以及未来的利润等灵活选择而不能生搬硬套。

## 七、再谈投资"便宜"的价值股

世界上优秀的投资人因为投资成长型公司取得不错的业绩，但是更多的普通投资者却因投资所谓的成长股而失败，甚至于血本无归，这应了西方的一句谚语："通向地狱之路常常是用鲜花和理想铺成的！"原因是什么？投资者并不能对企业的经营进行把握，但却认为自己具有这种能力。这种失误是对企业的经营判断错误，不如说是对自己的能力判断错误。其实选择并投资优秀的成长股，很多投资者并不具备这种能力。在中国铁建的投资案例中，中国铁建由于多种原因曾经被市场所唾弃，价格远低于价值，当时间证明多数认识错误时，其价格回归价值。后来由于人们普通看好，出现溢价，价格又远远超过价值，聪明的投资者能享用两方面的收益，当然收益比率也是很高的。因此对多数人来讲投资便宜的"烟蒂股"是不错的选择，也是格雷厄姆推崇的价值投资方法。以下是我投资中国铁建和中国北车时做的日志。

# 投资中国铁建日志

投资中国铁建与中国北车的情况。我是 2010 年买进的中国铁建、中国北车。2010 年底中国高铁相关股票有一波行情，中国北车从 5 元到 10 元，中国铁建从六七元到近 9 元，我并没有减仓。2011 年传出刘志军被调查，中国铁建、北车大幅下跌，我进行了大幅加仓，这时主要的可投资金都压在两只股票上了。2011年 7 月 23 日出现温州动车事件，两股票又开始下跌。2011 年底这一年度我账户下跌了 40%，把 2010 年的约 20% 赢利亏完，原始投资也亏了近 30%。虽然比例不算太高，但这次是我 1999 年进入股市后最大的投资、最集中的持仓，压力肯定是有的。2011 年、2012 年高铁的负面新闻不断：高铁小毛病曝光、铁路负债过高、新任铁道部长在《人民日报》发表压缩铁路投资的文章等，网上对高铁的争议也分为针锋相对的两派，我也对自己最初的判断产生了怀疑。

对中国铁建的进一步认识和后续操作。2011 年、2012 年笔者开始持续研究高铁业务和跟踪两家公司，自己也变成了半个高铁专家：每年开工和运行的线路，对动车、机车等的需要量，建成的地铁及每公里的车辆需求，各工厂生产的型号……这些都了如指掌，经常和铁路相关人员聊天，他们常以为我是业内人士。对网友"冰工厂"和"安泰科技老股民"的分析开始关注，两人言之有物，并非像其他大多网民只是情绪渲染或"观点拷贝"。笔者开始对自己的最终投资逻辑进行了反思，对两家公司的认识逐渐清晰：中国铁建不是好的商业模式，只是便宜的烟蒂股，公司市值 500 亿元，到 2020 年的铁路建设收益和土地储备也不止 500 亿元；中国北车的成长性会比中国铁建好；两家公司都面对垄断的铁道部这一大买家，本身无产品定价权；两家公司有国有企业的一些缺点。2014 年、2015 年两家公司好事不断，包括两车合并自己都始料未及的，股价也快速上升，笔者 2014 年底开始减持、2015 年清仓，中国铁建的卖出均价为 14 元，中国北车卖出均价为 15~16 元，最后一次卖出在 25 元。

2011 年 3 月 9 日

2011 年，笔者的 A 股投资组合：满仓中国铁建、中国北车。现在是满仓，中国铁建和中国北车各一半。投资的主要理由，铁路建设会在 3~5 年间大规模进行，铁路运输能源利用效率较高，铁路、地铁适合中国人多能源少的国情，新中国成立以后，包括改革开放以后，中国铁路建设相对滞后；政府强大的控制力和动员力能够在较短时间内集中财力进行铁路建设。三年内中国铁建的营收、利润率增长 10% 以上，3~5 年内中国北车年均增长 20% 以上，是大概率。利用贴现模型进行估价：中国铁建超过 12 元，中国北车超过 10 元。投资可能的风险：铁路特别是高铁技术的掌握程度，国外市场的高度不确定性，国企的管理缺陷尤其是建筑行业的管理（低利润率），两公司的采购方主要是铁道部，面对垄断的采购方，两企业的议价能力较低。

2011 年 4 月 2 日

从中国铁建、中国北车 2010 年年报可以看出，中国铁建低于预期的几个地方：①管理费用比第三季度季报和 2009 年年报大幅增加（增加额超过年度净利润）。②沙特项目的巨亏。③"两铁"（中国铁建、中国中铁）的销售净利润率小于 2%，低于其他建筑公司（一般为 3%）。④资本开支仍然大幅度增加，公司现金流减少。这些现象和数据背后的原因是：建筑行业低盈利、高风险的业务模式，未来具有高度的不确定性，铁道部垄断采购方对建筑企业的利润挤压。今后"两铁"的利润取决于公司其他板块的扩大、企业在高铁中的核心竞争力到底有多大（现在看来其竞争力是可替代的）、公司管理水平的提高、铁路垄断的打破（多个主体可以建设、运营铁路）。

中国北车的年报相对符合预期：利润率不断提高，收入增长强劲。但是公司现金流减少较快，在销售中议价能力较差。公司在两三年内利润翻番是可能的。中国北车和中国铁建相比较：北车作为制造业流程相对简单、便于管理，建筑行业业务分散、漏洞较多。不过铁建还是价格低廉的"烟蒂股"。

2011 年 7 月 28 日

"7·23 事故"后对中国铁建、中国北车的再思考。我持有的中国铁建和中国北车现在仍然攥在手里，最近高铁各种坏消息接连不断，对两股影响极大，我的收益也由年初的营利 20%（最高时），到现在的亏损大于 20%，冰火两重天！

当初买这两只股票主要还是联想到高铁的快速发展、中国高铁的技术和广阔的市场前景。对高铁建设的政策和高铁技术的争论不断，这些正在不断地被证实和证伪。自己也开始跟踪相关的政策变化、技术、杂乱无章的信息。实践证明，事情的变化总是出乎自己的预料。这也许超出了自己的能力圈，所以自己把握不了。能力圈内的事情对自己来说，很多事情是确定的，自己的设想不断被证实，最后也会体现到股价。能力圈外的是自己理解不了的，出现不确定性，也就时常"地雷"不断。价值投资本身应该是在众多不确定中寻找自己能够确定的。

政策、新技术是具有风险性的，不过，现阶段我对中国自身装备水平的提升和高铁的前景还是看好的，只有等待时间的进一步验证。

2011 年 9 月 2 日

"两铁"面临的风险和机会。中国铁建和中国中铁的 2011 年半年报已经发布，业务虽然增长，收益不容乐观，报表中的不利因素有：①借款大幅增加，中铁建增加 280 亿元；②应收大幅增加；③管理费用、财务费用大幅增加，如研发费用大量增加，研发的投入最终要体现在收益的提高上；④公司新增固定资产投资仍在高位；⑤其业务模式是赚小赔大，中国建筑行业在波兰和沙特的事件是偶然中的必然。

中国的宏观经济形势正在发生改变，两铁将面临以下风险：①铁路投资下降；②政府平台债务风险会冲击施工企业，出现地方政府的投资下降、拖欠工程款；③劳动工资的提高，对劳动密集型、无定价权的企业影响很大；④中国金融紧缩，使资金成本大幅增加，对负债型企业影响不利，400 亿元的贷款，利率 6%，一年是 24 亿元。

两铁的机会：①股价已经充分反映基本面的变化，股价相对便宜，是否有绝地反击的机会；②公司在低谷中，提高管理水平，改变经营模式，最终增加利润率；③公司在建筑行业，实现由铁路向公路、港口、民建、水工的成功扩展；④公司经营多元化的实现，房地产和矿产能实现大规模的营利。

2011 年 11 月 8 日

铁路发债和铁路概念股。今天铁道部又发债 300 亿元，总负债是 21000 亿元，负债率 58%，负债利率大致 4.5%，每年还息为 900 亿元。收入 6867 亿元，增长 1000 多亿元即 20%，营业利润为 650 亿元。"十二五"规划中铁路要投资 28000 亿元。从上述营运数据很难看出现有铁路能否真正营利及新建的铁路能否在当前和今后营利。铁路的相关公司会如何走？

　　铁路概念股的走势取决于铁路投资的变化，铁路投资的变化取决于两个方面：第一，我国投资的铁路到底能否赚钱，京津、武广运行几年了，最可能赚钱的京沪线已经开通。虽然由于城市内部配套、城市间的网络还没能形成，但是初步的经济效益，外界不一定清楚，铁道部内部应该清楚。如果能赚钱，铁路后续大规模投资是有资金保障的，因为其已经有了造血功能。要是京沪也不赚钱，其他高铁很难在短时间内赚钱。有的统计称，高铁要赚钱，客流要达到5000万~6000万人。具体的数据无法得到，但是更直观地，如果从早到晚高铁能客满，就说明其能有营利或者具有营利的潜力，你可以观察一下。第二，铁路本身的公益性、节能性、战略性。好像地铁，虽然不赚钱，政府政策进行支持，政府进行大规模的投资。政府对铁路运价进行调整，或者把不赚钱的铁路与周边土地开发结合起来等会改变营利状况。

　　2012 年 1 月 5 日

　　兵败铁路股——2011 年 A 股小结。2011 年 A 股全都投资在中国铁建和中国北车相关铁路概念股上，春节后进行了加仓，中间稍有调仓。全年大盘下跌了 21%（上证指数），本人投资缩水 42%，损失惨重。福无双至，祸不单行，春节过后，与高铁有关的坏消息接连不断，中国铁建和中国北车，也是一路下滑。当时投资高铁主要是联想到了高铁的美好前景，投资的原因已经有所述。有的情况当时还是没有考虑到：铁道部主导的高铁技术有夸大之嫌；高铁技术过关，其市场效益还是有待检验，大量投资能赚钱吗？不赚钱后续投资怎么办？当时铁道部主导的高铁大跃进与政府的政策高度相关，政策会有风险，其风险也是一般人难以预料的。后来的情况是，政策有了变化，高铁投资变缓，对中国铁建和中国北车 2011 年的业绩会有 25% 和 10% 的影响（中国铁建每股业绩从预计的 0.8 到 0.65，中国北车每股业绩从预计的 0.36 到 0.33），业绩影响不是太大，但是市场还是反应过度，两只股票的价格被腰斩了。

　　铁路投资的放缓从长远角度看对两家公司的影响应该不太大，"有活儿"的话终归是几家大型企业的。主要还要看投资是放缓还是最终投资规模减少了，这最终取决于高铁的市场效益（技术应该是没有问题的）。两家公司还有共同的特点，其产品的护城河是铁道部政策的倾斜，其缺点也来自铁道部，其产品没有定价权。投资是寻找好的企业，真正完美的企业并不多，现在两家公司算是次优，还是准备再拿一两年。中国 GDP 每 5~6 年会翻番，财政收入 4 年会翻番，M2 和消费总额 4~5 年翻番，能找到代表这些数据的标的公司吗？中国经济正在发生深刻的变化，刘易斯拐点悄然而至，房地产的降温，经济、产业、产品要转型，能找到转型中不断成长的伟大公司吗？会有这样的公司，应该出现在第三产业或者是与消费相关的公司中，但高铁能够适合中国经济的发展，应该有较好的前景。

2012 年 4 月 22 日

中国铁建、中国北车 2011 年年报。中国铁建净利润 78 亿元还算可以，应收账款和存货增加了 300 亿元（中国中铁是 1000 亿元），固定资产投资为 170 亿元，折旧为 76 亿元，有息负债增加了 300 亿元，财务费用从 5 亿元到 20 亿元，管理费用包括研发费用 198 亿元，增加较少。报表比中国中铁好多了，不过两者都是辛苦不赚钱、易赔钱的商业模式。中国铁建 2012 年收入能增加 10%，净利润能达到 85 亿元。当然这取决于管理水平的提高，不赚钱的活儿不能接。

中国北车的情况还算好，收入和利润大幅增加。不过有息负债还是增加不少，新投资 75.6 亿元，折旧是 13.6 亿元，折旧似乎提少了。年报的财务状况不如南车好（存货、现金流等方面）。2012 年收入和利润能增加 10%～20%，当然由于配股的原因，每股收益只能与 2010 年相同。

2012 年 12 月 31 日

2012 年小结。到今天收盘为止，2012 年的股票投资季就结束了。首先看一下市场整体情况：2011 年上证指数收盘 2199.42 点，2012 年收盘 2269.13 点，一共涨了 3.17%，沪深 300 指数从 2345.74 点涨到 2522.95 点，涨幅 7.55%。我的 A 股持仓没有变化，收益为 31.8%，超越了大盘。投资中学习不少新知识，感觉收获很大。2013 年持股不会发生太大变化，铁路相关股票预期不变。

2014 年 4 月 16 日

2013 年投资小结。2013 年市场整体情况：上证指数 2012 年收盘 2269.13 点，2013 年收盘 2115.98 点，下跌 153.15 点，跌幅 6.75%。深成指下跌 10.9%。A 股持仓没有变化，主要是中国北车、中国铁建，调入 1/4 华能、国电、新希望，亏损 6.5%，与大盘持平。对 2014 年预期，中国铁路投资仍然会增加，中国北车由于新线投产增加和成本降低，估计利润会上升 15%，中国铁建由于房地产利润增加，估计利润会上升5%～10%。中国铁建的商业模式还是最大的风险。

2015年1月4日

2014年投资小结及对铁路相关行业分析。A股账户全年收益90%，2015年整体上跑赢了大盘。

A股的主要操作和现在的仓位：2013年将约20%仓位由铁路相关公司调入火力发电股，2014年6～7月又调入火力发电股，火电股35%～40%的仓位（其他的为中国北车、中国铁建），第四季度行情是始料未及的，华电、国电涨了1倍，铁建涨了近2倍，对上述股票进行了减仓。主要原因还是对大行情估计不足。年底主要仓位情况，仓位由高到低：中国北车、中国铁建、华能、国电、华电、新希望等。中国北车最后一个交易日收盘，涨停没打开，实际收益和该股的仓位会上升。

铁路相关行业未来的分析和判断。主要涉及中国北车、中国铁建。铁路相关公司"已经成为坐在风口上的猪"，具体能飞多久、多高，很难讲清楚。国家"一带一路"发展倡议得到了市场的认可和响应。中国铁建2014年业绩会增加10%～15%，中国铁建从长远上还要看以增加负债发展业务的商业模式能否改变。一是前几年的经营现金流每年在减少，走出去将使铁建有更多客户以免受制于铁总，现金流能否转正；二是反腐的推进是否会减少建筑行业的隐形成本，改善其商业盈利模式。中国北车2014年业绩会增加30%，南北车合并对公司是重大利好，几年后公司的EPS会接近1元。

2015年可能的操作：在上述板块间进行转换，在板块内对个股进行转换，在两地市场之间进行转换。最后在行情终了前能转到分级基金A，就算完成了胜利大逃亡。

2015年4月10日

第一季度的调仓及最新收益情况。A股账户，清仓华电、国电、中国铁建、中国北车，通过港股通买入南航H、东航H，A股只有10%仓位为华能、新希望，其他为分级A和现金20%。今年整体收益约80%。

在中国铁建、中国北车的投资中出现了不少失误：建仓较快、较早、较集中，这样会对心理造成压力；在大行情中进行换股，浪费时间、精力，效果未必好；在大盘没有改变大趋势时，减仓过早会少赚市场情绪的钱。

## 五年中的几点体会

（1）坚持初心，方得始终。要在认真分析的基础上建立投资逻辑，之后市场和企业的稍微变化，只要当初的投资逻辑合理，就应坚守。建立投资逻辑要定性和定量相结合。

（2）在下跌中，不要急于接落下的刀子，在上涨中让子弹多飞一会儿。

（3）正确对待外界的信息和观点。证券市场中80%的信息对投资是没用的，80%的观点是无任何见地的，你不能被外界的信息观点所干扰、随波逐流，也不能选择性相信一些信息观点去印证自己的偏见，你要找到有用的信息和观点，进行透彻的分析，形成自己坚定的逻辑和观点。在市场的"噪声"中要保持定力和理性，找到对的很重要，坚守更重要，坚定时间越长收益会越高。

（4）适当分散是规避风险的手段，也是心理的需要。对行业、企业的投资额度要有上限。

（5）在能力圈内投资，扩大能力圈的有效方式是"与高人对话"，包括找到高明的网友。

（6）当公司被大多数投资者所唾弃时，股票将大幅度地下跌，当证明大多数人错误时，意味着更大幅度的上涨。坚持逆向投资的前提是：你与众不同时，你必须是正确的。

# 第五节　投资证券公司的逻辑

## 一、证券公司的概况

2018年9月上证指数又回到2600多点，在内地价值投资的区间是上证指数2000~3000点。现在不少公司的股价已经低于净资产了，其中金融行业在整治金融乱象、化解系统性金融风险、减负债降杠杆、个别公司风险被引爆等多重因素的影响下，金融行业上市公司的股价较低，有的市净率 PB 小于 1，市盈率小于 10，有的股息率已经高于银行的存款利率。证券行业是周期性很强的行业，也是我国金融行业中市场化程度、透明度较高的。2015 年证券行业的收入、净利润分别为 5752 亿元、2448 亿元，2018 年中报的营业收入、净利润分别为 1266 亿元、329 亿元，同比下降 11.9%、40.5%，证券行业在低谷。证券行业上市公司的股价在 A 股整体市场低迷、经纪业务竞争激烈、质押业务风险暴露等多重因素作用下，不断下跌，形成戴维斯双杀。A 股证券公司的股票价格大幅度下跌，H 股更低。表 7-9 "在 A、H 同时上市的 11 家证券公司的情况" 中可以看出，H 股不少公司的市净率在 0.5~0.6，与 A 股相应公司的股价相差一半，有一定的安全边际要求。当然投资周期性公司的重点是看该行业能不能反转、何时反转、反转的空间有多大。

市净率 PB、市销率 PS、资产收益率是研究周期性行业的重要指标。PB 是判断行业和市场是否进入低谷的重要指标，在香港市场上，中国银河、光大证券、中信建投、海通证券、东方证券 PB 分别为 0.49、0.58、0.59、0.62、0.63，比较低的，中信建投、海通证券、光大证券、中国银河、中州证券 PS 分别为 1.75、1.90、2.0、2.11、2.21（营业收入以 2017 年计），是比较低的（见表 7-9 "在 A、H 同时上市的 11 家证券公司的情况"）。对于矿产、石油、机械制造业、电力行业、航空公司来说，市净率能判断周期性行业是否进入低谷，当行业反转时，市销率低的公司业绩增长最快。但对证券公司的业务进行深入分析后知道，营业收入对反转后的业绩影响更复杂，需要对其各项具体业务进行分类研究。净资产收益率和总资产收益率，也是判断行业基本面是否进入低谷的指标，按照 2018 年中报的情况，预测证券行业全年的两指标分别为 6.8%、1%，净资产收益率是较低的，总资产收益率在几年中最低，也说明证券行业已经进入低谷（见表 7-10 "证券行业 2011~2018 年基本情况"）。

**表 7-9　在 A、H 同时上市的 11 家证券公司的情况**

| 公司 | 价格（港股以港币计） | 市值 | 市净率 PB | 市盈率 PE（静） | 市销率 PS | A、H 价差 |
|---|---|---|---|---|---|---|
| 中国银河 H | 3.76 | 380 | 0.49 | 9.0 | 2.1 | −53.5% |
| 中国银河 A | 7.11 | 722 | 1.05 | 19.4 | 4.5 | |
| 中信建投证券 H | 4.56 | 348 | 0.59 | 9.6 | 1.8 | −50.0% |
| 中信建投证券 | 8.06 | 615 | 1.18 | 19.2 | 3.5 | |
| 招商证券 H | 9.5 | 636 | 0.66 | 10.0 | 3.1 | −35.4% |

续表

| 公司 | 价格（港股以港币计） | 市值 | 市净率 PB | 市盈率 PE（静） | 市销率 PS | A、H 价差 |
|---|---|---|---|---|---|---|
| 招商证券 | 12.9 | 870 | 1.02 | 15.5 | 4.8 | |
| 东方证券 H | 5.3 | 371 | 0.63 | 9.0 | 2.3 | −47.9% |
| 东方证券 | 8.9 | 629 | 1.21 | 17.3 | 4.5 | |
| 中州证券 H | 2.1 | 80 | 0.65 | 14.0 | 2.2 | −55.6% |
| 中原证券 | 4.2 | 159 | 1.46 | 31.5 | 5.0 | |
| 海通证券 H | 7.5 | 865 | 0.62 | 8.8 | 1.9 | −26.8% |
| 海通证券 | 9.1 | 1045 | 0.85 | 12.0 | 2.6 | |
| 光大证券 H | 7.0 | 324 | 0.58 | 9.0 | 2.0 | −34.5% |
| 光大证券 | 9.5 | 437 | 0.89 | 13.7 | 3.1 | |
| 中信证券 H | 14.0 | 1692 | 0.92 | 11.9 | 2.5 | −25.8% |
| 中信证券 | 16.6 | 2016 | 1.24 | 16.0 | 3.4 | |
| 广发证券 H | 10.34 | 788 | 0.8 | 7.8 | 2.97 | −33.80% |
| 广发证券 | 13.71 | 1052 | 1.21 | 11.8 | 4.5 | |
| 华泰证券 H | 11.28 | 931 | 0.89 | 8.43 | 2.87 | −35.60% |
| 华泰证券 | 15.41 | 1278 | 1.38 | 13.1 | 4.5 | |
| 国泰君安 H | 16.26 | 1417 | 0.98 | 12.66 | 3.89 | −4.12% |
| 国泰君安 | 14.93 | 1306 | 1.02 | 13.2 | 4.1 | |

注：股价以 2018 年 9 月 27 日、28 日为基础，其他数据来自雪球网站。

表 7-10　证券行业 2011~2018 年基本情况

| 年份 | 2011 | 2012 | 2013 | 2014 | 2015 | 2016 | 2017 | 2018 年上半年 |
|---|---|---|---|---|---|---|---|---|
| 总资产（万亿元） | 1.57 | 1.72 | 2.08 | 4.09 | 6.4 | 5.79 | 6.14 | 6.4 |
| 净资产（万亿元） | 0.63 | 0.69 | 0.76 | 0.92 | 1.45 | 1.64 | 1.85 | 1.9 |
| 营业收入（亿元） | 1360 | 1295 | 1592 | 2602 | 5751 | 3279 | 3113 | 1266 |
| 利润（亿元） | 393 | 329 | 440 | 965 | 2447 | 1234 | 1130 | 328 |
| 总资产收益率（%） | 2.5 | 1.9 | 2.1 | 2.4 | 3.8 | 2.1 | 1.8 | 0.5 |
| 净资产收益率（%） | 6.2 | 4.8 | 5.8 | 10.5 | 16.9 | 7.5 | 6.1 | 3.4 |

证券公司业务分为经纪业务、信用业务（放贷利息净收入）、自营业务、投行业务、资管业务等，其中前三项业务与证券市场的大势联系更为密切，资产管

理业务联系较弱。自营业务与大盘变化联系最大，常是某些证券公司业绩逆袭的重要因素。我们在表 7-11 中可以看到，2018 年上半年净利润中下降幅度比较多的是：东方证券为 -58%、中国银河为 -37%、招商证券为 -29%、海通证券为 -23%、广发证券为 -16%。下跌比较多的原因是，自营的投资收益降幅较大，分别为：-68%、-81%、-43%、-57%、-46%。在上半年中净利润维持较好的中信、国泰、中州、中信建投，几家的自营投资收益较好。自营投资收益与投资的内容相关，具体投资标的我们不得而知。但是投资分为权益类与非权益类两种，权益类主要是上市公司的股票，与大盘直接相关，银河财务报告中提到自营业务（包括投资收益）降低的原因是公司参与增发的股票价格大幅下跌，出现亏损。影响上半年业绩的第二个重要因素是，借贷利息净收入，包括两融业务、质押贷款业务，两融业务是低风险的稳定业务，基本上与经纪业务相关。上半年由于质押业务风险暴露，有的证券公司进行大额计提。广发证券、招商证券、光大证券的净利息收入出现大幅度下降。

经纪业务在证券公司所占比例在逐渐减少，份额在不同的公司时有变化，是影响证券公司业绩的长期因素，在证券行业反转中，对业绩的影响是同步的，份额比例较高的公司，业绩上升会较多。投行业务是证券公司长期竞争力的体现，但该业务正在集中于较大的证券公司，当期投行业务与各证券公司的项目储备有关。资管业务是各证券公司转型升级的重要着力点，在资管监管趋严的背景下，在资管业务中占比 60%~70% 的通道业务将大幅减少，被动性的资管业务规模大、收费很低，主动资产管理业务体现了证券公司的投资业务能力，但赚钱不易。资管业务对行业反转中公司的业绩影响也是缓慢的，不是主导因素。见表 7-11 "在 A、H 股同时上市的 11 家券商的业务情况"。

表 7-11　在 A、H 股同时上市的 11 家券商的业务情况

| | 2018年中报营业收入（亿元） | 中报净利润（亿元） | 净利润同比变化（%） | 经纪业务收入（亿元） | 经纪业务市场占比（%） | 投行业务（亿元） | 信用业务收入（亿元） | 信用收入同比变化（%） | 资管业务收入（亿元） | 自营业务收入（亿元） | 自营业务变化（%） | 两融规模（亿元） |
|---|---|---|---|---|---|---|---|---|---|---|---|---|
| 中信证券 | 200 | 58 | 12 | 41 | 13 | 17.5 | 9 | -28 | 29 | 49 | 16 | 677 |
| 海通证券 | 109 | 35 | -23 | 17 | 5.30 | 15.3 | 24 | 34 | 8.7 | 19 | -51 | 589 |
| 中信建投 | 53 | 17 | -10 | 13 | 4.30 | 14.2 | 4.8 | -37 | 3 | 15 | 30 | 371 |
| 中国银河 | 43 | 13 | -37 | 20 | 6.30 | 3.3 | 12 | -17 | 3.8 | 3 | -81 | 537 |
| 东方证券 | 43 | 7.6 | -58 | 7.4 | 2.40 | 5.8 | -9.4 | -20 | 15 | 10 | -68 | 124 |

续表

| | 2018年中报营业收入（亿元） | 中报净利润（亿元） | 净利润同比变化（%） | 经纪业务收入（亿元） | 经纪业务市场占比（%） | 投行业务（亿元） | 信用业务收入（亿元） | 信用收入同比变化（%） | 资管业务收入（亿元） | 自营业务收入（亿元） | 自营业务变化（%） | 两融规模（亿元） |
|---|---|---|---|---|---|---|---|---|---|---|---|---|
| 中原证券 | 8.7 | 1.6 | -6 | 2.2 | 0.70 | 0.3 | 1.9 | -19 | 0.5 | 2 | 51 | 53 |
| 招商证券 | 48 | 18 | -29 | 19 | 5.90 | 5.8 | 5.3 | -43 | 6.1 | 5 | -43 | 525 |
| 光大证券 | 41 | 10 | -9 | 12 | 3.90 | 3.6 | 2.69 | -61 | 3.4 | 13 | -61 | 362 |
| 广发证券 | 76 | 37 | -16 | 20 | 6.30 | 5.66 | 2.13 | -45 | 18.6 | 15.6 | -46 | 506 |
| 华泰证券 | 82 | 38 | -5 | 19 | 5.90 | 8.08 | 13 | -24 | 11.8 | 18.7 | -28 | 523 |
| 国泰君安 | 114 | 49.5 | 6 | 25 | 8.10 | 10.5 | 27.6 | -3 | 8.1 | 29.8 | -5 | 549 |

　　从上面的分析中我们可以看出，影响证券公司在行业反转中业绩变化的最主要因素是自营业务，权益投资占比较高的证券公司业绩变化弹性较大，会出现异军突起，这些公司包括华泰证券、国泰君安、海通证券、银河证券。如果大盘继续下跌，对这些公司出现相反影响，业绩出现下滑。大盘反转，权益投资引起的券商业绩变化是一次性的。经纪业务和两融业务与各公司的市场份额相关，根据总体市场的成交金额和两融总规模影响业绩的情况，可以对经纪业务、两融业务影响业绩的情况进行量化分析（见表7-14"券商在行业发生反转后的年度利润"）。

　　从图7-16"2013～2018年证券公司5种业务收入"中也可以看到，2015～2017年，A股市场发生大幅度波动。在证券行业各业务变化中，自营业务、经纪业务、信用业务随着大盘变化发生了较大变化，是行业反转选择标的中要考虑的主要因素。投行业务与资管业务不是行业反转中选择标的的主导因素，是长期投资证券行业选择优秀公司的重要因素。我们可以根据大盘变化、成交金额、两融数量对各公司的业绩进一步做出量化分析，然后与股价对比判断出投资的安全边际。

　　还有一种更简易的方法，2015年是证券行业的大年，行业利润2000多亿元，我们将各公司市值与2015年度业绩对比，找出低估的公司，A股中较为便宜的是光大证券、海通证券（见表7-12"A股中低估的公司"），H股中比较便宜的是银河、中信建投、光大（见表7-13"H股中低估的公司"）。

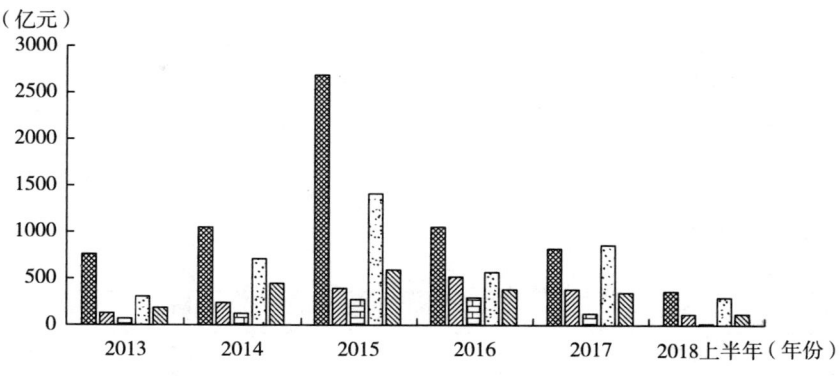

（亿元）

■ 经纪收入　▨ 投行收入　▤ 资管收入　▦ 自营收入　▨ 信用收入

**图 7-16　2013～2018 年证券公司 5 项业务收入**

**表 7-12　A 股中低估的公司**

| A 股 | 市值（亿人民币） | 反转后的年利润（亿人民币） | PE 预 | 2015 年利润（亿人民币） | 以 2015 年计的 PE |
|---|---|---|---|---|---|
| 海通证券 | 1045 | 176 | 5.9 | 158 | 6.6 |
| 广发证券 | 1052 | 163 | 6.4 | 132 | 8.0 |
| 华泰证券 | 1278 | 194 | 6.6 | 106 | 12.1 |
| 国泰君安 | 1306 | 197 | 6.6 | 157 | 8.3 |
| 光大证券 | 437 | 66 | 6.6 | 76 | 5.8 |
| 中国银河 | 722 | 99 | 7.3 | 98 | 7.4 |
| 东方证券 | 629 | 81 | 7.7 | 73 | 8.6 |
| 招商证券 | 870 | 111 | 7.8 | 109 | 8.0 |
| 中信证券 | 2016 | 220 | 9.2 | 198 | 10.2 |
| 中信建投 | 615 | 66 | 9.4 | 86 | 7.2 |
| 中原证券 | 159 | 9.5 | 16.8 | 14 | 11.4 |

**表 7-13　H 股中低估的公司**

| H 股 | 市值（亿港币） | 反转后的年利润（亿人民币） | PE 预 | 2015 年利润（亿人民币） | 以 2015 年计的 PE |
|---|---|---|---|---|---|
| 中国银河 | 380 | 99 | 3.2 | 98 | 3.4 |
| 东方证券 | 371 | 81 | 3.9 | 73 | 4.5 |
| 华泰证券 | 931 | 194 | 4.1 | 106 | 7.8 |

续表

| H 股 | 市值<br>（亿港币） | 反转后的年利润<br>（亿人民币） | PE 预 | 2015 年利润<br>（亿人民币） | 以 2015 年计的 PE |
|---|---|---|---|---|---|
| 广发证券 | 788 | 163 | 4.1 | 132 | 5.3 |
| 光大证券 | 324 | 66 | 4.1 | 76 | 3.8 |
| 海通证券 | 865 | 176 | 4.2 | 158 | 4.8 |
| 中信建投 | 348 | 66 | 4.5 | 86 | 3.6 |
| 招商证券 | 636 | 111 | 4.8 | 109 | 5.2 |
| 国泰君安 | 1417 | 197 | 6.1 | 157 | 8.0 |
| 中信证券 | 1692 | 220 | 6.5 | 198 | 7.6 |
| 中原证券 | 80 | 9 | 7.1 | 14 | 5.1 |

## 二、投资逻辑的建立

如果 A 股发生反转行情，对证券公司的利润产生正面影响，我们找出行情反转时影响券商业绩的主导因素，并且建立这些因素的变化（假设条件）影响证券公司业绩的数学关系。根据业绩对券商进行估值，与现在的市值对比看是否符合投资的安全边际，决定是否投资。通过跟踪大盘的变化、成交额的变化等假设条件和证券公司的业绩，检验投资决策的正确性。投资证券公司的步骤与前面讲的价值投资的步骤相同。

假设条件如下：

其一，大盘向上反转，证券行业自营业务、经纪业务、两融业务等会发生较大的变化，会使证券公司的业绩发生较大的变化。

其二，自营业务、经纪业务、两融业务是证券行业反转时影响具体公司业绩的主要因素，在自营业务中主要考虑权益投资收益。在大盘反转时，资管业务、投行业务、非权益投资收益等不发生变化。

其三，大盘上涨 50%，日成交金额从现在的 3000 多亿元增加 1 倍，约 7000亿元，两融业务增加 1 倍（从现在的两融余额 7000 多亿元到 15000 亿元）。公司收入利润率为 50%（营业收入中的一半形成净利润）。以 2017 年年报的业绩为基础，计算出反转后的年度净利润。

其四，各证券公司的权益性投资保持 2018 年中报不发生变化。

在上述假设条件下，反转后年度利润见表 7-14 "券商在行业发生反转后的年度利润"，可以看出此时年度利润与 2015 年景气度高点时接近。证券行业发生反转时业绩变化较大依次为中国银河、东方证券、光大证券、华泰证券等，其中中国银河反转后的年度利润会是2017年度利润的2.5倍，此时每股收益EPS约为1元。

**表7-14　券商在行业发生反转后的年度利润**

| | 2017年度利润 | 权益性投资金额 | 非权益性投资 | 成交增加1倍收入增加 | 两融增加1倍收入增加 | 权益投资收益 | 反转后净利增加 | 反转后年净利 |
|---|---|---|---|---|---|---|---|---|
| 中信证券 | 120 | 266 | 1442 | 41 | 26 | 133 | 100 | 220 |
| 海通证券 | 99 | 233 | 629 | 17 | 20 | 117 | 77 | 176 |
| 中信建投 | 40 | 46 | 655 | 13 | 15 | 23 | 26 | 66 |
| 中国银河 | 40 | 153 | 579 | 20 | 21 | 77 | 59 | 99 |
| 东方证券 | 36 | 157 | 909 | 7.4 | 4.6 | 79 | 45 | 81 |
| 中原证券 | 5.2 | 8 | 144 | 2.2 | 2.3 | 4 | 4 | 9 |
| 招商证券 | 58 | 135 | 921 | 19 | 20 | 68 | 53 | 111 |
| 光大证券 | 31 | 93 | 523 | 12 | 11.3 | 47 | 35 | 66 |
| 广发证券 | 91 | 204 | 1199 | 20 | 22.3 | 102 | 72 | 163 |
| 华泰证券 | 94 | 318 | 708 | 19 | 21 | 159 | 100 | 194 |
| 国泰君安 | 105 | 266 | 1095 | 25 | 26.5 | 133 | 92 | 197 |

我们在上述投资决策中，主要假设大盘会反转，大盘变化会引起成交量和两融业务增加，进而影响证券公司的经纪业务、两融利息收入、自营业务等变化，最后使利润发生变化。我们在投资选择中要了解证券公司业绩相对于大盘涨跌的弹性，这样便于我们做决策。如果你认为大盘会长期横盘或下跌，券商的经营会更加困难，你可以选择业绩平稳的公司，如中信建投、中信证券等，如果你认为大盘会反转，你将选择弹性大的公司，如中国银河、东方证券、光大证券、华泰证券。

上述分析主要涉及证券公司基本面，要做出投资决策还要考虑股价，我们可以把预测的利润与公司现在的股价进行对比，可以找出便宜货。我们将现在的市值与预测反转时的年度利润进行对比，H股中整个市盈率较低，相对而言，中国银河、东方证券是最低的，其PE不到4倍（见表7-13"H股中低估的公司"）。在A股中，估值较低的是海通证券、广发证券，其PE约为6倍（见表7-12"A股中低估的公司"）。可以将市值与2015年的利润对比，找出比较低估的公司相比较。反转的年度可能是2018年末，也可能推后，我们的目的并不是去赌市场的趋势，而是为了找到行业反转会对哪些公司产生较大影响，这些公司现在低估、反转时弹性又较大。前文中已经讲过，如果大盘会上涨，在H股中中国银河、东方证券是较好的选择，现在市值与反转后的业绩比值 PE 分别为3.2、3.9，华泰证券、广发证券、光大证券、海通证券、中信建投也不超过 4.5，如果 PE 为 H 股正常的 10 倍，那么这些公司将有 1~2 倍的涨幅。在 A 股中，海通证券、广发证券是较好的选择，现在市值与反转后的业绩比值 PE 预分别为5.9、6.4，华泰证券、国泰君安、光大证券不超过 7，如果 PE 为 A 股正常的 15倍，几家公司也会有 1 倍以上的涨幅。当然如果你认为大盘继续下跌，那么你可以预测的利润与股价对比也会找出合适的标的。我个人会选择大盘会反转，我把证券公司当作周期性公司进行投资。

上述预测主要是三个变量对业绩的影响，所以设定了严格的假设条件，实际情况要复杂很多，如证券公司的权益投资会发生变化等。经纪业务和两融的情况更易预测，但自营业务中权益投资收益可预测性较差，因为我们对权益投资具体标的并不清楚，另外，随着证券市场的变化，一些公司可能会增加权益投资的比例，像中原证券这样的小公司，权益投资的变化会对最终业绩产生巨大影响。

## 三、投资中的风险

其一，上述投资逻辑必须满足假设条件，我们最主要的假设是，证券市场会发生较大的反转行情。如果不存在上述条件，投资的逻辑就不成立。证券公司作为周期性行业，行业在 2018 年上半年已经进入了底部区域，行业可能仍然在底部运转，甚至继续探底。这样会对行业形成更大的压力，更多的券商出现亏损，股价也可能创新低。但通过分析可知，券商上市公司现在已经低估了，有较高的安全边际。

我们在前面讨论中知道，自营业务、两融业务、经纪业务是证券公司周期性变化中的主导因素，在大盘反转中，券商的利润将出现大幅增加。但是证券市场何时发生变化、变化的幅度是很难预测的，大盘若继续下跌会对券商的业绩造成不利影响，这也是投资证券行业的短期风险。

我们可以对这些风险进一步进行定量分析，我们假设条件是：自营业务、经纪业务、两融业务是证券行业变化时影响具体公司业绩的全部因素，在自营业务中，权益投资收益是随大盘同比例变化；大盘下跌后，日成交金额、两融业务同比例变动，例如，上证指数从年初下跌 15%，证券公司的权益投资收益、经纪业务、两融业务下跌 15%；业务收入短期内变动，公司的成本并不发生改变，公司经纪业务和投资收益变化时利润会发生等额变化，两融业务考虑资金成本，年净利息收入为两融余额的 3%；以 2017 年年报的业绩为基础，计算出大盘下跌后的年度净利润变化；权益投资额和两融余额以 2018 年中报数据为基础，经纪业务收入来自 2017 年年报。

当大盘指数分别比 2017 年底下跌 20%、15%、10% 时，在 A、H 股同时上市的 11 家证券公司的利润变化数额与变化的幅度。从而我们可以看出，大盘下跌 15% 时，净利润下降较大的是中国银河、东方证券、光大证券等，利润下降超过 50%。从 2018 年初到第三季度末，大盘下跌了约 15%，实际情况与预测结果接近。这与前面分析相对应，若大盘反转向上，这几家公司的业绩变化也最大。如果大盘继续下跌到 20%，中国银河与东方证券的业绩相对于 2017 年将下降约 90%，可能是 H 股中两家大幅折价的原因（见表 7-15 "大盘下跌时 11 家证券公司的业绩变化"）。

表 7-15　大盘下跌时 11 家证券公司的业绩变化

| | 2017 年利润 | 2017 年经纪业务 | 2018 年中报权益性投资金额 | 2018 年中报两融规模 | 指数降 20% 后净利变化、幅度 | | 指数降 15% 后净利变化、幅度 | | 指数降 10% 后净利变化、幅度 | |
|---|---|---|---|---|---|---|---|---|---|---|
| 中信证券 | 120 | 80 | 266 | 677 | −65 | −55% | −49 | −41% | −33 | −27% |
| 海通证券 | 99 | 39 | 233 | 589 | −54 | −54% | −40 | −41% | −27 | −27% |
| 中信建投 | 40 | 30 | 46 | 371 | −14 | −35% | −11 | −26% | −7 | −18% |
| 中国银河 | 40 | 44 | 153 | 537 | −38 | −95% | −28 | −71% | −19 | −47% |
| 东方证券 | 36 | 15 | 157 | 124 | −34 | −93% | −25 | −70% | −17 | −47% |
| 中原证券 | 5 | 5 | 8 | 53 | −2 | −45% | −2 | −34% | −1 | −23% |
| 招商证券 | 58 | 40 | 135 | 525 | −34 | −59% | −25 | −44% | −17 | −29% |
| 光大证券 | 31 | 26 | 93 | 362 | −23 | −75% | −17 | −56% | −12 | −37% |
| 广发证券 | 91 | 43 | 204 | 506 | −48 | −53% | −36 | −39% | −24 | −26% |
| 华泰证券 | 94 | 42 | 318 | 523 | −71 | −75% | −53 | −56% | −35 | −38% |
| 国泰君安 | 105 | 56 | 266 | 549 | −61 | −59% | −46 | −44% | −31 | −29% |

其二，虽然券商市场化程度高，信息更为透明，但与其他金融行业一样具有高杠杆性、风险扩散性，在金融行业收缩、房地产泡沫破裂时，个别券商的风险可能被引爆，出现"黑天鹅"现象。2017~2018 年，由于股票质押业务、增发破发等引起了个别公司业绩下滑，在 H 股中东方证券、中州证券、中国银河的大幅下跌，也有这方面的原因。券商股中的资管业务，存在着或明或暗的刚性兑付问题，这种情况也可能会使某些公司出现较大的风险。各种"黑天鹅"现象在大盘下跌的情景中仍然会继续发生。

其三，中国金融行业的增加值占 GDP 的比例，已经超过美国，金融行业上市公司总利润超过 A 股全部上市公司的一半。我们就可以预见：经济脱实向虚的现象也已成为共识，政策不会让虚拟经济继续大幅膨胀。

其四，证券行业内部竞争日趋激烈，内部竞争同时也受到互联网金融和国外金融机构的挑战。

其五，A 股处在 2015 年以来的底部区域，但香港恒生指数的点位并不低，A、H 比价港股虽然便宜，但恒生指数有可能继续杀跌，个别股票可能会继续下跌。H 股中整个金融企业是被低估的，不少银行的 PE<5、PB<1。华融业绩变脸后资产管理类金融企业 PE<4、PB<0.5。突发的黑天鹅事件有可能发生在个别券商中，会使整个券商的估值受到影响。金融行业营利看起来很好，但总是很缺钱，在 PB = 1 附近还不断大额融资，这是金融行业的特点，也侧面说明金融企业的利润常是纸上数字，可能随时发生改变。

## 四、具体投资策略

前面提到证券市场如果反转，会使券商基本面发生变化，但反转很难确定何时开始，预测事情何时发生比预测事情会发生难得多。我们只能根据市场逐步建立仓位，如在一个时间段内分几批买入。个别证券公司出现问题总是有可能的，可以将投资分散到 2~3 家，整个行业的仓位最好不超过 50%。根据市场的情况做出判断，选择弹性大的公司还是业务稳定的公司，或者大的券商还是小的券商。

## 五、跟踪验证

主要跟踪大盘、日成交金额、两融业务等假设指标的变化，以及假设条件变化后券商是否按照我们预测的业绩发生相应的变化。根据假设条件和业绩的变化，验证我们的投资逻辑是否正确，来确定是否调整仓位。

## 六、再论周期性公司

周期性公司最主要的特点是其产品没有差异化，公司经营与业绩出现周期性波动，其股价变化的幅度更大，对于投资者来说会出现较好的投资机会。投资周期性公司的重点是看该行业是不是在谷底、能不能反转、何时反转、反转的空间有多大。是不是在谷底，我们通常能通过生产经营做出判断，整个行业的大部分企业亏损或微利，财务指标中销售利润率、净资产收益率很低或是负值，如 2015

年的煤炭、钢铁、造纸等。这时证券市场对行业、企业也不看好，价格会很低，最有用的指标是市净率 PB，PB 约等于 1 或者更低。行业能不能反转、何时反转，要分析影响行业周期性的主导因素是否发生了变化，这些因素包括：市场的供求关系、政府政策、上下游产业的变化、原材料价格的波动等。企业业绩的反转空间是投资选择标的要着重考虑的，企业反转力度通常与市销率有关，市销率越低的企业在行业好转时业绩变化越大。在火电的案例中，华电国际的市销率在 2011 年只有 0.2，行业出现反转时，华电国际的业绩变化最大，钢铁、航空等周期性行业类同。但证券公司的情况并不是这样，我们要对公司具体业务进行分析，才能找出行业发生变化时弹性较大的公司。还有一点经常困扰周期性投资者的是，行业的基本面和证券市场的股价并不同步，也就是两者到达顶部和底部的时间不同。通常的周期性公司，基本面和股价同时在底部区域的时间较长，投资者可以从容买入。但现阶段的证券行业，2018 年第三季度经营情况还在变差，但市场普遍认为，大盘已经到达大底，股价先于基本面启动。对基本面和市场股价的变化趋势以及投资的时点还需投资者灵活掌握。

## ■ 投资感悟

估值的最终落脚点经常会集中于行业兴衰、国运、管理者能力等，成了价值判断、价值取向的问题，类似于哲学问题。

估值是用一把尺子去丈量企业的内在价值，但没有标准通用的尺子。这把尺子是你的，不是别人的，这把尺子在你的心中。重要的不是你的尺子有多准，而是你要有这样的尺子，然后去测量，一把尺子量到底，你就能找到好的公司。当然这把尺子在实践中不断校准，会越来越精确。

2080 原理说明关键的少数的重要性，股市中最终的成功者是少数人，分析企业要找到少量的主导因素，在企业的竞争中最终是少数企业取胜，优秀企业可能比对手好一点点，但在时间的长河中最后会成为赢家，有的行业是赢家通吃。

投资要考虑本质的、长远的问题，这些问题通常是定性的。这些问题弄清楚了，表面的、短期的、定量的问题就不会是问题，你投资的障碍和烦扰也就没有了。

巴菲特说，也许产自法国某一片 8 英亩葡萄园的葡萄是全世界最棒的，但我总认为其到底好不好，有 99% 是靠说出来的，只有 1% 是靠尝出来的。这一说法至今对我们理解食品的营销和食品企业的生意模式仍然有参考意义。

# 第八章　投资随想

我思故我在。

——笛卡尔

## 第一节　关于投资

### 一、证券投资与实业投资

证券投资就是对证券市场的多个公司选择买入其股票以期盈利，实业投资是对经济实体的投资和经营。两者投资前都要对投资标的或项目进行分析，投资多少资金，回报如何，有哪些风险。实业投资者在投资实体时肯定会去实地考察类似公司、项目的市场情况、产品定位、顾客状况，听取别人分析，最后拍板投资与否。证券投资也要对公司的经营状况、竞争力进行分析，然后看这家公司值不值、贵不贵，决定买不买其股票。这是证券投资与实业投资的共同之处，投资的是企业、是生意。只有把生意、把企业、把产品、把财务分析到位，才能有的放矢，聪明的证券投资者、实业投资者一样需要有商业敏锐性、深邃的洞察力，不轻易放弃的耐心和坚守。但大多数证券投资者总是道听途说、人云亦云，几分钟、几小时就决定买入某股票，比决策买件衣服时间更短。实业投资即便开个小餐馆，也要反复斟酌，反复调研，考虑到锅碗瓢盆的细枝末节，最后由自己决定。而不像多数证券投资者一样浓缩了这一时间进程，证券投资经常分化更快、大多数人亏钱更快。

证券投资常关注价格，今天比买入时又赚了多少，很少关注证券背后的企业、企业的经营。实业投资关注实体的经营，关注产品、客户、生意的盈利，很少关心我把这个工厂或者公司卖出去值多少钱。股票每天有报价，实体你很难找到报价，每天的报价给证券投资者带去喜悦、困惑、苦恼，实业投资者没有这些

214

情况。正是每天的报价，让证券投资者无所适从，更易做出错误的决定，这也是大多数证券投资者亏钱的原因，也是证券领域"二八"分化的原因。

证券投资、实业投资都与我们的商业能力、商业眼光有关。但证券投资取得成功的要求不大一样：拥有知识和能力去认知这个企业，同时要自我控制，控制好自己的情绪，克服人性的贪婪、恐惧，具有耐心和坚持。

证券投资要有良好的认知能力、心理素质和性格，实业投资要有良好的认知能力和管理能力。实业家可能做不好证券投资，证券投资大师也常做不好实业。去做证券投资还是实业投资？实业投资如果发现好的生意模式，就可以持续发力，不断复制，实现快速增长，但证券投资要关注不同商业模式、不同企业，面对的诱惑和选择更多。做实业更专业、更深入，成长得更快，但略显单调。做证券更分散、更多面，需要更多等待，但能看到更多风景。

## 二、股民、市场、企业

股民通过市场购买企业的股票，当然要关注你购买的对象——就是企业。人们通常要看得懂企业，是好企业、坏企业，值不值。但市场总是不停喊价，让股民失去理性、明智。市场就像一副哈哈镜，反射到股民眼中的企业变了样，有时高、有时低，有时胖、有时瘦、有时美、有时丑……市场改变了你的视觉，改变了你的判断，让你无所适从，只能按照镜子里的影像去决策。

股民了解企业，就是主观了解客观，但正是市场这一中介改变了主观认识客观的过程。市场的报价与股民利益相关，股民被价格、利益一叶障目。市场传递混杂信息，像一团团迷雾，让股民看不清企业，市场也宣泄着某种过激情绪——悲观、乐观，这种情绪像瘟疫感染你，让你失去判断力。股民要想成为成功的投资者，需要始终保持理性、明智，这就必须排除市场的干扰，有效的手段是远离市场，从关注市场、关注价格到关注企业本身。

市场是报价盘，也是信息流、情绪流，只有你不随波逐流，不为所动，才能占领智慧高地，看清股海沉浮、潮涨潮落，才能让自己进退自由，买卖从容。

## 三、投资是科学还是艺术

自然科学包括物理学、化学、生物学等学科，自然科学的典型特点是可重复、可实验、可验证，不以人的意志为转移。科学技术对人们的改变也有目共睹，人们更加相信科学、崇尚科学。自然科学是存在于我们社会意识之外的客观存在，有待于我们认识开发。社会科学包括经济、金融、历史、管理等，社会科学虽然也叫作科学，但又不同于自然科学。社会科学本身与人类社会活动、人的实践有关，社会实践是人们意识、行为共同作用的结果。社会科学不可能不受人类活动的影响，也不容易重复、验证。历史不能假设，不可重复。社会科学由于人类参与变得更加复杂，不可预测。社会科学是不同于自然科学的科学，也可以说不是完全意义的科学。

自然科学、社会科学的研究方法也大不相同，投资学是社会科学，也有自己的特点，它是科学又是艺术。是科学就有一定的规律可循，很多投资专家寻找着这些规律，从历史中洞察未来，并利用这些规律去寻求成功的投资方法。但这些规律——投资之道，总是不那么精确，不那么有效，有时成功，有时失败。不像自然科学中的牛顿定律那样精确、那样客观，放之四海皆准。投资上的方法、规律广为人知，广为人知的也就不再有效。

投资又是一门艺术或技艺，与人的知识、性格、风格相关，好像艺术品中的雕像，雕像的美感、渲染力不是来自精确的测量复制，而是更多地来自艺术家的直觉、情感、个性。伟大的投资家或多或少地带有个人色彩、个人直觉，这些投资手法是不可重复、不可传递的，甚至这些手法只可意会，不可言传。玄而又玄，众妙之门，投资更像有个人特色的艺术。

投资既是科学又是艺术。科学强调客观性、理性，文化艺术更强调主观性、直觉（非理性）。科学在工业革命后给人类带来颠覆性改变，我们的衣食住行大多是科学技术进步给我们带来的物质改变，物质基础也对我们的精神世界产生了很大影响。但科学和物质并非全部，随着物质需要达到一定程度，人们认识到物本主义的局限，开始更多地关注人自身，人本主义强调人的主体和人的精神世界。

投资具有科学性，就是说投资有规律可循，不是不可知的；投资具有艺术性，强调投资的个性化，投资者应该注意自身对投资结果的影响，形成与投资者相结合的方法，适合自己的就是最好的，不要东施效颦。

## 四、投资的理论、信念与实践

投资的理论是投资者对投资的抽象、假说，理论不同形成了不同流派、不同范式，在范式内，人们有共同的目的、共同的语言、共同的理念、共同的信仰，人们顺畅地进行沟通交流。这一范式和其他范式的语言、理念完全不同，只有这一范式受到不断挑战，旧范式才被新范式取代。这是美国科学哲学家托马斯·库恩（Thomas S. Kuhn）在《科学革命的结构》中的观念，作者从科学史的视角探讨常规科学和科学革命的本质，第一次提出了范式理论以及不可通约性、学术共同体、常态、危机等概念，提出了科学革命是世界观的转变的观点，深刻揭示了科学革命的结构，开创了科学哲学的新时期。其范式理论主要用来解释自然科学的发展规律，却迅速被经济、金融领域认可。投资是理论和实践相统一的学科，既强调理论也强调实践，每种理论都有自己的前提、假设条件，也有自己的逻辑。我们理解各种理论，知道其推论，更要明白其中明确、隐含的假设条件，不然会误打误用。既然是一种理论，接受它并在实际操作中应用它，这会有一种信念支撑你相信这种理论，相信这种理论在实际操作中会成功。每次实证都会加强我们对这一理论的信念，最终变成某种信仰，使你坚守这一理论。但有人对理论总是半信半疑，最后失败了，不知道是理论的失败，还是自己信念不足没有坚持理论导致的失败。你选择一种投资理论和原则，在你心中就要有一种信念指导你进行投资实践，这时你选择的理论才能指导你的实际投资。如果你心中毫无信念，理论就不能很好地指导你的操作，信念是架通理论与投资的桥梁，投资成功是理论的力量，也是信念的力量。价值投资是一种理论，也需要我们认同这一理论形成一种信念、一种信仰，这样我们在市场波动中，就会保持定力，"知止而能后定，定而后能静，静而后能虑，虑而后能得"。价值投资理论强调投资者内心一定要区分投资与投机，投资与投机是两种不同的范式，投资、投机都能取得成功，但不能朝三暮四，随意变化你的风格。

投资中的悖论。择时投机常因择时错误而导致亏损，成长股投资者常因成长股不再成长而导致亏损，价值投资常因价值判断失误导致投资失败。精确的数量方法经常被应用于经济、投资、管理等不易量化的领域，出现精确的错误。在股市中急于赚钱养家糊口的人输得更快。投机者短线操作被套却认为标的公司基本面不错，可长期持有，改做投资；投资者总是想在股票价格变动时做几把波段，挣点小钱，结果变成投机。

赚钱了，投资者总认为是自己高超的选股能力的结果，亏钱了，投资者总认为是自己运气不佳。但聪明的投资者重要的品质是能恰当评价自己的能力和运气。

## 五、价值投资、长期投资、逆向投资

价值投资是在对企业价值分析的基础上进行评估，做出是否投资的一种投资行为。长期投资主要从投资期限上做出界定，一般超过 1 年，3~5 年甚至更长期限。逆向投资强调投资决策逆大众而行，人取我舍，人舍我取。虽然侧重点各不相同，但三种方法的选择结果经常会有类同。价值投资要求选择质优价廉的好公司，这些好公司值得你长期持有，你不准备持有 10 年，就不要持有 3 分钟，因此价值投资经常是长期投资，长期投资才能与公司共同成长，共享价值。价值投资买入对象、买入时机并不多，买入之后就长期持有，只有价格过高时才会考虑卖出。价值投资选择价值高于价格的标的，这样才具有较好的安全边际。好价格就是要便宜，便宜就是不被市场大众所看中，这时的选择是逆向选择，价值投资常是逆向投资。

长期投资更强调长期持股，但长期持股不一定能赚钱，长期投资也要选择好的对象。在 A 股市场有很多公司经营多年不见改善，股票价格长期不变。例如，很多钢铁股十多年没有什么变化，钢铁股中的佼佼者宝钢股价在 4~5 元很多年，公司所在行业长期过剩，盈利不见改善，另外人们对这种重化行业也不看好。不过这几年的去产能、蓝天保卫战对钢铁行业是意想不到的利好。也有的长期投资是被套牢者的无奈之举，其持股时间再长，也很难回到原来的价位，这样的长期投资无任何优势可言。

逆向投资的逻辑就是市场中大多数人永远是错的，大多数人会落后于大盘，我们逆大众而行就是要成为市场中成功的少数。逆向投资是一种不错的选择，但逆向投资和长期投资一样要去关注投资标的情况，不能为逆向而逆向投资，不能为长期而长期投资。逆向投资也有时间选择问题，大盘刚刚启动，大家都开始入市，你逆向而动马上就卖出，结果错失了大牛市。

条条大道通罗马，价值投资、长期投资、逆向投资都是投资者的不同选择，各有千秋，投资者能灵活运用就能各得其所。

## 六、价值、价值股、成长股

有价值的东西常常更值钱，但有时在一段时间内并不能马上赚钱。很多艺术品多年以后，才价值连城，优质股票长期不涨，优秀人才长期不被认可，但优质股票终会一飞冲天，优秀人才也会一鸣惊人。有价值的压根不能赚钱：美丽的风景、纯净的空气、干净的水，每人必不可少，但卖不了多少钱，甚至不能赚钱。没有价值的或者用处不大的却很值钱，豪华奢侈品、其他稀有品、被炒作的 ST 股，看来价值与金钱并非线性关系。前几年土地很便宜，城市建设用地也不贵，土地实行招、拍、挂制度后，土地、房价猛涨，其实房子对我们的使用价值并没有增加。某些公园等公共设施，大家都免费使用，出现了"公地悲剧"，当产权明确给个人后，可以收费，价格都很快提高。

价值投资就是寻找价值、共享价值。这些价值来自企业，来自能赚钱的企业。好企业赚钱要兼顾当期利润、长远利益，企业不顾将来，一味做大当前利润，价值投资者就要当心了。好企业兼顾社会效益、经济效益，优秀企业常常有利润之上的追求。

有价值的东西不一定马上会赚钱，这时可能是价值投资者早期介入的时机。腾讯QQ为7亿多人提供社交平台，给人们带来多少价值，即使当时不赚钱，最终也会找到赚钱的商业模式。高铁为十多亿人的出行服务，每年节约多少时间，肯定有价值。滴滴打车、共享单车为城市出行带来了极大便利，肯定有价值。有价值的产品和服务找到盈利的商业模式也需要机缘巧合。价值投资者要看到当前利润、长远利润，又要看到利润之后的价值源泉，也许才能更早地发现投资标的。

价值股强调投资物有所值，成长股强调公司未来有很高的成长性。本质上两者没有区别，成长股未来不断增加的利润，贴现到现在，其内在价值就会更高，也就变成了价值股。但在具体应用上常被人们贴上了标签，选择价值股的代表是格雷厄姆。格雷厄姆的观点，企业未来的经营情况很难把握，高成长性通常不可持续，也不可预测，主张根据公司以前的情况选择明显低估的，选择标准包含：低市净率、连续分红、股息率高、负债率低、流动比率高等，这些标准从企业财务或过去经营中可以发现。费舍强调选择高成长性的公司，这些公司由于独特的竞争优势（主要指产品、技术的优势），能不断扩大市场规模，利润快速提升，这些高成长性公司未来股价也会大幅提升。巴菲特说血管流淌着80%格雷厄姆的血液，20%费舍的血液，但这20%很重要。格雷厄姆在具体策略上主张分散买入多种股票（10~30种股票），按照市净率等财务指标和过去的经营进行选择并买入，没有必要对公司的未来进行更多关注。费舍、巴菲特主张买入高成长的好公司。巴菲特更强调企业的护城河，有很好的商业模式和诚实的管理者，在合适的价格买入，坚持好生意、好管理、好价格，好企业的股票价格通常过高，在企业出现坏消息时大量买入并长期持有。

从价值股、成长股的不同策略，我们可以看出价值股强调对企业历史、现状进行定量分析，找出便宜的。成长股强调对企业的未来发展进行定性分析，企业的价值在于企业未来给投资者带来的利润，过去不能代表将来，将来更重要。价值股策略是分散买入便宜货，是适合多数投资者的机械傻瓜法。成长股策略强调投资者对商业模式的洞察力，要求投资者有能力分辨出优秀公司，只适合于少数投资者。在现在投资领域仍然有两种倾向，不过按格雷厄姆的标准在美国、中国已很难找到这样的标的，因为估值整体偏高，信用货币时代资产升值更快，但仍然可在微调标准后进行选择，有不少专业投资者依此取得巨大成功。高成长股的寻找，一直是精明的专业投资者努力的方向，也最能体现其专业水准。

价值投资者相信企业能够给投资者带来利润，也坚信企业的价值会被市场认可。因此价值投资者常是乐观主义者，相信明天比今天更好。

投资是为了赚钱，价值投资是寻求有价值的股票进行投资。价值并不完全意味着金钱，投资也不能只看到金钱。投资赚钱是一个过程，操作正确是复利过程，最终会让你富有，但投资决不会在一朝一夕之间就让你暴富。

## 七、投资与人生

人生如戏，戏如人生，说明人生戏剧性的变化。要在不确定性下做出选择，投资与人生如此相似。人生的成长过程是不断选择的过程，选择哪家幼儿园、哪家小学、中学、大学、什么专业、职业选择、婚姻选择，最后坟墓选择可能是后人做出的，但也有的人是生前做出详细安排。任何一种选择都在不确定的环境下，我们彷徨过、犹豫过，最后拍板决定。经过时间的检验，我们又忙着改变当初的选择，换学校、换专业、换工作……做投资何尝不是这样，在不确定中做出选择，过一段时间又要调仓换股。

投资与人生一样爱吃后悔药。孔子在天命之年周游列国后，发出"逝者如斯夫，不舍昼夜"的感慨，不再谋求做官而是专心教书育人，成就了一代圣人。有更多的人发现自己的专业、工作不是自己喜欢的或擅长的，抱着多少遗憾和后悔。投资也是一样，"只有下了赌注，才知道输赢"，有的人买了股票，就患得患失，感觉赌注下错了，后悔不已。

如何不后悔？一是选择前要做好功课，知此知彼，百战不殆。好多情况想清楚，好多变化预料到，就不会因为匆忙决定而后悔。二是选择要聆听内心的声音，我是谁，我喜欢什么，我想要什么，我有哪些能力、特长……这样才可能更好地选择。三是选择后我们就要有担当，对自己的选择负责，不忘初心，方得始终。时光不能倒流，自己选择的路要走好，享受一段旅程，欣赏一路美景，活出精彩人生。不能老惦记另一条路，就像中午要吃捞面条，就要想办法把捞面条做好，享受它的美味，不要再去惦记吃米饭的事。投资中你买入了贵州茅台，不要老是惦记云南白药涨得如何好。

如果真的发现当初考虑不周，选择错误怎么办？马上改正，做对的事情永远都不晚。发现投资逻辑不对，及时调整，不要在错误的道路上越走越远。发现你的专业、工作不适合自己，想好之后可以调整，但避免这山看着那山高，猴子掰玉米最后两手空空。

投资与人生一样，结果重要，也要享受过程。结果很重要，是赚是亏，是成功还是失败，是光鲜还是平淡。但过程决定结果，过程更悠长。我们要在乎过程，过程走好了，结果是自然的。

投资与人生一样，因人而异。不同人有不同的投资逻辑，不同的人有不同的投资选择。投资成功的关键在于自己，不能人云亦云。人生也是千人千面，各人有各人的活法，适合你的就是最好的。世界因你而不同，走自己的路让别人说去吧！

投资经常受到意外事件的影响，黑天鹅现象让股价一落千丈。人生风云变幻，有喜从天降，有飞来横祸。投资与人生如此相似，投资要考虑周全，以免遗漏，人生需要谨慎行事，一路走好。

# 第二节　关于金融、宏观经济

## 一、金融的特征

经济学分为两个流派，有的人认为，金融是中性，最终不对宏观经济产生直接影响。有的人认为，金融对宏观经济产生了很大的影响，货币学派是这一观点的支持者。又有一种声音认为，金融是剥削掠夺的工具，是货币战争的工具，这是一种否定派。对金融的功能争论不休，金融行业不断发展壮大，金融的某些特征越来越明显。

### （一）金融的杠杆性

银行资本充足率是8%，杠杆率是十多倍，也就是有1元钱，做的是十多元的存贷业务，赚钱亏钱都放大十多倍。分级基金中B基金是2倍的杠杆，其威力在2014年、2015年已显现。欧美很多证券投资公司是十倍甚至上百倍杠杆率，这是1998年明星云集的美国长期资本投资公司和2007年雷曼兄弟突然破产的原因。杠杆率在正向时盈利很夸张，当反向时亏损也很惊人。

### （二）金融的创新性

监管机构、金融企业总是在玩猫鼠游戏，金融行业的一大法宝就是通过金融创新逃避监管。银行贷款不让流向房地产、落后产能，金融创新出理财产品、资管计划，通过信托公司等通道流向房地产。存款没有利率市场化，一些货币基金创新一些理财产品争夺储户的存款。以前认为金融创新是华尔街、伦敦金融城的杰作。这几年金融创新很快将中国金融泡沫吹大。

### (三) 金融的流动性

人往高处走，水往低处流，金融资本总是从利润低的地方流向利润高的地方。你堵住一个地方，它便绕道而行。限制现金贷，它便以假消费贷的名义出现。对中小贷公司融资限制，中小贷将贷款资产化，并通过 P2P 卖出，等于变相融资。银行资金不能进股市，但每次大牛市都离不开银行资金惠顾。房地产也是一样，总有一些资金通过灰色渠道流入。实体经济、小微企业缺钱，也常是这些企业本身不赚钱，为了振兴实体经济，放水漫灌，但资金很快又流向房地产等虚拟经济，这也是资本逐利的本性。

### (四) 金融的风险扩散性

雷曼兄弟破产，与雷曼有业务相关性的很多公司受到影响。风险扩散性最主要的原因是人们恐惧的传染性。一家银行的某支行取不出钱、处理不当，人们就跑到这家银行的其他各分支行取钱，这家银行肯定无钱可取，更多的人都去取钱，所有的银行肯定都会出现支付危机，这就是多米诺效应。金融风险的快速传递性是金融业的致命弱点。

### (五) 金融的自我验证

很多金融市场都有自我验证的特点。外汇市场、金融大鳄散布泰铢将贬值，很多人都相信了，那么泰铢肯定快速贬值。证券市场也是这样。

### (六) 金融的创造性

信用创造是金融的特点。某企业通过债券融资 10 亿元，A 银行把购买的 10 亿元债券转抵押给 B 银行，这可以融资 9 亿元，B 银行转抵押可以再融资 8 亿元，这就是转贴现、转抵押形成的货币创造性。如汽车贷款，一台车几次抵押去贷款，也是金融的信用创造。

### (七) 金融的泡沫性

一只股票从 10 元炒到 100 元，买入的人都赚了钱，但是企业价值并无变化，假设原来 10 元一股分红 1 元，现在 100 元还是分 1 元。但是原来 10 元买入涨到 100 元，就赚了 90 元，但分红不变是 1 元。你感觉有钱了，当泡沫破裂又回到 10 元，你又变成从前的你。资产价格的涨跌不能直接创造财富，只是财富再分配，有人赚必然会有人赔。所有的金融、资产泡沫的形成和破裂，只是财富再分配。但最危险的是泡沫破裂使风险聚集在银行、证券、基金等中介环节，可以引发局部危机，从而导致系统性的金融危机、经济危机。

## 二、市场失灵与政府失灵

西方经济学相关理论认为，在完全自由竞争条件下，市场通过价格信号，实现供需平衡，资源能实现有效配置，市场达到一般均衡，社会福利能够最大化，这是完美的市场体制。但是完全自由竞争的市场经济以一定假设条件为前提：每一个产品或服务市场都有众多的生产者和消费者，每一项产品或服务是同质的，所有产品的成本和效益都是内部化的，生产者和消费者都具有充分信息，不存在交易成本，任何市场的进入和退出都是无成本的。这些假设条件在现实中很难满足，现实的市场机制在很多场合不能实现资源的有效配置，这种情况称为市场失灵，包括垄断、外部影响、公共产品、不完全信息等。市场失灵也导致了市场的缺陷：贫富分配不公，国际收支不平衡，市场大幅度波动等。

政府的有形之手能弥补市场失灵，但政府在资源配置中同样存在缺陷。在近百年的计划经济实践中，政府的有形之手去配置资源，完全代替市场，但政府推动的计划经济实践是失败的。原因是多方面的：市场的复杂性使人们很难代替市场去配置资源；政府的计划配置，让人们失去了动力，社会发展也就失去了活力；政府的计划与经济理性人的基本假设格格不入，使计划常常不能有效落实；市场和技术本身是不确定的，这种不确定使政府无法计划……苏联、东欧国家、改革开放以前中国的历史经验给我们的启示是，政府不能完全代替市场。改革开放后中国重新定义市场，认为计划和市场都是手段，不是区别姓资姓社的标准。中国 40 年的改革开放，从某种意义上就是放松政府权力、更多地发挥市场作用，重新确定政府与市场关系的过程，决定建立社会主义市场经济更是改革开放的里程碑。市场经济的实践也证明市场调节和政府宏观调控要有机结合，市场经济无形之手与政府有形之手相结合，这样才能实现资源的有效配置。在市场经济中应用政府有形之手避免了市场的缺陷：社会托底避免了社会不稳定，宏观调控避免了市场大起大落，政府扶持政策使中国新兴产业得以发展、壮大……但政府有形之手同样存在政府失灵的问题：政府会错配资源、损失效率；政府具有自我膨胀趋势，在市场中越来越强大；政府中某些部门、某些人常常出现创租和寻租行为；政府鼓励的产业常出现产能过剩；政府替代市场选择的先进技术路线可能不先进、不可行……

政府的行政手段、市场准入控制常使政府失灵代替市场失灵。2004 年政府开始不断出台政策限制钢铁、电解铝、水泥等过剩产能，但产能越限越多，2014年、2015 年，钢铁、煤炭产能出现严重过剩，但这些项目多是政府核准过的。

2016 年、2017 年政府推动去产能,"三去一补"让政府有形之手倒逼市场出清,无可厚非。但产能过快降低,市场需求又增加了,钢铁价格从 1600 元/吨到近 5000 元/吨,煤炭从 320 元/吨涨到了 600 元/吨。原来日子没法过的两个行业阳光乍现,传统产业变成了特赚钱的行业。但下游企业主要是民营企业苦不堪言,原材料、能源价格上涨,提高了下游企业的成本,也削弱了这些企业的竞争力。有形之手错误配置,也会让市场大起大落。其实市场经济就是过剩经济,只有过剩才能驱动企业以旧代新,向高质量、高效率过渡,促使我国产业结构升级、经济结构调整。政府有形之手力量巨大,给市场机制带来很大影响,有时是正面影响,有时是负面影响。2009 年过度刺激,给市场错误信号,形成大量过剩产能。现在也不能搞"一刀切"的去产能,旧的落后产能被淘汰,新的优质产能跟不上,会导致供不应求,这也是不正常的。

实体经济萧条,需要缓慢恢复,具有"父爱"思想的政府加大货币供应,货币并没有流到实体经济,而是流向虚拟经济,吹大资产泡沫。在去库存中,地方政府取消房地产限购,引发新一轮房地产暴涨,只能出台限制措施。政府有形之手是必需的,但"度"很重要,不能过也不能不及,不能左也不能右,这常考验政府的能力。"治大国若烹小鲜"道出了其中奥妙。政策经常陷入两难困境,告诉我们,经济问题有时不能一蹴而就,而是需要时间来解决。有时做决策时更应该考虑不该做什么,而不是急于做什么。

现在的过剩产能、过度竞争、重复投资并不完全是市场失灵,主要是地方政府竞争性补贴、招商引资竞争、地方保护、各级政府不当产业政策及国有企业预算软约束等扭曲了市场配置资源的效率,不是市场失灵而是政府失灵。发挥市场在配置资源中的决定性作用,更好地发挥政府作用,要处理好政府与市场的关系,用政府有形之手弥补市场失灵。在证券市场投资过程中,对企业基本面进行分析研究,政府政策也是必须要关注的因素。

## 三、实物货币、信用货币、电子货币、比特币

比特币等数字货币正在进入更多人的视野:一枚比特币超过 1 万美元,以数字货币形式进行 ICO(首次公开募集)正在增加,芝加哥交易所挂牌比特币期货交易……比特币造成的财富神话和大涨大跌正在吸引着全球的目光。

在商品经济时代,人们寻找、选择一般等价物充当交换媒介,牛羊活体动物,贝壳、奇石等稀有物品,铁、铜、银、金等金属,这些都是曾经的货币。这些商品被人们认可并成为货币,使市场交换更方便,促进商品经济、市场经济的快速发展。实物货币也随着经济发展、市场环境的变化而变化。"金银天然不是

货币，但货币天然是金银。"在近几百年来，金银等贵金属长期成为世界的通用货币，被称为金本位、银本位。实物货币本身就是劳动生产物，是商品，具有价值和使用价值，它具有交换、支付、价值尺度、储藏等货币职能。实物货币代表的各种商品价格不断变动，但实物货币没有大幅度贬值，这是实物货币被现代人常常怀念的一大优点。

随着经济的发展，交易更加频繁，以纸币代表的信用货币优势凸显：交易方便、携带方便、损耗低。纸币开始总是与金银实物有固定兑换比率，发行纸币要有金银储备作为信用保证。但人们逐渐只关注纸币，较少注意其背后代表的金银。发行方总是有意无意地多印纸币，纸币总是不断贬值，例如，宋朝的交子，国民党政府的金银券、法币。信用货币最主要的特点就是贬值，也由于贬值，不断有纸币成为废纸，退出历史舞台，信用货币经常因为不讲信用而被遗弃。随着国际贸易增加，需要一种各国认可的货币，从英镑到美元应运而生，布雷顿森林体系建立，确定美元与黄金挂钩，世界其他货币与美元挂钩。美元本位的货币体系并不完美，由于特里芬难题存在，经济增长、国际贸易增加，贸易结余国不断把美元兑换成黄金，使美国黄金大量外流，1972 年尼克松总统宣布美元与黄金脱钩。从此美元以黄金为锚的体系不复存在，进入了彻底的信用货币时代。美元代表的信用取决于美国经济、美国货币当局，也取决于人们的信心和认同。美元和其他各国货币一样成为水面上的"浮萍"，时高时低。有一点可以断定，信用货币总体趋势不断贬值，贬值成为各国货币永恒的主题，只是快慢不同。金融危机常常是金融泡沫破灭的结果，各国为了将经济从危机的泥潭中拯救出来，常用的方法是发行更多货币，世界主要国家央行的资产负债表从 2008 年危机前的 4 万亿美元猛增到 14 万亿美元就是例证。用更大的通胀治理通缩，用大泡沫淹没小泡沫，竞相贬值成为各国应对经济危机的通用策略。一向追求币值稳定，与黄金挂钩的瑞士法郎，币值不断上升使出口受阻，经济低迷，巨大压力下政府宣布瑞士法郎与黄金脱钩。信用货币让大家很无奈，但又离不开。

随着互联网的发展，人们依托互联网开展各种电子支付，特别是以手机为代表的移动支付更加便利，人们出门不愿再带现金交易，钱在电子钱包里，钱成为手机上的数字，信用货币变成了电子货币。有的国家也在适应这种趋势，央行减少纸币投放，而是直接投放电子货币，电子货币在互联网下发挥货币作用，取代了流通中的纸币。电子货币就是把纸币搬到了互联网上，电子货币同纸币一样都是信用货币，也具有信用货币的共同特点：不断扩张、不断贬值。电子货币更便捷，就像当初纸币代替金银进入流通，电子货币也代替纸币不断进入流通。

纸币、电子货币是信用货币，为什么不断贬值，背后的原因是什么？第一，政府的支出总是快于收入，政府的想法超出能力，通常的手段是印钞票。第二，货币贬值符合现代西方主流经济学理论，适当通胀能刺激经济增长，实现充分就业，3%左右的通胀已成为多国政府的政策目标。第三，金融系统有自我扩张、扩大信用的趋向，使其盈利水平提高。

著名经济学家哈耶克认为，各国政府总是超发货币，使货币贬值，为了避免争相贬值趋向，就应让多种货币在同一市场充分竞争，这样可以防止货币贬值。但这种设想很难实现，因为货币发行权都被垄断，各国央行不会将货币发行权拱手相让。人们对这种以央行为中心的信用货币发行体制越来越失望。新的思想出现了，以中本聪为代表的少数技术极客开始以点对点区块链为基础，开始推出加密数字货币如比特币。由于比特币隐秘、分布与安全的特征，被应用到点对点的交易。比特币还有数量有限、不可能随便扩大流通等优点。比特币主张的分布式去中心化理论被更多人接受，当然不少是跟风者，使比特币产生七年近万倍的涨幅。随后莱特币、以太币、门罗币、瑞波币等区块链币种出现，以及从比特币分叉产生的分叉币纷纷应运而生。比特币催生相关的挖矿产业、ICO交易所、换币平台等，现在已经形成以比特币为中心的金融体系，而且正在吹成巨大泡沫。

商品货币由于货币本身具有的价值被人们接受、认可，纸币由于国家、金融机构的背书或隐形担保被认可，比特币由于人们对去中心化、分布式理念前景的憧憬而对数字货币接受、认可。货币形成过程，就是人们信任、接受、认可的过程。信任、信念在货币形成过程中起着重要作用。人们对黄金价值的认可形成了金本位货币体系，人们对美国经济的认可让美元在全球畅通无阻，越来越多的人对比特币的认可使其价格猛涨。比特币底层的区块链技术具有颠覆性，有助于点对点交换，提高效率。比特币发行2100万枚的初始设定，变成"伪上限"，不断地分叉，大量分叉币出现，说明某些运营者正在追求原来广为垢弊的"铸币税"。人性的贪婪是比特币生态链上的最大弱点，与自由主义所批评的政府法定货币没有什么区别。以区块链技术为基础的数字货币仍然在探索：技术的突破、货币安全、货币得到政府认可、新的商业模式形成……都存在巨大的不确定性。但炒作者蜂拥，让比特币的风险被人们的热情所掩盖。潮起以后潮落，只有退潮后才知道是谁在裸泳。比特币取代信用货币的结论还过早，比特币在市场的洗礼下会再出发。

## 四、去标杆对金融行业的影响

国际清算银行估计，截至2016年底，中国总体债务与GDP比率为269%，这一比例与很多发达国家的债务水平接近，但在新兴市场中偏高，从结构上看，家庭债务与政府债务占比分别为17%和18%，两者不算高。但是企业债务在

2016 年占比 65%。由于 2017 年物价上涨（主要是 PPI），名义 GDP 增速较快，另外国家多项供给侧改革取得成效，中国债务与 GDP 的比率有所下降。债务提高虽然在可控范围内，但给经济、金融带来的风险在增加。

中国企业债务占比高、增长快。企业债务比较高的是制造业 20%（其中国有企业占 42%），房地产 15%，公共事业 14%，交通运输业、建筑业各 12%，采掘业 5%，服务业 22%。其中公共事业、交通运输业、建筑业、采掘业合计 43%，绝大多数为国企，这些行业的共同特点是重资产，投入多产出低，投资回报周期很长。这些行业的债务快速增长是投资主导型增长的累积结果，2008 年金融危机后，中国政府推出多项经济刺激政策、扩大投资提振经济，主要手段以基础设施建设项目为主，以地方政府、国有企业包括平台公司为主体进行投资。地方政府债务被关注、被限制后，地方政府想方设法将债务以地方平台公司、地方国有企业的名义出现，或者将基建项目打包给央企或其他企业，地方政府债务上升较慢，但企业债务水平快速上升，特别是国有企业债务上升更快。由于项目本身投资回报周期长，甚至一些项目在经济上并不可行，项目承担方只能借债做项目，甚至出现借新还旧。银行为什么将钱借给企业？企业为什么能通过发债募集资金？企业做政府的项目认为有地方政府做担保，地方政府早晚赖不了账。银行给国有企业贷款，投资者购买企业债，都认为企业是大型央企、地方重点企业不可能不还钱，况且企业开展的项目很多是政府的项目。这种隐形担保链条最终归结于政府，造成了企业的预算软约束盲目扩张，大量举债经常是地方政府和企业心照不宣的默契。一些地方政府债务扩张其实已超过其偿还能力，但政府官员为了任期内政绩还是扩大投资，寄希望于经济发展了土地价格会上升、财政收入会增加，最坏结果债务问题由下一任政府、上一级政府想办法。

主流经济学家认为，公共债务应保持在一个比较保守的水平，公共债务过高会导致经济放缓、代际公平、政府公信力、债务危机等问题，收支预算平衡是政府的重要职能。另一派主张功能财政，如后凯恩斯主义代表人物明斯基认为，公司部门和私人部门是一种此消彼长的关系，私人部门的盈余就是公共部门的赤字，反之公共部门的盈余是私人部门的赤字。所以政府发债不仅可以筹集资金，还能提供安全资产，是一举两得的好事，所以政府提高公共债务是合理的。按李嘉图等价原理，政府扩大债务与征税是等价的，政府债务总是在当期或者将来以税收名义出现。

中国债务的杠杆率仍然在可控范围，但企业债务上升过快，这些企业债务大部分以国有企业为主，国企借债用于政府的基础设施项目，这些项目或明或暗来自地方政府担保。另外，国企债务过快增长，也反映了国企预算软约束，不少企业管理者想的是做大而不是做强。这种以债务扩张刺激投资的旧模式，虽然刺激经济增长，但债务风险会使金融风险越来越大，地方债务、金融和实体经济高杠杆、房地产泡沫已经成为影响中国经济的关键因素。

中国政府推动供给侧改革，实行"三去一降一补"，去杠杆成为防范发生系统性金融风险的重要手段。去杠杆会对金融行业产生什么影响？其一，金融行业用旧模式的扩张方式肯定行不通，资产负债表不会再快速扩张，甚至出现阶段性缩表。其二，金融行业前些年是在资产价格快速上涨下扩大业务，当资产价格下跌的明斯基时刻到来，一些公司会面临负面冲击，会出现坏账、呆账。其三，金融行业的一些创新包括同业业务、资管业务、委托贷款等会受到更严格的监管，也会降低金融行业盈利。传统金融行业还会受到两种竞争：首先是互联网金融的竞争，互联网金融已经在信贷、支付、保险等领域打开缺口，下一步会在更多领域冲击传统金融。其次是随着金融行业开放力度增大，会有更多国外金融机构进入国内，与国内金融机构展开竞争。

形成杠杆过程，金融业务得以增长，去杠杆会对金融业务产生一些负面影响。去杠杆过程肯定会有一些风险得以暴露释放，最易出问题的肯定是最"体弱多病"的机构。一些地方银行在前些年更激进，短借长贷，很多贷款集中在地方政府项目、房地产项目、过剩产能的地方企业，这些银行可能成为最易引爆风险的导火索。

传统增长方式转变了，要求传统金融更快转型，业务重点由传统行业转向新动能领域，由服务传统企业转向服务创新领域和普罗大众。扩展业务由增加物理网点转向依靠"互联网+"和金融科技等新手段。

## 五、给赴美攻读金融硕士孩子的信

年轻人有机会到国外名校读书很幸运，你决定出国留学，我尊重你的选择，出国留学是件苦差事，要学知识又要适应新环境，要有心理准备。尽快适应新环境，其中最重要的是突破语言关，开始可以少修专业课，多点时间学习英语。留学是为了学习知识，不要为出国而出国，也不要为读书而读书，要为自己的兴趣去读书，为提高能力去读书。读书就要读通、读透，不要像我们年轻时急着工作，工作了又想着上学。

知识要广泛，但有一点独家绝技，可能让你与众不同。金融面很泛，不可能面面俱到。金融很多方面的知识很有趣：学习会计等知识和金融专业知识相结合，可以培养发现优秀企业的慧眼和能力，可以成为价值投资者；如果对数据处理、人工智能感兴趣，数学与金融知识的结合，可以用计算机对很多金融数据进行分析处理，在此领域会有很大的发展空间；中西之间金融双向交流会越来多，对相关专业需求也会很多，当然要学好英语和金融；互联网金融方兴未艾，可把互联网和金融结合；你从小喜欢文学，学好写作、传媒等知识和学好金融，从事财经传媒也会很有意思……金融与其他学科的结合有很多有意思、有前景的专业方向，你可以自己选择，不要拘泥于以上列举的。

人生是一段寻找自我的过程，一段快乐的旅程。学习克服无知，克服胆怯，树立自信，走向自立。学习是自我发现，发现自己喜欢、擅长的，并将其变成职业。查理·芒格说，通向成功是相当困难的，直到你能够在你强烈感兴趣的领域迈出第一步。喜欢是专注学习最大的动力。上学不是把疑难的、不知道的都学会，而是找到有兴趣的去深入探讨。到学校，除了上学，还要与社会、实际多接触，自己所思、实践所得常常超过书本所得。学习经济要形成自己掌握信息的渠道，保持对经济的持续观察思考，形成自己的观点，定期浏览一些报纸、杂志、财经网站，包括中英文网站，你留学后的优势可能来自你对中国的了解，对国内行业、企业的了解，这对你的职业也会大有裨益。学习金融要结合实践，要亲自操练，商业人士的成功常与他第一笔投资的年龄有关。金融光说不练不行，你可以开个证券账户，证券投资便于你跟踪所学知识、宏观经济、行业前景、企业动态、操作技术、金融产品……以后的工作靠自己的能力、专业，就更有意义，身心也更自由。你从小冷静、善于观察、善于思考，又很聪明，找到自己喜欢的事情，一定能做得很出色。选择自己喜欢的事情要倾听内心，不要为一时的名声、金钱、世俗和流行偏见所困惑。

最近对读书的方法有些体会：以前读书常常不太当回事，工作忙又认为用处不大，读书经常是草草读一遍，很少读第二遍，包括对投资书读得也不多、不透。后来读了巴菲特的书，感觉收获很大，最近读了不少关于投资的书，还有其他书，关于投资的书大多读两遍以上，也觉得以前的读书方法有差距：之前读书常常是被动读书（多是应对考试），其实主动读书更重要；之前读一本好书，读后几周还感到震撼，但几个月、一年后，对书中内容又一无所知，连最主要的内容也很难说出来，更别提具体的数据、信息了。现在我看完每个章节后要回顾一下，写读书笔记，读完一本书后再翻阅一下，对整本书写读后感。过三五个月再将好书读一遍，重新记读书笔记。这样读书收效很好，你可以试一下。泛泛读书只能满足一时的兴趣，增加一些杂乱无用的信息。真正触动你、感化你，并为你所用的好书、经典书要精读、反复读。我的读书笔记列出的书你阅读时要看一下我的记录和感悟。

选择一种体育运动（跑步、打球……）终生相伴，不然整天看书、上网、看手机会把身体、眼睛搞坏，体育运动能锻炼身体，又能放松身心、增强意志。

投资股票、选择公司，要求人们在不确定中能通过自己的知识、能力找到确定的，但投资过程常常受到偶然事件、意外事件干扰，甚至致命打击，有时是意外成功。生活也会面对很多不确定，学习之路包括未来更长的路，有坦荡有曲折，有付出的艰辛、有收获的喜悦，我和妈妈永远支持你、帮助你，家永远是你停歇的港湾。也希望你自立自强，有更多的担当，多给爷爷奶奶打电话，多和家里联系。

# 第三节　读经典著作

## 一、价值投资的奠基之作：《聪明的投资者》

《聪明的投资者》读过几遍，每次都感觉那么陌生，那么有新意，读后感到收获很大。我读的是第4版，王中华、黄一义译。书中主要讲述了投资与投机的区别，市场的不可预测性，投资者要区分自己是防御投资还是积极投资，由于未来经营的多变，对研究的行业、企业应持保守、谨慎观点，债券同股票一样风险很高。通胀与股价、公司利润的关系复杂。债券与通胀（利率）相关，长期的价格也是大幅波动，风险并不低。书中第八章投资者与市场波动、第二十章安全边际、巴菲特写的序、附录中巴菲特讲话、格雷厄姆讲话是精彩部分。该书主要介绍形成投资的理念、原则，属于投资理论和投资方法论层次的知识，书中的重点不是具体的分析技术、方法、投资建议。看书后对一些问题有了进一步理解：①投资者达到平均水平容易，超越市场很难的原因：市场大部分时间是有效的；公司角度，优秀的企业很少；人的认知能力有限；市场中人的情绪、人性对投资者的不利影响。②估值困难的原因：数学方法本身的问题；未来难以把握；估值上，普通投资者与专业分析人员竞争并无优势。③对未来有前景的成长股为何难把握：人的认知有限，所以会犯错误；人们与专业分析师的竞争处于劣势；行业、企业经营、发展本身具有不确定性，公司以前增长不能保证以后仍然增长；成长股的高股价会让投资者提前卖出；市场有效，成长股由于被普遍关注波动性更高，成长公司的成长性已体现在股价上，成长股经常是高价格无买入机会。④市场中人的弱点：贪婪和恐惧，从众，认知局限，思维定式，从市场中抽象的模式和方法常以偏概全或者应用后变得无效。⑤动态再平衡、定期购买法等固定程式的买卖能避免人性的弱点。

格雷厄姆强调自我控制、预测自我行为，主张普通投资实施一揽子的保守投资，达到总体收益，过高的收益预期是不现实的、不长久的。笔者对行业反转、优秀企业的投资策略，包括控制进出时点的逻辑能不断成功吗？还需要进行哪些调整？笔者本身也有胜人一筹的信心，这也可能跌跟头，应该有哪些防范措施：①对投资逻辑不断进行验证，证伪后要及时调整；②对股价要有耐心；③仓位控制，某行业最好不超过60%，单只股票不超过30%；④分步操作策略；⑤股票与债务的跷跷板效应，可以采用动态平衡策略。

格雷厄姆、巴菲特都是价值投资，但对价值的判断不同，格雷厄姆强调账面价值PB低的投资组合。巴菲特强调对公司进行深入分析，发现其未来成长的长期价值，买入好公司。查理·芒格也强调找到好公司，把握时机出重手。他们心里都是有价值、价格的标尺，包括安全边际标准，但对价值观察的视角不同。格雷厄姆强调现在、过去，他指出人们识别有未来有前景的公司有困难。巴菲特强调公司护城河和未来价值。这也就构成了价值投资的不同流派。对我们来说也是要对自己的能力、优势进行界定，然后采取不同的策略。

格雷厄姆认为"市场先生"不理性，是人性贪婪、恐惧的结果。格雷厄姆强调对自己的了解，对人性（人的性格）的理解，内心的控制（情绪的控制）。其哲学基础是人对未来认识的不完全性、局限性，也就是主观对客观经常出现认识偏差，要不断证伪、不断修正，才能使认识提高。客观的复杂性，客观对人的思想、认识产生影响。股市本身是经济基本面与人的行为共同作用的结果。经济基本面、人的思想行为都是经常变化的，因此股市走势更难预测。公司经营相对稳定，但商品市场与股票市场一样是变化莫测的，很多价值投资者碰到了公司经营中的黑天鹅事件。基于上述哲学基础的投资方法论：非专业人士采取防御型策略、被动投资、程式化投资，这样可以克服无知，克服市场对情绪的影响。这样的方法有：①债券、股票按比例分配资金，按变化比例超过10%或定时把两者比例调整到原比例投资；②美元平均成本投资法；③指数基金投资；④普通股选择财务稳健、有7年股息分配记录、大型的知名的公司（行业市占比25%以上）、分散到10~30个。专业投资有时间、精力、能力对上市公司进行深入透彻的分析，选择适当的公司。

本书对罗斯柴尔德的低买高卖、道氏理论提出质疑，证明其在一定时间内和一定条件下是有效的。经济学理论常常是一定假设条件的推论，同样股市的各种投资理论和方法也要有一定前提条件，只有这些条件得到满足时，理论、方法才是有效的。没有放之四海而皆准的方法，很多人只是偶然利用某些方法、某些指标操作取得几次成功，就认为发现了某些绝招，其实绝招只是偶然巧合碰运气罢了。这些绝招常常由于市场环境不同、时间不同、使用者不同而结果迥异，市场上出现的涨停敢死队等各种短期技巧常是"见光死"。当然价值投资也存在边际报酬递减，市场的价值投资越少，价值投资者战胜市场的概率也超高。假定市场参与者全是价值投资者，市场股价反映了其本身价值，价值投资者的机会变小了，由于市场股价高估、低估的情况没了，价值投资者也就没了卖出高价股、买入低价股的机会了，这时价值投资者的收益就是上市公司的盈利。但这种极端的情况不会出现，人们的贪婪、恐惧总是使价格暴涨暴跌，这种人性是亘古不变的。另外，人们对企业的价值理解总是不同，价值本身在不同人心中有不同的尺度，也就出现了市场上不同的股价。

本书提到新股发行中的问题，即在市场行情好时总是有劣质公司高价发行新股，这与现在的情况相似。新股发行中散户处于博弈劣势，处于优势方的是公司、战略投资者、发行商。IPO 就是公开拍卖，总能拍出好价钱。中国的 IPO 更怪异，政府审核制导致发行堰塞湖，高位发行。半年、一年后战略投资者、大股东胜利出逃之前，会发出利好。最终高位让二级市场接盘、消化。这一 IPO 真正反映了财富由多数人流向少数人的过程，多数人在股市交易中总是逐渐处于不利地位。中国新股不破的局面最终会被打破，打破的时点是政策转变或是市场容量达到一定程度。我国金融市场还不是真正开放、竞争的市场，国有企业由政府兜底，国有银行有国家信用、由国家兜底，理财产品刚性兑付，债券、地方债的刚性兑付，这种非市场行为有太多弊端，但也有很多机会：债券下跌中的机会，国有银行、证券、保险在危机中的机会，上市国有企业面临重组机会。

下面是我在读书中做的一部分摘录，括号内是我的注释、理解。

要想聪明地进行证券投资，你必须事先对不同的债券和股票在不同条件下的表现有足够的知识，至少其中某些条件会在一个人的经历中反复重演。

两个教训：某行业增长，并不一定会带来利润；没有什么可靠的方法挑出前景光明的行业中最有前途的公司，并将大量资金投入该股票（说明企业未来经营的不可预见性）。

行业增长并不一定会给投资者带来利润，并且很难挑出好公司。

本书目的：①建立一套令其感到安全放心的投资策略，投资者最大的问题是自己。②希望读者能够多建立度量或量化的观念"价值几何"，建议只买那些价格不高于其有形资产价值太多的股票。并以此作为我们的第一项要求，这是出于实用和心理两方面的考虑。③深思熟虑的投资方法，是稳固建立在安全性原则基础上。④稳健的投资原则一般会带来稳妥的结果。

普通股的投资者只需付出很小的努力、具备很小的能力，就可以取得一种可靠的成果。但是要提高这一轻易获得的成果，却需付出大量的努力和非同小可的智慧。如果你只想为你的投资计划付出一点儿额外的知识和智慧，却想取得大大超过一般的投资成果，你很可能会发现自己陷入一种更糟糕的境地。

要有耐心，要有约束并渴望学习，此外，你还必须能够驾驭你的情绪，并能够进行自我反思。这种智慧与其说是表现在智力方面，不如说是表现在性格方面。

培养自己的约束力和勇气，你就不会让他人的情绪波动左右你的投资目标。说到底，你的投资方式远不如你的行为方式重要。

既然你无法预测市场的走势，你必须学习预测和控制自身的行为。

防御型投资可以指望获得 3.5% 的股息收入外加平均 4% 的股票增值收益。

激进型投资面临两重障碍：人总是会犯错误，人的竞争能力有限。

关注特殊情况并购、交叉套利、资产对冲、保护性对冲、廉价证券（价格低于净营运资本价值或净流动资本）。

通货膨胀与公司利润的关系很复杂：企业利润与通胀没有必然联系，利率与通胀正相关，通胀与利润无直接关系，与股价无关（温和通胀股价会涨）。

要想通过买入一只受到忽略而被低估的股票赚钱，通常需要长期的等待和忍耐。卖出一只过去热门因而被高估的股票则不仅是对卖出者胆略和毅力的考验，更是对其财力的考验。这种投资原则是稳健的，是可能的但绝不是一种可以轻易掌握的技术。

高等级债券利息、市盈率 PE、股息率情况：1948～1971 年债券利息位于 2.77%～7.57%，1948 年 PE 为 6.3，股息率为 5.6%，1953 年 PE 为 9.9，股息率为 5.5%，1958～1971 年 PE 为 18～19，股息率为 3%，债券利息为 4%～7%，股息收益率/债券收益率从 2 倍降到 0.4 倍。

格雷厄姆对主动投资和被动投资的区分两次提醒我们，财务风险并非只存在于大多数人所关注的地方（经济形势和投资品种），而且也存在于我们的内心。

"我知道，也不在乎"这种永久性自助导航式的投资组合，会令你获得解放，再也无须为预测市场走势而殚精竭虑。承认自己对未来知之甚少，以及对这种无知的心安理得正是防御型投资者最强的武器。

防御型投资者股票购买价的上限为过去 7 年平均利润的 25 倍。

购买廉价证券有两个标准评估方法：对未来利润进行评估；可变现价值，主要是净流动资产（营运资本）价格出现折价 50% 以上。廉价证券在当期令人失望的结果（偶然坏消息）和长期被忽视、不受欢迎时价格被低估。

大企业在经济萧条时不容易倒闭，小企业在经济复苏时更快扩大销量提高利润。

丹麦哲学家齐克果：只有回过头来才能理解生活，但是生活必须往前走。

在金融市场事后观察永远是完全清楚的，但是事先预测必定是盲目的。因此对大多数投资者而言，择时交易从实际上和心理上看都是不可能的。

聪明的投资者对快速成长股感兴趣，并不是发生在其最受欢迎之时，而是在其出现某种问题的时候。

道氏理论的局限：就是把股票的某一特殊突破点看做买卖信号，1938年后不太适用，任何择时方法被一窝蜂应用都会失效。贱买贵卖法：中心价值线与价值变化幅度，设计出许多方法，但对20年的大牛市不适合。程式投资法：20世纪50年代采用成本平均法，提前退出了股市。斯宾诺沙："所有美好的东西都是既罕见又复杂的。"任何简单赚钱的方法都无法持久。

股票的稳健投资并不仅仅在于购买价接近于其资产价值，另外要求合理市盈率（相对前7年平均利润小于25倍）。

如果投资者因为所持证券市场价格不合理的下跌而盲目跟风或过度担忧，那么他就是不可思议地把自己的基本优势变成了基本劣势，不能因为其他人的错误判断而遭受精神折磨。

1970年封闭基金折价5%~14%。

心理学已经证明，人类有一种与生俱来的倾向：认为可以通过短期内的一系列结果对长期趋势做出预测。

基金前锋为什么落下：①人跳槽；②资产过度膨胀；③高超的技巧不复存在；④费用上升（一般管理费1.5%，交易成本2%）；⑤羊群行为。

好基金的特点：经理是最大的股东，费用低，与众不同的操作，不接纳新的投资者，不广告宣传。

依赖他人的意见，必须将自己与投资顾问严格限制于程式、保守甚至枯燥的投资方式……或者接纳非程式建议的条件：由防御型投资者转为积极型投资者，有能力对他人做出独立判断。

金融服务公司、经纪公司、证券分析师对投资者的价值，主要取决于投资者自身的态度，如果投资者向分析师提出正确的问题，他就有可能得到正确的答案。

经纪公司1969年危机的原因，有人认为扩张业务增加的管理费用或交易量下降，格雷厄姆认为是自营业务导致。

评价公司债券的主要标准是利润为利息支出的倍数（关注7年平均和最差年份），另外关注企业的规模、市净率（市值与债务比）、财产价值。

普通股估价方法：确定过去的数据，预测未来的数据，乘以资本化因子，计算现值。

对企业的预测常出现偏差，这是投资基金广泛多元化的原因。更好的做法是集中投资于你知道要获得很高利润的某一股票，因为业务的分散化将使你的投资变平庸。

　　影响资本化率（股票的价格）的因素：总体的长期前景、管理、财务实力和资本结构、股息记录、当期股息率。

　　分析师极大地关注行业及企业的经济状况，这些研究会在重要因素方面获得一些宝贵的见解——此类因素将在未来发挥作用，但目前的市场并未察觉。从这方面得出的足够可靠的结论有助于做出稳健的投资决策。

　　投资针对未来的研判会出现两难困境：过高估计必须承担计算有可能带来的巨大风险，过于保守会失去机会。

　　企业有宽广的防御工事或竞争优势：品牌、垄断、规模经济、无形资产、无法被替代。

　　企业是一位长跑运动员，而不是短跑运动员，5%～10%的利润增长是可持续的，企业勤于播种和收获。

　　管理层的品质和行为：诚实、言行一致、担当、为股东谋利。

　　企业估值两步法：根据以前预测利润，另外不断修正估价结果（估值更是过程，能够发现企业的价值元素，对企业的估价方法要不断调整，形成不同行业的估价特点）。

　　财务操纵方法：非经常损益、可转换权证稀释、折旧方法调整、研发成本扣除、存货估价方法、递延所得税。还有收入确认、费用资本化、退休金（养老金计划）预估。

　　公司会计经常是需要慎重对待的，证券分析会非常复杂，股票估价只有在非常罕见的情况下，才是真正可靠的。

　　分析师更应关注7～10年的平均利润，这个平均数有助于缓和商业周期经营带来的利润波动。在估价中预测利润增长率通常采用平均值测算。

　　防御型投资者的股票选择：①适当的企业规模。②足够强劲的财务状况。速动比大于2，长期债务小于等于净流动资产净额（营运资本）。公用事业类企业负债不应该超过账面值的2倍，去掉速动比2的要求。③利润稳定性。10年内每年都有利润。④股息记录。20年连续支付股息记录。⑤利润增长。过去10年利润增长1/3。（期初、期末使用3年平均数）。⑥PE小于15，PB小于1.5。或者PE×PB<22.5。

　　金融企业是高杠杆，大多数的短期负债要多于其股本，财务的稳健性更重要。

　　铁路股：小汽车、公交车、航空运输夺去了大量旅客运输业务，卡车夺去了大量货运业务。

　　每种优质股票的当期价格都很好地反映了其财务记录中重要因素的影响，以及人们对其未来前景的总体看法。任何分析师的观点，都必定在很大程度上来自于个人的偏好和预期，或者说是来自于这样的一个事实：在分析过程中他更加重视某一因素，而不太重视另外的因素。

当期价格反映了已知事实和未来预期，是为了强调市场估价的双重基础。我们可以将其称为预测法（或项目法）和保护法。第一种方法，预测法又称为定性法，强调未来前景、管理状况，以及其他一些不可计量但却很重要的定性因素。第二种方法，保护法可称为定量法或统计法，因为它强调的是股票售价与利润、资产和股息等因素之间存在的可计量的关系。

为什么指数基金好于一般基金：第一种解释是，市场是有效的，包含关于公司的重要事实和所有合理的预期。第二种解释是，证券分析师的能力是因为解决股票选择问题的基本方法存在着缺陷而受到阻碍，同时看好好公司，看衰差公司。

格雷厄姆—纽曼业务：套利、资产清理、关联对冲、廉价证券。

积极型投资者可能会将选择局限于自己认为比较乐观的产业和公司，我们强烈建议他们不要因为这种乐观情绪而购买高价股。如果在这一领域遵从我们的理念，那么他将有可能购买重要的周期性企业的股票（如钢铁），当目前的情况不太有利，近期不太看好，而且低股价充分反映了目前的悲观情绪时（不是选择前景看好的，而是选择不能再坏的周期性公司）。

质量较差的小盘股在牛市期间会被高估，因此在随后的价格暴跌中，它们不仅比大盘股损失惨重，而且全面反弹也比较慢。

成功的投资专家都有两个共同点：首先他们遵守约束，并一贯坚持自己的行为，拒绝改变自己的方法，即便这种方法已不再流行。其次他们大量思考的是做什么以及如何去做，而很少关注市场情况如何。

总体上，牛市后期发行的一类可转换证券，必然不能得到满意的收益。

作为债券安全边际可以指利息保障倍数，可以指价格低于价值的部分（安全边际是对不确定性的补偿，对不利结果起到缓冲作用）。

普通股其安全边际表现在预期的盈利能力大大高于债券现有的利率，在10年之内，高于债券利率的累积股票盈利能力，一般达到股票购买价的50%。

股票收益率（PE的倒数）比债券利率高5%，如果债券利率为3%～10%，那么股票收益率为8%～15%，对应的PE为12.5～6.6。

安全边际是指利润占股票购买价的百分比与债券利率之差。1965年PE为11，股票的回报为9%，债券利率为4%，这种情况下股票安全边际超过了100%。如果两者相等就没有安全边际了。

支付太高的价格购买优质股的风险，并不是普通的证券购买者面对的主要风险。多年的观察结果告诉我们，投资者的主要亏损来自于经济状况有利时期所购买的劣质证券，证券购买者把当期较高的利润当成了"盈利能力"，并且认为业务兴旺等同于安全边际。

只要对未来的计算是稳妥的，而且只要相对于其购买价而言存在着令人满意的安全边际。成长股价格高，就失去了安全边际。

在证券被低估的领域或廉价证券领域，安全边际的思想看得更清楚。在此，我们给出的定义是，证券的市场价格高于证券的评估价格的差额，这一差额反映了证券的安全边际。

安全边际只能保证盈利的机会大于亏损的机会，并不能保证不会出现亏损，分散化更能避免亏损的可能。

最有条不紊的投资就是最明智的投资。

真正的投资必须有真正的安全边际作为保障，而真正的安全边际可以通过数据、有说服力的推论以及一些实际的经历得到证明。

传统投资适合于高等级债券、支付利息的普通股。

我们这些证券分析师亲自创造出的大量估价方法本身是如此的具有投机性。商誉或未来的盈利能力这一因素越重要，企业的实际价值就越不稳定，因此企业普通股的内在投机性就越严重。

非传统的投资适合于那些积极投资者。这类证券范围很广，其中包含最多的是二类公司被低估的普通股，股价小于等于评估价值的 2/3，可以购买。

包括期权、垃圾债券在内，价格足够低，也有安全边际。

"有利条件的投资"（我们前面讲过，这组投资是导致证券投资新手出现严重亏损的主要原因），有可能给熟练的证券投资操作者（他们在日后以自己所认为的合理价格购买这些证券）提供良好的盈利机会。

最终的金融风险不在于你从事何种投资，而在于你是何种投资者。

丹尼尔·卡尼曼：非常准确地把握信心，正确预知明天将来的遗憾。

一次幸运的机会或一次极其英明的决策，有可能超过一个熟悉业务的人一辈子的努力。可能在幸运或是关键决策的背后，一般都必须存在着有准备和具有专业能力等条件，人们必须具有一定的手段、判断力或勇气，才能去利用机会（创造条件等待机遇，机会总是留给有准备的人）。

不确定性是投资领域最基本和无法摆脱的条件，本质上，不确定性和投资相伴而生。

投资者信奉一个共同的思想观点：去寻找某企业的价值与该企业所占的一小块市场份额的价格之间的差异。

## 二、巴菲特的投资策略——读《巴菲特的投资组合》

笔者在 2017 年 5 月 5~10 日读了《巴菲特的投资组合》，作者是罗伯特·哈格斯特朗，本书是教给你英明选择普通股的工具，对如何集中投资提供了知识框架。以前读过几本关于巴菲特的书，读过感觉受益匪浅。但系统介绍巴菲特投资具体操作的，这本书是最好的。后来知道该书的姊妹篇被杨天南翻译，译名为《巴菲特之道》。这本书介绍了 1988~1997 年巴菲特的投资组合，对具体的投资进行分析，帮助投资者更完整地理解巴菲特的投资理论，本书作者对巴菲特有更深入的了解。书中主要内容：介绍巴菲特投资原则（企业原则、管理原则、财务原则、市场原则）；从数学和概率方面证明集中投资的优势，并与现代投资理论、基金投资方法相比较；巴菲特投资工具及投资法戈公司、可口可乐公司的介绍；投资中的数学、概率应用；心理学中关于误判心理的内容；市场是复杂的自适应系统，难以预测。对很多概念进行进一步解释：企业原则指企业以前的不错历史，良好的前景；管理原则指企业家理智、坦然、独立思考；内在价值贴现方法以企业前景为基础，企业前景可以通过企业战略改变、企业财务指标（净资产收益率 ROE 和利润率）、企业暂时困难、市场认识偏差、市场中竞争对手情况等预见，了解的渠道包括年报、专业文章、管理层讲话等。

### 巴菲特的投资的历史记录

1956 年，25 岁的巴菲特自己出资 100 万美元，在内布拉斯加与 7 个合伙人（共 10 万美元），成立了投资合伙公司，1969 年解散。1963 年安吉利牌色拉油丑闻，美国运通股价从 65 美元跌到 35 美元，巴菲特将合伙公司的资产 1300 万美元投在运通，相当于运通 5% 的市值，其后两年运通股涨了 8 倍，巴菲特这笔投资赚 1 亿美元，合伙公司赚 2000 万美元。这次投资占合伙公司总资产 3000 万美元的 40%，当时运通公司的市值是 2.6 亿美元。

1962 年收购纺织公司伯克希尔·哈撒韦，后来进行了一些收购。伯克希尔·哈撒韦合并报表的企业有喜诗糖果（See's）、布拉斯加的家具店、布法罗新闻报（Baffalo News）、安全飞行公司（Flight Safety）。

1973 年，1000 万美元购买华盛顿邮报，他给公司估值 4 亿美元，市场价格是 8000 万美元。1951 年他将其净资产 65%（价值 1 万美元）投在政府就业保险公司身上，1971 年政府就业保险公司遇上麻烦，巴菲特买入占保险公司 33% 的股份，1980 年市值 4570 万美元，1987 年市值 8.5 亿美元，1995 年市值 24 亿美元卖出。

1988 年买入可口可乐，市值占据伯克希尔普通股的 20%，1997 年占 43%，投资年平均收益 34.7%。1988 年 1417 万股，市值 6.3 亿美元，1997 年分拆为 2 亿股，市值 133 亿美元，近 20 倍收益。

1990 年 10 月，伯克希尔·哈撒韦公司购买了一家银行韦尔斯·法戈公司 500 万股，共投资 2.87 亿美元，每股 58 美元，占银行 10%。当时股价从 86 美元下降，人们担心西海岸经济衰退，担心贷款被住宅抵押充斥，该银行在美国西海岸拥有最多的商业不动产。巴菲特认为一家好的银行不仅可以使它的收益有所增长，而且可以得到可观的资产回报，一家银行的长期价值取决于其管理行动。巴菲特讲的也就是银行应该管理高效、审慎贷款和投资，不断寻求降低成本，提高资本收益。法戈公司当时收益增长率、资产回报率高于平均值，运营效率是全国最高的。巴菲特认为主要风险是地震、经济危机、建设过度、西海岸不动产价格下跌传递到银行，地震、经济危机风险低，公司税前收益扣除贷款损失 3 亿美元后，仍超过 10 亿美元，若贷款中的 10% 重创，平均损失 30% 本金，公司仍不亏。巴菲特 1990 年投资约 2.8 亿美元于该银行，1997 年相应市值到 23 亿美元，基本上 10 年 10 倍收益。我们可以推算投资这家银行的情况：总市值约 30 亿美元，净资产也是 30 亿美元，PB＝1，公司的每股收益 EPS＝20 美元，PE＝3，贷款总额为 480 亿美元，银行的资本充足率约 7%，总资产收益率 1.5%~2%，ROE 大于 20%，即使 10% 的贷款中坏账达到本金的 30% 约 14 亿美元，也就是现在所说的不良贷款率达到 3%，该银行仍然不亏损。这些当时投资银行的标准，在今天我们选择银行股时仍然有参照意义。

1988 年 10 亿美元买入可口可乐，管理层所做的事情与前面不同，当家人罗伯托·格佐艾塔正在卖掉营业业绩欠佳的企业，将收入投向业绩良好的糖浆企业。格佐艾塔本人在买入公司股票。巴菲特认为市场对可口可乐的定价比实际内在价值低了 50%~70%。1998 年这项投资市值 130 亿美元。

1967 年购入国立赔偿公司，后买入政府就业保险。1999 年购入通用再保险。

1988~1997 年的总体情况，1988 年伯克希尔·哈撒韦公司总成本 12 亿美元，当时持有市值 31 亿美元，1997 年总成本 50 亿美元，市值 318 亿美元。除了政府就业保险公司、可口可乐、韦尔斯·法戈外，投资的公司还有，1988 年持有大都会美国广播公司的市值 10 亿美元，1995 年 20 亿美元；1988 年持有华盛顿邮报的市值 3.6 亿美元，1997 年 8.4 亿美元；1988 年持有联邦住房贷款抵押公司 12 亿美元，1996 年 17 亿美元卖出；1991 年 13 亿美元买入吉列公司，1997 年 48 亿美元；1994 年 8 亿美元买入运通公司，1997 年市值 44 亿美元。

　　本书介绍的巴菲特投资及了解的后来投资，可以看出巴菲特主要投资的几个方面：①消费类（可口可乐、麦当劳、沃尔玛等），考虑到企业的定价权、特许经营权、市场跨区复制、优良的财务指标，包括高净资产收益率和高利润率。②保险行业。保险是好的生意模式，虽然大额理赔时业绩出现波动甚至大的波动，但从概率上是稳赚的。好的保险公司业务具有特色、营运效率高，保险公司的大量浮存金与巴菲特的投资管理能力能很好地结合。③银行。强调在整个行业中好银行体现在管理优势、运营成本和效率、地域等方面的垄断性。④能源。投资中国石油时主要考虑其 PE 低、价格便宜，具有较高的安全边际，能源价格在当时是低点。⑤铁路。2009 年以 440 亿美元购入的伯灵顿北方圣达菲主要是因为美国经济会复苏，该铁路公司的价格便宜，资产多，物有所值。⑥其他公司。投资比亚迪主要是由于大型发电机组和电动车能源效率高，高于燃油汽车以及对管理团队的认可。投资 IBM 公司主要是其对服务对象的黏性。投资苹果公司，认为苹果公司可视为消费电子企业，有较高的用户黏性。

　　他的投资是三个十：看懂企业十年的经营，持股期约十年，投资收益约十倍。我们在学习巴菲特时不能盲目模仿其投资的企业和行业，其投资实质是选择有内在价值的企业，而且企业的价格便宜，具有较高的安全边际。他通过商业模式和管理分析能够找到好的公司，在好公司出现暂时问题时买入，好的公司在出现问题时诚实的领导能及时调整公司战略、产品结构。

　　巴菲特寻找好企业是与当时美国的行业、经济大环境密切相关的，我们要从对行业格局变化的视角分析企业。中国有前景的行业包括：①健康；②金融特别是直接金融、互联网金融等；③互联网、大数据等新技术；④快消；⑤高端消费、高端装备；⑥其他服务业。

　　可口可乐、麦当劳、沃尔玛在 20 世纪 80 年代后期快速发展中的"中国因素"，美国不少企业的成功在于不断开发新市场，中国等亚洲国家的崛起给美国企业"走出去"提供了巨大的市场机会。中国崛起后能成功"走出去"的中国企业也是值得关注的，国内业务不减少，国外业务能快速增加。建筑机械、建筑施工企业的国外业务会增加，但国内业务会萎缩。腾讯、阿里巴巴如果在保持国内业务不断增加的同时，成功开拓国外市场的话，就打开了企业的市场空间。快消、文化行业、电器行业、中药等诸多企业都面临"走出去"的问题，开拓国外市场要解决包括市场本身的问题，还会碰到政治、文化差异等问题。

投资者经常吃不准的仍然是企业分析，通过企业分析找到好企业，并逐步形成自己的标准和量尺。企业分析找到财务指标改变以前的早期线索是十分重要的，从行业前景、客户黏性能了解一些线索。巴菲特企业分析的线索：企业出现暂时问题，人们整体出现认识偏差，高利润率、净资产收益率下企业快速扩张复制，管理层理智、坦诚地做一些事情包括调整主业、将多余的现金分红。巴菲特经常使用的贴现率为10%左右，本书中使用的贴现率为7%，还是较低的，具体的贴现率要根据资本资产定价模型运算。我们在现金流贴现中对企业进行内在价值评估便于形成自己的经济量尺（标准）。

书中谈到的、现在国内很多投资者常讲的格局观，类似前面章节的系统思维、总体与结构的分析方法，可以观察行业的变化趋势，同时知道行业内企业的变化。由行业的总规模能够分析企业的发展前景、发展天花板。行业内通常由分散到集中，由分散到集中也是企业从完全自由竞争（无序）到寡头竞争的过程（有序）。行业饱和了或者某些企业形成了一定垄断，高利润仍然吸引新的竞争者进入或者被新的竞争模式（商业模式）颠覆，这可以说是行业、企业发展的一般进程。在企业竞争中，能够通过财务指标、对比企业战略等一些线索发现具有优势的企业。

香烟、白酒能够涨价的背后因素是什么？美国平均收益最高的企业是生产食品和卷烟的菲利浦·莫利斯，可见口味感觉的重要性。香烟、白酒涨价表面是企业产品的定价权问题，最根本的原因可能是消费者的感觉和心理因素。中药企业、保健品一直是好的商业模式，可能也是心理因素，原因是人们对健康的过分关注、担心，同时又不具备相关知识和信息。保险公司的高盈利模式可能来自人们对未来过分担心这一心理因素。

下面是我做的摘录，括号内的内容是我的理解或注释。

集中投资，少就是多。

巴菲特：如果你对投资略知一二，并能了解企业的经营状况，那么选5~10家价格合理且具有长期竞争优势的公司，传统意义上的多元投资对你毫无意义了。

巴菲特投资方略的基本原则。企业原则：简单易懂，持之以恒的运作历史，良好的长期前景（企业要有好的生意模式、特许经营权）。管理原则：理智、坦诚、拒绝跟风（企业要为股东着想，企业要有远大的目标和核心竞争力，坚守内核不随波逐流）。财务原则：高权益回报、高利润率的公司（采取折现率10%的现金流贴现计算股东权益，高利润率首先是高毛利，快速成长常来自企业的市场开发、不断复制），公司每保留1美元都要确保1美元市值（要么投资好项目，要么分红给股东）。市场原则：企业的估值折扣大，能低价买进（好价格，指能6折买进，市场先生出错、好企业出现暂时问题时是买入机会，内在价值评估是价值投资必需的）。

押大赌注于高概率事件上。

凯利优选模式：$F=(bp-q)/b$，$F$ 为现金下注比例，$b$ 为投注可得赔率，$p$ 为获胜率，$q$ 为落败率，$q=1-p$（投注可得赔率指收益/成本，落败时损失本金，凯利公式使用于循环下赌注的情况，对股票投资的仓位管理也有参照意义）。

要有耐心，巴菲特认为短于5年是傻子理论，将资金周转率定在10%～20%，只要事情没有变得很糟，可保持股本原封不动至少5年，教会自己在股价波动中沉着应付。

查理·芒格："仅靠简单的数据事实的堆积，外加旁征博引是不够的。相反，智慧是事实的联系和组合。你必须有各种各样的经历——不管是直接的还是间接的——然后形成这个网格状模式。""你不必成为这些领域的伟大专家。你要做的只是接受一些真正重要的概念，尽早尽快地将这些原理学好。"

1952年，哈利·马可维兹证明高风险高回报，主要论文《证券投资有效多元化》。1967年，比尔·夏普论文《简单化的证券投资分析模式》将 $\beta$ 值引入固定资产价格模式 CAPM，分析相关风险、非相关风险。1963年，尤金·法玛（Eugene F. Fama）提出股价行为学和有效市场理论。

巴菲特投资的四项因素：①企业长期经济特征是否可以肯定地被给予评估；②管理层是否可以肯定地被给予评估，不仅企业实现其全部潜能的能力可以被评估，而且企业英明地使用其现金流通量的能力也可被评估；③管理层是否可以被充分信赖，保持渠道畅通，使收益得以从企业转入到股民手中而不是据为己有；④购买价具有安全边际。

巴菲特说："你对公司了解得越多，你可能遭遇的风险越小""多元化只是起到保护无知的作用""市场经常是有效的这一观察是正确的，但由此得出结论说市场永远是有效的，这就错了，这两个假设的区别如同白天和黑夜"。

对共同基金，以价格为基础、用短期业绩进行评价是错误的。

价值投资者低业绩年数会超过30%，累积收益持续低于标普的年数会超过3年，累积收益相对最差表现为大于35%。

企业收益与股价之间的相关性：持股 3 年相关系数为 0.131~0.360，5 年为 0.374~0.60；10 年为 0.590~0.695；18 年为 0.688（0.36 相关系数意味着价格之差 36% 由收益方差来解释，时间越长企业的利润才与股价具有显著的相关性）。

伯克希尔今天使用的是一根经济量尺，用以比较可能购进的企业。查理·芒格强调："作为一名普通人，你能拥有的最好的东西莫过于你的量尺"。如果新股并不比你知道的其他股好多少，这说明它没有达到你的门槛要求，这就淘汰掉你所见到的 99% 的股票。你就可以以多种形式为你的经济标准（一根量尺）定义：全面收益、股本回报、安全边际。你的工作就是不断想办法提升经济标准。查理·芒格说，这是件十分伤脑筋的工作，而且商学院总的来说不会在这方面教你什么（投资学习实践的过程就是要找到你自己的量尺，并不断校正它。很多人有定性的概念，投资时仍心里没谱，可能是心中无此量尺）。

集中投资必须是长期投资，巴菲特说："只要企业仍以理智的态度分配公司的收益，这个股就要继续保持。长期投资除了能增加高于平均水平的资本以外，还可以降低交易成本，增加税后利润。"

巴菲特告诉我们，当处于低利率环境时，他上调折现率，当债券收益率低于 7% 时，巴菲特将折现率调整为 10%（我在前面章节里的贴现率一直采用 7%，只是为了简化，7% 并不高）。

经济附加值 EVA 的发明者纽约咨询公司的斯特恩·斯图尔特认为，资本成本的加权平均数＝资本构成中权益比例×权益成本+债务比例×债务的利息率。巴菲特并没有按照经济增加值计算资本成本，他认为公司每留成 1 美元的收益，它的市值都会增加 1 美元，他对下属公司获得资本收取 15% 的费用。

例如，一家公司的权益比例是 60%，有息债务比例是 40%，那么资本成本为 60%×15%+40%×9%＝12.6%。如果这家公司能够赚回 15% 的资本回报率，资本成本 12.6%，经济增加值 EVA 增加。如果资本回报率 10%，EVA 会下降，股价就会下跌。但在实际中经济增加值概念容易使企业过分举债）。

巴菲特对公司的管理使用三原则：理智原则（对企业进行有效管理，对收益的处理有利于企业和股民）、坦白原则（管理者诚实，勇于承认错误）、抵制机构的强迫命令原则（企业要避免诱惑，独立思考、独立行事，发挥独特优势）。

人们花时间对管理进行评估的原因是，它会对今后的金融业绩给出早期的警告信号。如果你对管理层的所言所为进行仔细观察，就会发现衡量他们工作价值的线索。这种对管理工作的衡量比在公司财务报告或报纸金融版中对公司管理的衡量要早得多。要找出管理线索需要进行深层的挖掘。

巴菲特在衡量管理时有几步高招：审查前期报告，特别注意管理层对未来战略的说法。将当时的规划与今天的结果比较，看看他们在多大程度上实现规划。

将几年前的战略与当年的战略和观点相比较，看看有哪些观念上的改变。将报告与同行业类似公司报告相比较，两家完全相仿的公司可能很难找到，但哪怕只是比较一下相关的业绩也会产生真知灼见。

了解企业渠道：追寻过去几年的年度报告，媒体中管理人员所说的话和其他人对管理人员的评论文章；总裁演讲和报告。评估管理很复杂，你睁大眼睛，获取的线索越多，你就越能准确而容易地评估管理。巴菲特说："市场经济是有序的，评估管理就是一项有用的分析工具，它将使你走在市场的前面。"

巴菲特选股方略考虑的顺序：选择公司、公司的管理状况、金融业绩（财务）及现行价格。

价值（增值）与成长在公司尾部是相吻合的。查理·芒格说："将增值与成长严格区分开的整个做法是无稽之谈……但是就我来说，所有聪明的投资都应是价值投资。"

莱格·梅森公司的比尔·米勒通读了威廉·詹姆斯（William James）的《实用主义哲学》（*Pragmatism*）以及约翰·杜威（John Deweys）的《实验逻辑文集》（*Essays in Experimental Logic*）。比尔·米勒说："估算的方法不外乎是在深层次内看他们的价格与收益比以及价格与账面值比。"

任何超常发挥的投资组合，是市场对公司估值与我们对公司估值的错位，用多种要素组合的方法找出价格错位。

比尔·米勒说："多数增值投资者都信赖历史资料评估股值，在很多方面未来与过去不同。而且很重要的一点是这种不同的最主要方面是科技在社会中的角色不同。"他认为，很多科技公司都具有巴菲特最崇尚的经济特点：高利润率、高资本回报率，将利润重新投入高增长企业的能力，以及以股民利益为重的管理方式。

评估科技公司的问题是未来的远景不肯定，设想出的几种结果产生了很大偏差。如果你对关心的公司进行一些关键领域的深层挖掘——潜在市场规模、理论概率、竞争地位——你会明白究竟是什么动因产生了不同的远景，这就会降低你的不确定性水平。

在消费品领域里，品牌意识、价格实力（规模效应）、思想交流都是包含在专利权里的要素。在技术领域里，专利要素包括网络效应、正面反馈信息、锁住效应及攀升的回报。

彼得·林奇说："学习不过是注意观察你周围发生的事情。"

迈克尔·莫布森认为："三个概念：①善于将其他学科的知识运用于他的传授体系之中；②市场先生；③安全边际。这是格雷厄姆的理论。"

成功的关键仍是要购买有才干的经理管理的低价绩优股。

莫布森认为，首先，要了解经济模式，其中不仅仅包括财务数字、财务报表，还包括企业的运作和竞争者的关系；其次，必须了解人在投资过程中的作用和限制；最后，我要他们努力工作，但不能过度努力。

巴菲特说："用亏损概率乘以可能亏损的数量，再用收益概率乘以可能收益的数量，最后用后者减去前者，这就是我一直试图做的方法，这个算法并不完美，但事情就这么简单。"（巴菲特的方法是运用主观概率）

在多数年份里获取大量利润，偶尔遭受大量损失，在某一年份遭受重创——这些就是用于描述集中投资风险和超级灾难保险的主要特征（较大的波动性是集中投资与保险行业的共同特点）。

赌马者不能混淆认真下注与游戏下注的界限（证券投资者心中要始终区分投资与投机）。

查理·芒格说："人类并没有被赋予感知一切、了解一切的天赋，但是人类如果努力去了解、去感知——通过筛选众多的机会——就一定能找到一个错位的赌注。聪明人会在世界提供给他这一机遇时下大赌注。当成功概率很高时他们下了大赌注，而其余的时间他们按兵不动，事情就是这么简单。"

巴菲特将格雷厄姆方略总结为三项重要原则：①股票看成企业；②安全边际；③用真实投资者心态对待股市。

查理·芒格说："我们要掌握金融、财会知识、统计学知识和概率论知识，最重要的是心理学理论。"

查理·芒格利用双重分析法进行投资决策，首先考虑理智预测和概率，然后仔细评估心理因素的影响。

行为金融学心理误判：①过度自信。券商和有一定知识水平的投资者有此情况。②反应过度倾向。人趋向于对坏消息反应过度而对好消息反应迟缓。这种过度重视短期业绩的做法是投资者短视行为。③躲避损失。局势不利比局势有利具有更大的影响力。④心中的账目。解释为什么不愿意卖掉业绩差的股，而卖出好的持有差的。⑤风险容忍度。与年龄性别有关，与自控能力、成就动因两项性格特征有关。

不管是经济预测、市场预测还是个股预测，巴菲特坚信预测在投资中不占有一席之地。

在整个人类历史上，我们总是被那些号称具有预测未来能力的人、概念或系统所吸引。

1982~1995年，美国国库券30年期利息由14%降到6%。

哥伦比亚大学商学院麦克尔·莫布森说："马歇尔的经济观点源于经济理论与牛顿物理学原理相似的观点，经济学中也有因果关系，这种关系预示着经济的可预测性。"

英国物理学家 James Cark Maxwel：信仰决定论的人总是在判断上出现偏差，因为物理学家就将注意力集中在那些强化世界万物有序论的总体形象上。

圣菲研究院认为复杂自适应系统的特征：①经济是许多"能因"彼此同步作用的网状体系。②对经济的控制是高度分散的。③是复杂系统最关键的特征，复杂系统中的众多能因会积累经验，并逐步适应不断变化的环境。

想去爱尔·法罗酒吧的人和试图选择正确股票的投资者均面临相同的问题，即准确的预报意味着预报的实际结果取决于其他人的预报。

市场是一个复杂多变的适应性系统，你对市场或经济即将发生的事物的认识是不重要的，重要的是你认为市场上的多数人会怎样看待市场。

乔治·约翰逊《思想火花》：人的大脑中的某种物质使得它注定要发现某些格局，不管这些格局是真实存在着还是凭空想象出来的，但这与基础无序理论背道而驰。

人的大脑渴求格局，格局意味着秩序，秩序使我们可以制订计划并利用资源。但是这种对秩序的自然驱动力，在我们研究市场时达到了极限。

布瑞恩·阿瑟：如果你真正拥有复杂系统，那么具体的格局是不可重复的。

巴菲特：我们将继续忽略政治和经济预测，它对许多投资者和商人来说都是十分伤神的事情，所有这些重磅炸弹级的事件都没有在本·格雷厄姆的投资原则中留下任何痕迹。他们对我们低价购买良好企业也没有产生任何不利影响，在今后30年里，一系列不同的大事肯定会发生。我们既不要试图预测这些事件，也不要试图从中获利。只要我们找到同我们过去购买的相似的企业，外部的意外事件会对我们的长期结果产生极小的影响。面对两种不愉快的事实吧：未来是永不明朗的；而且在股市上要达到令人愉快的共识，代价是巨大的。不确定性是长期价值购买者的朋友。

取得杰出的投资成绩：①将股票视为企业。②增加投资规模，集中投资。每项不低于10%。③降低证券换手率。④开发其他业绩衡量尺度。企业股价与企业经营最终一致，应以分析企业经济（经营）为基础。可以通过计算全面收益来衡量企业经营、投资进展。⑤学会用概率的方法来思考。研读企业年报、专业杂志，调查企业经济状况而不是股价时，概率观点就会自然出现。连你自己都会惊讶，你能够这么快地看出在每股股价变化之下潜存着的企业格局。如果你是将注意力集中潜在企业经济格局的那类投资家，你会发现你更容易以概率的方式思考。这将给你带来巨大的竞争优势。⑥学会认识判断失误心理。巴菲特说，只要你有长期投资眼光，集中投资的风险就会成为你自己的风险——这个风险就是你是否能够保持你对企业真实状况的信念，而不太关心股市的情况。⑦忽视市场预测。股价与企业内在价值脱离的原因是各种各样的，包括心理反应过度和经济判断失误。⑧等待最佳击球机会。

## 三、给投资者和投机者的启示——读《股票作手回忆录》

2016年7月13~21日第一次读《股票作手回忆录》，让我耳目一新，相见恨晚。2017年1月13~20日，把《股票作手回忆录》重新读了一遍，收获仍很大，自己以前大方向看准了，具体操作的"小活儿"总做不好，读完此书很多买卖中的长年困惑一下子释然了。这本书在两大特点：对买卖的具体操作叙述精准；对投资股票的心理描写得惟妙惟肖，与现在还如此相似。真理能穿越时空，经典永留传，看来好书要重读、多读、精读。每读一本书，读的过程、读以后几天感觉收获很大，但是时间一长"水过地皮干"，记忆下来并对自己产生影响的东西越来越少。温故而知新很重要，精读、做读书笔记也很重要。

这本书主要介绍了1920年前后股票作手利文斯顿成长、操作的全过程，作手利文斯顿的原型人物可能是著名的投机家利维摩尔。利文斯顿在投机商号，通过报价纸带的解读能力了解行情，成功攒了1万美元（当时每人年收入1000美元）。投机商号的成功，是因为发现了投机商报价纸带的规律，投机商号报价滞后，有时没有进行真正的交易。然后到纽约，纽约的交易与投资商号的交易不同：投资商号与实际交易价格不同步（信息传送的时间差），在纽约时交易本身对价格有影响，他的大额交易影响股价，股价变化快不易把握小波动。利文斯顿在纽交所投资失败，他反思后认识到不能把握每个波动，通过大波动才能赚钱，只赌大波动，不赌小波动；操作个股必须了解大势，顺势而为。后来做空中由于时机不对，让他血本无归。他得出的经验教训是：方向确定了，还要等待时机，只有把握时机，才能成功，不然早晚会死在沙滩上。在之后的10年中（1907~1916年），由于大势死气沉沉，而毫无机会，利文斯顿在棉花、咖啡期货交易中都有失败。失败后，在欠债情况下人的心理会发生变化，急于挣钱，这样就让作手失去了判断力。他认识到作手重要的是具有判断力，根据自己的判断力坚定操作，有了信念带来成功，钱只是证明作手的判断，不是让钱迷住自己的视线。书中认为心理因素（希望、贪婪）是会影响人们的判断和操作的，这也是人性的弱点。成功的作手就要逆大众而为，跌时害怕，上涨时充满希望。投机客有自身的模式局限，这成就了投机客的成功，也最终导致投机客的失败。这也体现了书中的两个观点：①心理因素是股票投机成败的主要因素；②无人能在股票投机中完胜。书中对操纵者（内部人、投机客）如何欺骗大众进行了讲述，公众失败除了自身的因素，就是受外界的影响和操纵者误导欺骗，误导的主要方式是散布消息，还有其他更卑劣的手段。最后书中列举了曾经的伟大投机客最终以失败告终，投机不能完胜市场。投机客形成并坚守自己的风格，善于做空或做多，善于商品市场或股票。但最终他们的风格、模式导致了他们的失败。

投机不能完胜市场，常以失败告终，投机客不是快乐的投资者。只有价值投资更具可操作性，更适合自己。价值投资者要关注公司价值，心中要牢记投资与投机的区别。但此书对投资者的买卖操作很有用。价值投资实践中对行业反转型企业自己相对清楚，对具有长期优势的成长型企业的识别能力有待加强。2010年来对公司基本面和大盘走势的判断还算比较正确，但是还是犯了不少错。主要是具体买卖时机不能很好把握，看对了赚不多，买早或卖早了。中国铁建、火电股、航空具体操作都有不尽如人意之处。主要原因：①下跌中能等待，直到否定之否定，守得云开雾散。但上涨中没有坚持大盘走势不变，持股不动，有营利就害怕（恐惧）以至卖出过早。②没有做到买在上涨中，卖在下跌中的金字塔操作。③在底部中进行板块、个股切换，是拔了鲜花，浇灌野草。④通过止损避免更大的损失，没有很好地坚持。⑤对个股回调和止损之间的度不能很好地把握。

下面是我在两次读书过程中做的文摘。

假使一只股票走势不好，不要去碰它。这是因为在你不能够准确地判断其问题所在时，你是无法确定它的走向的，没有分析就没有预测，没有预测就没有利润。

赚大钱依靠定力，而不是靠动脑子。很少有人能够挺直坐着就做出正确的判断。

关键不在于一定要以最低价买入或高价抛出，而是买进卖出要把握恰当的时机。

没有什么比输更能教会你不该做什么，而当你知道了不该做什么的时候，你实际上已经开始明白你应该做些什么事取胜。

股市里有两种情感——希望和恐惧。问题是当你该恐惧的时候你却充满了希望，而该满怀希望时，你却十分恐惧。

了解自己，提防自身的弱点。

半吊子傻瓜喜欢在下跌时买进，能经常引用交易格言和各种游戏规则。

我的想法从来都没有替我赚过大钱，倒是持仓观望却赚了大钱。明白吗？持仓观望！既能做出正确判断，又能持仓观望的人不太常见，我发现这是最难学习的一件事。原因在于一个人可能看得直观而清楚，但是当市场从容不迫地打算朝他推断的必定方向进行时，他却开始变得不耐烦或怀疑起来。不理会大波动，设法跑进跑出，这是致命的。

没有人能抓住所有的波动。

在多头市场里，投资人的游戏就是买进后捂着，直到你认为多头市场已近尾声。要这样做，你就必须研究总体情况而不是小道消息或影响个股的特殊因素。然后忘掉你所有的股票，忘掉是为了持有！耐心等待直到你看到市场状况转变，总体趋势开始反转，放弃设法抓住最后一档或第一档，这是任何人都能够学会的最有帮助的事情。这两档是世界上最昂贵的东西。

一个人如果对自己的判断缺乏信心，他在这场游戏中是玩不了太久的。我学到的差不多就这些——研究总体情况，建立仓位，并且坚持不动。我能够没有半点不耐烦地等待，也能够毫不动摇地面对下跌，因为我知道这是暂时现象……只有大波动才能替你赚大钱。

让我比以前更不依赖秘密消息和传闻，也就是说不管别人有多友好，或者有多大的能耐，我都不受他们观点、猜测和怀疑的影响。

在多头市场持续看好是至关重要的，这无疑让我觉得，确定你的交易市场性质比其他任何事情都有必要。我开始更加明确地看到赚大钱必定要在大波动中赚。不管最初发起大波动的原因是什么，事实是大波动能够持续并不是内线集团的幕后操纵或金融家的技巧造成的，而是取决于基本形势。不管谁反对，大波动一定会根据其背后的推动力量，尽可能地快速朝前跑，并保持持续。

小波动市场价格起伏小，预测下一次大波动是向下或向上是毫无意义的，直到股价突破任何一个方向的极限才采取行动。

投机客的另一个敌人就是他的易感性，即易感于极富魅力者的怂恿之辞，尤其是才智超常者的花言巧语。

在所有的投机和大错中，没有比企图卖掉盈利的股票或农产品以提高亏损股票或农产品的价格更大的错误了，无论什么时候，看亏损的就抛出，看盈利的就持有。

只要我着急，我将永远不会做成有用的事，只要我欠钱想赚一把，我就必定会着急。

随着经验的积累，他们不仅学会了做正确的事情，而且学会了快速做事，如此一来许多人会认为他们是在本能地做事，实际上这不是本能。

你可以传播知识，但不能传播经验。人可能知道该怎么办，但他不当机立断，他会输钱。

我们不能仅指望确定性，我们必须依靠可能性——并对可能性有预期。

我似乎一直以为按消息交易是最愚蠢的。

大盘暴跌人们总会归因于某个知名人士恶意做空，其实不是这样，是大趋势，涨多了必然跌。

股票作手就得相信自己和自己的判断，我用我的钱来支持我的观点。

要是不寻常的事情从未发生过，人与人之间就不会有差别，生活也就没什么乐趣了。

世界上没有什么能比输得一文不名更能教你不该做什么，而当你知道不该做什么才不会亏钱的时候，你开始学做什么才会赢。

老帕特里奇说"你知道，这是多头市场"，就是讲赚大钱不是看个股的波动，而是看主要的趋势。不是靠解盘，而是靠评估整个市场和它的趋势。

他们打败了自己，因为他们虽然有头脑却无法耐着性子持仓观望。不但有勇气坚持自己的信念，而且能够非常明确，有耐心地持仓观望。

因为改变公众对证券市场的看法往往需要很长时间，甚至连职业交易手在大多数时候都是反应迟缓眼光短浅的。

关键不在于尽可能以低价买进或以高价放空，而在于在适当的时候买进或卖出。当我看空卖出股票时，每次卖出的价格一定比前一次低。当我买进的时候，情况正好相反，我必须得以不断攀升的价位接盘。股价下跌时我不做多，我在股价上涨时买进。

股票作手通过卖出一定量的股票，检验市场是否有承接能力，是否有上涨趋势。

第一笔交易后，除非第一笔出现利润，否则不要做第二笔，要等待和观望。

用来证明赢的时候下大赌注，输的时候只输小钱的做法是明智的。

要做的事是在多头市场看多，在空头市场看空（这是作手的首要原则）。

一旦我不再满足于仅研究报价纸带之后，我不再只关心个股的波动，这种情况发生之后，我势必从一个不同的角度去研究这种游戏，我从研究报价回到研究首要原则，从研究价格波动到研究基本形势。

对时间因素的评估也有巨大的差异，对过去一周的分析不如对未来的预测那样重要。

赚大钱的方法就是在恰当的时机采取正确的行动，在这一行动中，一个人必须同时考虑理论和实践。

我知道所有的多头炒作在那次空头市场里都注定要失败。

不再犹豫，不再采用半吊子的方法，研究报价纸带是游戏的一个重要部分，在适当的时机下手和坚持你的仓位同样重要。但是我最大的发现是，一个人必须研究和评估总体情况以便能够预测事态发展的可能性，我不再盲目地赌博，不再关心如何掌握游戏技巧，我只关心通过认真研究和清晰的思维博取成功。

1907年10月，股市大跌，资金借贷的资金调度站枯竭引起更大恐慌。最终摩根个人和银行拿出 2000 万美金救市。

人通常很快就能适应情况，因此会丧失洞察力。

行动正确的人总是有两股势力在帮他——基本情况和犯错的人。

在一个狭窄的区间波动，这时候，预测下一次大波动到底是往上走还是往下走是毫无意义的。你应该观察市面，解读报价纸带，从而确定走势不明显股票价格的上下限，并且下决心，直到股价突破任何一个方向的极限时才采取行动。

突发或者不可预测的意外事件总是有利于我根据最小阻力线来建立的市场仓位。

我只是去了解价格最有可能移动的方向。我用额外的测试手段去检验自己的交易，从而确定心理上的关键时刻。

如先买 1/5，如果犯错退出。报价纸带说上涨没涨，现在还没到时候。如果市场上涨 10 点，我会再买 1/5，然后加码。

任何事情一开始就犯错的话，就不会有回报。一个人在恰当的时机采取正确的行动总是能赚钱。只有当你赢的时候才下大赌注，或者输的时候只亏损一笔，试探性的小赌注证明这么做很明智，好像只是一个简单的算术问题。

他会买进 100 股热门股，每涨 1%，就买 100 股……他的止损单的价位总是比最后一次的买入价低一个百分点，价格持续涨，他只是把止损价位往上移，遇到 1% 回调，他就止损出场。

在投机中，当市场对你不利时，你希望每一天是最后一天，要是你没有依赖希望的话，你本不该亏损那么多。当市场朝着对你有利的方向发展时，你害怕第二天你的利润被拿走，成功的投机客必须与根深蒂固的本能（希望、恐惧）做斗争。必须改变你称之为天性冲动的东西。在充满希望时，他必须感到害怕，在害怕时，他必须充满希望。他必须害怕亏损会越来越大，希望利润会变得更大。

投机客利用关联品种互相影响或影响大势，做空燕麦来影响玉米下跌。市场看空时，买入圣保罗公司股票，准备子弹卖出其他。然后大量卖出圣保罗。

如果一个人想在投机市场上获得成功，就必须完全认识自己。

作为投机客，让自己受某种动机的影响做出有违于自己判断的行为，是不妥的和不明智的。

当我注意到那些行情的领头股票从最高点开始下跌——很多个月首次出现——并不再回头时，我早已预期的警告就来临了。这些股票的下跌势头明显很快，这一点清楚地说明我有必要调整我的交易策略。

永远不要试图在最高点抛出，下跌后如果没有反弹要抛掉。熊市行情中，如果突然出现了大跌，补进（空头）永远是明智之举。

随着经验的积累，他们不仅学会做正确的事，而且学会快速地做事。

观察、经验、记忆和数字——这些是成功投机客必须依靠的东西。

将上市的春小麦产量好，现在铁路罢工，罢工结束后各地小麦会同时涌入市场，价格会低。我试探性地抛售小麦，接单少而且下跌，证明市场弱，我又大量抛，小麦破位下跌。

在咖啡期货交易中，受战时委员会控价的突然决定交易停止。因此，应将不可预知的事件列入风险清单。

股票本身和投机客受很多因素影响：天气、气候带来的灾难，预知错的和未能预知的因素（投资客判断、经验等能力），恐惧和希望，自身以外与自身，法律不健全，投机者无法了解大扩容后的上千家公司，未署名观点误导公众（公众损失的主要原因）。

个股的周期性涨跌特征：①吸筹待涨。内幕买入，内幕人士声称不知道上涨原因，或归因于市场波动，或声称对投机行为不感兴趣。②内幕吸筹完成。内幕人员解释被引用，或公开鼓舞公众其他更多利多消息传播并得到验证，内幕人士甚至讲业绩将改善。各种消息纷杂，误导公众跟盘。③内幕抛售下跌。公众质疑，内幕人士解释是×××卖空打压所致，公司基本面没变。结果公众没减仓损失更大。

公众必须记住这一点：股票阴跌的真正原因不是空方的打压，你可以断定要么这只股票出了问题，要么就是公司出了问题。

权威的解释总是不真实并且有误导性。

市场的运作过程总是比实际行情提前6~9个月。

这就是投资的本质，公众应该明白，知道实情的少数人是不会公开把实情讲出来的。

投机客的成功形成了悲观（乐观）的思想，但这种思想形成长期偏见后将是致命的。

投机N胜，N+1败，最终会一败涂地。也决定了投机客最终悲剧谢幕。

## 四、查理·芒格的智慧——《穷查理宝典》

最近读了《穷查理宝典》，书中闪现了查理·芒格的智慧火花和独特的思维方式，自己受益颇深。作为巴菲特几十年的搭档，在投资思想上对巴菲特也有很大的影响。他们是从年轻到老年惺惺相惜的好友，在投资的路上，他们相互影响、相互补充。查理·芒格的投资理念深刻影响了巴菲特，使巴菲特的投资重点从格雷厄姆式低估值价值股转向寻找合理估值的优秀公司。查理·芒格开始并不为中国投资者所熟悉，随着巴菲特被更多的投资者了解，查理·芒格渐入中国价值投资的视野，中国成为《穷查理宝典》在美国以外发行最多的国家，查理·芒格的思想被越来越多的投资者接受。查理·芒格的这本书不同于《巴菲特致股东的信》，后者主要从商业模式、管理、财务上对企业进行分析，该书偏重于从哲学、心理学上分析投资的本源。《穷查理宝典》充满着哲学的思辨、人性的洞察、智慧的结晶，字字珠玑，是投资者必读之书。

对书中的一些观点进行收集和归纳（有的是根据自己理解的意思形成文字）。

要有逆向思维：想成功要知道失败，企业要做强要先知道企业是如何失败的。

自己能力圈的观点既原始又独特。

投资成功的原因用两个字概括就是"理性"。

人人都有盲点。

通过赚钱使人变得独立。

公司的生态系统受到内外因素等多重因素影响，会产生波浪效应、溢出效应和lollapalooza效应（多种因素作用的复合效应）。

要未雨绸缪、严于律己、不偏不倚、独立。

钻研人类行为模式、商业系统、多学科知识。

先注意应该避免什么，就会弄清楚应该做什么事情。

科学应该尽可能简单，但不能过于简单。

过于自信、过于有把握地认为你清楚某次行动是利小于弊的，经常应付的是复杂系统。

双轨分析法：一是理性分析法，哪些宏观、微观因素主导；二是误判心理因素，本能、情绪、贪婪等非理性的影响。

给你带来麻烦的不是坏主意，而是好主意。

关于投资，我有三个选择：可以投资、不能投资、太难理解。

财务报告是评估企业的起点，而不是终点，还要关注制度等。

研究企业要注意：劳动力、供应商、客户、雇员、技术变化、竞争优势劣势、定价能力、环境、潜在风险变为现实的可能。产品、市场、商标、雇员、分销渠道、社会潮流会形成企业的护城河。

购买股价公道的伟大企业比购买股价超低的普通企业好。

查理·芒格偏爱的企业：有些是通过消灭竞争对手而达到繁荣的企业，有些是通过合作而兴旺的企业。

投资要有检查清单。

性格、耐心和求知欲的重要性。

跟生态系统一样，适者生存，商业世界要专长于某个领域。

投资要理解规模优势（可能来自于信息优势、社会认同）、心理误判、数学知识。

微观经济学要分析专利、商标、专用权、垄断。

纺织设备的不断更新对纺织企业不是好事。

少数企业拥有尚未利用的提价能力（如某个时期的迪士尼）。

吉列公司、可口可乐公司是低价高占有率。

正确的激励很重要。

口味有巨大的吸引力（好时和可口可乐的产品）。

一个人需要什么就会相信什么。

权威能够说服人们做可怕的事情。

如果你对过高的回报不感兴趣、对悲惨的生活不感兴趣、对更好的生活不感兴趣，你已经走在正确的道路上了。

制度是重要的，使坏人受到及时的惩罚。

98%的时间股市是不可知的，机会是很少的，看明白领域定错价才会有机会。

催化反应，迪士尼由于录像带出现好生意，可口可乐因为冰箱的出现销售好。这些只是池塘的鸭子，由于水位上升而被抬高。

律师经常帮助低劣的家伙打官司。

从被说服人的利益来劝说他是有效的。

拿破仑更喜欢幸运的将领，海军更喜欢幸运的船长。

避免妒忌的最佳方法是做到名副其实，致力于提高产品质量、制定合理的价格、为消费者提供快乐。

爱因斯坦成功的四因素，首先是自我批评，然后才是好奇心、专注和毅力。

5个有用的观念：①简化任务的最佳方法一般是先解决那些答案显而易见的大问题。②唯有数学能揭示科学的真实面貌。③光是正面思考问题是不够的，你必须进行反面思考。④最好的、最具有实践性的智慧是基本的学术智慧，你必须以跨学科的方式思考。⑤真正的放大效应通常在几种因素的共同作用下才会出现。

跨学科技能很重要：狭隘的专家有偏见，认为对他们有利的也是对他人和社会有利的。铁锤人倾向：在只有铁锤的人看来，每个问题都非常像一颗钉子。许多重大问题往往牵涉许多学科。

飞行员训练6要素：掌握足够全面的知识；应用知识应对风险；掌握正向和

逆向思维的方法，有效控制自己的注意力；对最重要的步骤必须进行最严格的训练，掌握到最高水平；养成核对"检查清单"的习惯；掌握以后还必须定期练习，保证在复杂问题、重要操作上面的持续高水准。

在商界、科学界，找到一个简单、基本的原理，非常严格地按照这个道理去行事。

单学科的思维是由于错误的激励机制造成的。

如果真理和一个人的利益背道而驰，那么这个人很难接受真理。

大规模、尚未败露的公司欺骗行为将会对经济产生极大的刺激效应。

成功的原因：将一两个因素最大化、最小化；增加一些成功因素形成放大效应；将几个优点发挥得淋漓尽致；顺应某些重大的潮流。

妒忌、怨恨、仇恨和自怜是灾难性的状态。

获得智慧是一种道德责任。

在竞争性的比赛中，将不平等最大化通常能够收到奇效。

在生活中应该追求的是尽可能地培养一张无缝的信任之网。

人类误判心理学：①奖励和处罚引起的超级反应；②倾向于喜欢和热爱对自己好的人；③讨厌、憎恨对自己坏的人；④避免被怀疑倾向；⑤避免不一致；⑥好奇心；⑦康德式公平倾向；⑧艳美、妒忌（驱动这个世界的不是贪婪而是妒忌）；⑨回馈倾向（以德报德、以牙还牙，投桃报李）；⑩简单联想；⑪简单的、避免痛苦的心理否认；⑫自视过高；⑬过度乐观；⑭被剥夺的超级反应；⑮社会认同倾向；⑯对比错误反应倾向；⑰压力影响；⑱错误衡量易得性；⑲不用就忘；⑳化学物质错误倾向；㉑衰老错误影响；㉒权威错误影响；㉓废话倾向；㉔重视理由倾向；㉕多种心理倾向引起的极端后果。

## 五、菲利普·费舍的投资逻辑——读《怎样选择成长股》

最近重读菲利普·费舍的经典之作《怎样选择成长股》，仍觉得受益匪浅。这本书是合订本，包含普通股和不普通的利润、保守型投资者高枕无眠、发展投资哲学三本书。巴菲特讲他的血管里流淌着的血液80%来自他的老师格雷厄姆，20%来自于费舍，但是这20%很重要。费舍的主要投资思路就是集中投资少数的成长型公司。在20世纪五六十年代选择电子、化学、机械等行业中的科技型公司，包括摩托罗拉、德州仪器、陶氏化学、食品机械化学公司等。费舍要求成长型公司满足15条原则，这些原则主要包括：企业不断进行技术研发推出新产品；企业有较好的市场能力；能低成本、高效率运营，并在行业中具有较高的利润率；企业在人事管理工作上具有优势，能充分调动员工的积极性，企业自身能够培养出当家人；企业管理层诚实；等等。费舍认为，找到成长型公司很重要，选择买点和卖点相对来说并不重要。为了找到成长型公司，费舍主张与投资专家、技术专家、公司管理层、公司客户、竞争对手闲聊，用以确定公司是否满足15条成长股的原则。

费舍同格雷厄姆、巴菲特一样被称为价值投资的代表人物。格雷厄姆主张买入内在价值高于价格的便宜货，而费舍和巴菲特倾向寻找优秀的成长型公司。后两者又有不同：费舍强调企业成长主要来自于新技术、新产品的巨大潜力，巴菲特强调企业的护城河、企业的产品服务具有定价权。费舍看重当时以技术创新为主的电子、化工、机械、金属材料公司，这些公司注重科研，不断推出革命性的产品，使企业的销售和利润屡屡登上新台阶。巴菲特看重快消企业、金融、媒体等，强调好商业模式的重要性。费舍生活的年代，赶上美国技术兴起推动制造业的快速发展，他的投资理念适合其所处的特定时代，他选择、持有的公司股票常常超过二三十年，要求投资者必须具有一双慧眼能找到这样的成长型公司，并且具有超长的耐心。但技术的选择常常具有不确定性，成功最终花落谁家，要求投资者具有好眼力的同时，有时也要有几分运气，这也是巴菲特不碰科技股的原因。20世纪80年代以后，美国在电子、化工、机械等行业相继到达了天花板，这些产业也转移到了日本、韩国。此时在美国兴起了电信、互联网、生物科技等产业，费舍失去了对先进技术固有的敏感性，也导致了其晚年的投资不是很成功。巴菲特生活的时代，赶上消费、金融行业大发展，巴菲特以自己特有的视角选择出好公司进行集中投资，取得了巨大成功。格雷厄姆处在大萧条以后的年代，人们对股市避而远之，便宜的烟蒂股很多，其买入一揽子10~30只甚至更多便宜股的投资策略，取得了不错收益。

费舍、巴菲特、格雷厄姆本质上都是寻找低估的价值股，也就是价值投资，道相通但术各不同，三人寻找价值股的方法大相径庭，但各有千秋。投资方法没有优劣，只有适合不适合市场环境、适合不适合自己，没有一成不变的最好的方法。

本书中有很多经典的论述，也是书中的闪光点。

我知道虽然一只股票的市盈率低可能会具有一定的吸引力，但是本身的低市盈率并不能保证什么，并且更倾向于作为一个警告指标告诉人们这个公司的弱点。我开始认识到，决定一只股票价格过高还是偏低不是当年的收益率，而是未来几年的收益率。

"我认为，包括两种特征的'人员'才是能否真正值得投资的公司所必须具备的，商业能力只是其中的一种特征，另一种特征则着眼于概括性的词语'正直'，它包含的意思是公司的经营者必须诚实和正派。"

"投资成功最重要的基础在于训练自己不要盲目从众，在群体方向发生转变时能够正确行动。"

"如果自己想在金融界转变时正确行动，从而赚取大量利润，那么我需要用定量的方法进行检验确信我的方向是正确的。"

"假如没有发生什么足以改变我对公司原有看法的事情，我就会持有股票3年。"

"对于大多数交易来说，固执于微小的价格差异要付出极其昂贵的代价。"

"以获取短期差价为目的来交易该公司的股票没有什么前途。"

"短期的价格变化本身是难以预测的，因此我相信为了获取短期差价而频繁交易是不可能赚取巨额利润的，只有真正长期持有正确股票的人才有这个可能。"

"每个年代都有一些热门的投机性股票，后来证明是盲目跟随群体行动会遇到的最危险的陷阱，而真正知道自己在做什么的人不会受到影响。"

"应该买入的公司是那些遵守能使利润长期迅猛增长的计划，而且具有很难让新加入所在行业的公司分享增长的内在特点的公司。"

"集中全力买入那些处于不利境地的公司，也就是买入由于整体市场状况或者当时金融圈错误判断了真正价值，使得股票价格远低于更好理解的真正价值的公司。"

"持有股票直到公司的性质从根本上发生了改变（如由于人事变动导致管理层能力降低），或者公司成长到某一点时，增长速度不再快于整体经济。"

"主要目标在于寻求资本大幅度增值的投资者，应该降低对股利的重视程度。最有吸引力的投资最有可能发生在能获得利润，但是股利较低或者根本不发放股利的公司中。"

"愿意在有些股票上承担少量的损失，而让利润在更有前途的股票上持续增长，是良好的投资管理的信号。在优秀的投资中获取微利，而让损失在不好的投资中增长，是投资判断极差的信号。"

"ERISA 的意思是投资没有气势是一种不够老练的行为（Emasculated Results：Insufficient Sophisticated Action）。"

"优秀的普通股管理有一个基本要素：不盲目接受当时金融界的主要观点，也不会只是为了与金融界的主要观点相反而采取相反的行动，拒绝当时盛行的观点。相反，投资者应该拥有更多的知识，应用更好的判断力，彻底评价具体情况，并且在你认为你是对的时候，要敢于采取与群体相反的行动。"

"投资普通股和人们大多数领域的活动一样，成功主要取决于努力工作、智慧、正直。"

"和竞争对手相比，这家公司必须是产品或者服务的成本最低的生产商之一，而且有希望继续保持成本最低。"

"一家公司必须具有很强的客户导向，能识别出客户需求和兴趣的变化，然后以适合的方式对这些变化做出反应。这种能力能使公司源源不断地推出新产品，以补偿成熟或者过时的产品。"

"今天即使非科技公司也需要强大和方向正确的研究能力，以此生产更新和更好的产品，并以更有效的方式提供服务。"

"研究的效果有很大的差异，研究更有成效必须具备两个要素，它们是市场、利润意识和有能力将必需的人才组合为一个有效的团队。"

"较为成功的公司通常有一些独一无二的特点，这些特点是指一些特殊的做事方式，对它们的管理团队特别有效。这是一个积极的，而不是消极的信号。"

"公司必须真诚、实际、有意识地持续努力，让每个级别的员工（包括蓝领工人）认为公司是一个工作的好地方。"

"高利润率引来竞争，竞争则会侵蚀获利机会，减轻竞争的最好方式是以很高的效率运营，使得潜在的竞争对手没有加入的刺激因素。"

"规模效率往往被官僚主义的中层管理人员的无效率抵消。"

"相对目前的竞争对手的能力，改革者如果能以新颖的方式结合不同的科技，如电子与核子学，那么成功的可能性会提高。"

"寻找优秀普通股的15条原则：①至少在几年内，公司是否具有足够市场潜能的产品或服务，使得销售额有可能实现相当大的增长？②对于当前引人注目的生产线来说，如果其中大部分潜在增长已经开发完毕，管理层是否有决心继续发展能够进一步增加总销售额的产品或者生产方法？③考虑到规模的大小，公司在研究和发展上付出的努力是否有效？④公司是否拥有高于平均水平的销售团队？⑤公司是否具备有价值的利润率？⑥公司正在为维持或者增加利润率而做些什么？⑦公司是否具备出色的劳动和人事关系？⑧公司是否具有很好的行政关系？⑨公司的管理是否有层次？⑩公司在成本分析和财务控制方面做得有多好？⑪关于竞争的强弱，公司是否在商业的其他方面，尤其在行业的领域为投资者提供重要的线索？⑫公司是否拥有短期或者长期的利润前景？⑬在可预见的未来，公司的增长是否需要足够的股权融资，以保证更多发行在外的股份能够在很大程度上通过预期的增长来抵消现有股东的利益？⑭管理层是否在一切顺利时才能坦率地与投资者谈论公司的事务，而在出麻烦和失望情绪时就保持沉默？⑮公司是否具有一个毋庸置疑的诚实管理层？"

"商业周期，利率的趋势，政府对投资和私人企业的整体态度，通胀的长期趋势，新的发明和技术对旧行业的影响，这五种力量通过民众心理或者直接的经济运行的作用，可以对股票价格产生巨大的影响。"

"卖出的三个原因：①原先的买入是一个错误，特定公司的真实背景逐渐变得清晰起来，利润也比最初的预计要低。②公司由于时间的推移而发生了变化，不再符合15点原则，那么一般应该卖出该公司的股票。③找到了新的具有吸引力的。"

"投资者的五个不要：①不要买入创业型公司的股票。②不要忽视一只'场外交易'的好股票。③不要仅仅因为你喜欢年报的'语调'而买入一只股票。④不要以为一只股票的市盈率高，必然表示收益的进一步增长已经反映在价格上。⑤不要计较蝇头小利。"

"在我最初调查研究的公司中，五分之一来自行业内朋友提供的观点，另外五分之四来自我认为很有能力的少数投资人士更有吸引力的选择。"

"我会积极地寻求'闲聊'，不断了解该公司的15点原则的接近程度。"

"在股票市场，强大的神经系统比聪明的头脑更重要。莎士比亚可能无意间总结了普通股投资成功的过程：'只有经历了巨浪狂风才能找到财富。'"

"保守型投资的特点：①生产、营销、科研和财富技能的优势。②人的因素。③一些商业的投资特征：有可能获得高于平均水平的获利能力。④保守型投资的价格。"

"相对于整个股票市场，任何个别普通股每一次价格的显著变化的发生，都是因为金融界对该股票评价的变化。"

"在我的全部职业生涯中，我认为商业上的成功依赖于三条原则：诚实、独创和勤奋工作。"

"正如莎士比亚所说：'世事的起伏本来是波浪式的，人们要是能够趁着高潮一往直前，一定可以功成名就。'"

"我见多了为了获得短期差价而频繁进行的交易，包括一些相当聪明的人都这么做过，我知道连续三次的成功，只会增大第四次以灾难结束的可能性，这种交易承担的风险要比买入那些我看好的公司的等量股票，并等待长期的增长要高出许多。"

## 六、《国富论》是市场经济的百科全书

作为经济学圣经的《国富论》，我买书很早，但一直没有仔细读，最近我读了两遍《国富论》，版本是1930年由郭大力、王亚南译的，是最经典的译本，不过因为时代的原因，语言带有文言味，一些词汇的翻译也有当年的特点，读起来比较吃力。最近才知道普通读者选择人民日报出版社出版、胡长明翻译的版本，可读性更强，之后再读。此间我也读了亚当·斯密的另一本作品《道德情操

论》。亚当·斯密一生从事经济、法律、伦理方面的教学、研究，终身未娶，他本来还要写一部法律方面的书，但未能如愿，给后人留下两部传世佳作。《国富论》写于1778年，是现代西方经济学的开山之作。书中探讨了国民财富的性质、产生，似乎是经济学的书籍，其实涵盖了经济、哲学、历史、政治、宗教、军事、教育等多方面，是关于资本主义的百科全书。

书中主要内容：开篇介绍了分工及其作用，社会经济发展源于分工，分工使效率提高。劳动创造价值，对劳动工资的影响有很多因素，资本在不同行业的利润率变化较小。种植、猎狩、开采矿产情况下地租的变化情况。劳动、粮谷、金银的价格变化规律，在他写作之前的300年，粮谷价格稳定，金银价值由于产量高而降低。资本利润率在不同行业基本相同，在大城市稍低，因为大城市能容纳大资本。地租取决于谷物的产量，谷物的地租决定了其他原始生产物的地租。金银随着国家财富的增加，价格不断提高，其他宝石等稀缺奢侈品也是同样的道理。金银只是财富的尺度，但并不是真正的财富，真正的财富是劳动生产物。金银储存起来，能调整不同人群在不同时期内的消费，但不能决定当期总的生产、消费（金银的这个特点与现在的很多金融产品很类似，跨期配置资源）。国家的关税、税收政策应该保护生产和事物的自然状态，而不应逆势而动。对重商主义、重农主义进行分析，重商主义奖励出口、限制进口，实际上不利于国民财富的增加，市场中独占保护常使国家受损，并且也常不利于独占公司，书中举了南海公司、东印度等多家公司的例子。书中始终强调市场——看不见之手的作用，市场竞争才能促进进步，增加社会财富。书中有鲜明的理论、思想内涵，同时对英国、法国、德国等欧洲国家，北美、印度等当时的殖民地的状况进行了详细的介绍、分析。书中还以经济为主线，讲述了殖民地、社会、政府政策、宗教、司法、教育等运行规律。

笔者是学经济学出身的，体会是，现在本科生学的经济学课本主要是高鸿业主编的《西方经济学》及类同课本，有不少坐标、图示，相当于"几何版"经济学，后来研究生学的中级微观经济学，相当于"代数版"，高级微观经济学相当于"高等数学版"，鼻祖亚当·斯密的《国富论》相当于文字叙述版的经济学。但几者的思想理论是一脉相承的，后来的经济学是对亚当·斯密的理论进行进一步解释、在数学上加以证明，某种程度上可以说是用复杂的方法证明简单的理论。

书中内容丰富，笔者记了详细的读书笔记，为了简化，把可能与投资有关的内容进行了摘录，括号内是笔者的进一步理解。

相同人数分工后作业量增加，由于三种不同的事情：①每个特殊工人的技巧得以增进；②工作不再变更，从而节约时间；③机器被发明。

（产业集聚效应是由于在一定范围内分工的结果，产业转移也可以用分工来解释。）

劳动是商品的真实价格，货币只是商品的名义价格。

16世纪美洲金银很多矿山出现，降低了欧洲金银价值近1/3。

在贪图功利的君王心里，宁愿减少铸币内含的纯金属量。

（垄断造币时代，在金银币和信用货币下都在不断制造通货膨胀，通货膨胀等于国家收取通货膨胀税，通货膨胀对债务方有利，对债权方不利。）

这些年来，只有劳动是价值的普通尺度、正确尺度了。换言之，只有劳动，能在一切时代一切地方，比较各种商品的价值了……因此，只要在同一时间、同一地方，货币亦未尝不可作为一切商品真实价值的正确尺度……所以，我们不能不求其次，常以谷物时价来比较商品的真实价值。

（这时货币、谷物是一种相对尺度，劳动是一种绝对尺度。劳动力作为普通尺度存在商榷：劳动的供给会发生变化——人口及其结构变化，劳动由于不同技巧产出不一样的生产率变化，劳动的积极性引起了效率变化。由于劳动本身的不断变化，使其作为尺度存在疑问。）

工资、利润、地租对于一切交换价值，可以说是三个根本源泉，同时对于一切收入，也可说是三个根本源泉。一切收入、结局都是这三种收入的派生。

市场价格在自然价格上下波动。市场价格高于自然价格，可能来自：商业的秘密、制造业的秘密、特殊土壤与特殊位置、给个人或商业公司以独占、同业组合的排外特权、徒弟制度以及限制特殊竞争的各种方法。

（自然价格类似于均衡价格，这些垄断或独占能使商品价格在或长或短的时间内高企，当然像特殊土壤、特殊位置这种独占长期难以打破。对我们理解企业的特许经营权很有帮助。）

1614年，普通工资6~10便士/日，一星期3~5先令。六口（父母及四个子女）一周家庭费用6先令，一年需26磅。

（可见英国的物价上涨也是惊人的，研究投资必须研究通货膨胀。很多好企业能抵御通胀，一般企业能像跟着水面浮起来的鸭子也不错，不过很多企业沉没了。）

在劳工与雇主之间的争议，雇主虽居于有利地位，但劳动工资的降低终有所底。凡依劳作而生活的人，其工资至少须能在维持基本生活的同时赡养家庭，延续劳动者自身的再生产。

对工资劳动者的需要，必随一国收入及资本增加，收入及资本的增加就是国富的增加，所以对工资劳动者的需要又随国富增加而增加。

劳动工资上腾的诱因，不是国富的现实庞大，却是国富的继续增加。一国尽管非常富有，若长久陷于停滞状态，不会发现极高率的工资……可见劳动报酬优裕，乃国富增进的必然结果，同时又是国富增进的自然征候。

18世纪，劳动真实报酬（即劳动者由劳动而得的生活必需品、方便品的真实数量）的增加比例，转劳动货币价格的增加比例为尤大（原因是谷物价格、食料价格趋于低廉）。

一般而论，贫困虽然会使人不愿结婚，但不仅不能阻止结婚，且往往有利于繁殖。

（生育中"越穷越生"的现象在亚当·斯密时代也存在。）

劳动工资丰裕，是财富增加的结果，又是人口增加的原因。大多数人民境况最幸福、最安乐的时候，并不是社会已达到绝顶富裕的时候，而是社会日进于财富的时候。劳动者的境遇，在社会静止状态下是艰难的，在社会退步的状态下是困苦的。只有进步状态是社会各阶层快乐兴旺的状态。

（发展中国家的幸福指数常高于发达国家的原因，但前提是发展中国家要发展。）

丰裕的劳动报酬，一方面促进普通人类繁殖，同时会增加其勤勉。

资本增加，虽会提高工资，但同时却减低利润。

利润与市场利息率一同变动。

在大都市上经营一种事业，往往比乡村需要更多资本。资本庞大，就业增加，工资会提高，但利润率会降低。在乡村偏僻地方，人为获得职业而相互竞争，于是劳动工资低落，同时资本利润抬高。

在当时，荷兰富于英格兰、苏格兰、法兰西，但荷兰的资本利润却低。利润减少时商人辈即诉说实业衰退，不知道利润减少正是实业繁盛的自然结果。在北美，高劳动工资与高资本利润并行，也许是新殖民地的特有现象。

财富改良及人口增进了，利息不得不趋于低落，劳动工资却不与资本利润共同跌落。不论资本利润对劳动如何需要，必随资本增加而增加，利润尽管低，资本却不妨照旧增加，甚或较以前更迅速地增加。

新领土的获得，新事业的开展，结果就连在财富正迅速增加的国度，也会提高资本利润，因而增加货币利息。

我相信晚近战争虽耗去了巨大金额，但大英帝国的资财却并不因此减少。

法律上的缺陷，往往抬高利息率，使不按照比例于其国贫富状况，如契约保护缺乏就催高利率，回教禁止利息，利率高，一部分贷款难以收回。

（现在房地产行业借贷的高利息也与法律限制有关。限制民间借贷，常使民间借贷利息升高。）

通常市场利息率对普通纯利润率的比例必随利润腾落而变动。英国商人辈以2倍利息的利润，为妥当适中合理的利润。

劳动资本的用途不同且极不均等，这种不均等一部分基于职业本身的性质，一部分基于区别欧洲诸国的政策。基于职业本身性质的不均等：第一，职业本身有愉快不愉快，第二，学习难易，学费多变；第三，工作安定或不安定；第四，担负责任有重有轻；第五，营业成功的希望有大有小。

多数人对于自己的才能往往过于自负，这是历来哲学家、道德家所指出的人类通病。但世人对于自己的幸运往往产生不合理的妄想，却不大为识者所注意。

（买彩票、不买保险，年轻人常选择海军、海员等职业，常常是由于高估自己的运气，证券市场也存在这种情况。）

不同国度的真实劳动报酬不同，其间的比例不受支配于诸国实际的贫富程度，而受支配于诸国实际的进退状态。

大都市零售价格较农村低，是由于大都市有大资本，大资本的雇佣工资高，但资本收益率较低，所以零售价格低。

（这也说明积聚效应、规模效益、薄利多销，也是城市快速兴起的原因。）

劳动工资与资本利润大体上互相均等，那就连在最自由的地方，亦需具备2个必要条件：①各职业需为邻近所周知，且已在当地确定甚久。②各种职业均需为从事者的唯一职业或主要职业。

欧洲政策的影响（职业完全自由）依着以下三种方式：①限制某种职业上的竞争人数，使愿加入者不能加入；②增进某种职业上的竞争，使其超越自然的限度；③妨碍劳动和资本的自由活动。

地租与工资利润，同为商品价格的构成部分，但其构成方法不同。工资及利润的高低，为价格高低的原因，地租的高低则为价格高低的结果。

（这点能够很好地解释房地产和房租不断上涨的原因，有的人认为房价是经济发展、GDP 的结果。）

一切改良中以交通改良最有实效，果树园、牧场与良田会转换……特色葡萄酒在栽培上，虽较其他葡萄酒需有慎重的注意，但其较高的价格，却不是慎重栽培的结果，倒可说是慎重栽培的原因。

（你知道茅台酒、阿胶为什么贵了吧？并不是由于粮食、驴皮涨价。）

在欧洲直接充做人类食粮的土地生产物为谷类，除了位置特殊，欧洲一切耕地的地租受支配于谷田的地租。

随着发展，食物供养人数增加，人们对衣服、建筑材料的需要增加，提供衣服、建材、金属、装饰的土地也开始产生地租。一国土地先满足食物需要，然后满足衣、住等，食物如得到供给，就不难找到必需的衣、住。

土地改良耕作发达的结果，半数人口的劳动可生产供给社会全体人的食物。而其余半数用来生产其他物品，以满足人类其他欲望及嗜好（衣服、住房、家具、装饰），富人、穷人对食物受限制于狭隘的胃脏，只是质的差别，而对衣、住、家具、装饰的欲求却似无限境。这样看来，食物不但是地租的原始源泉，后始发生地租的土地生产物，其价值中，相当于地租的部分，也只是土地改良耕作发达，使生产食物的劳动生产力增加，从而派生出来的结果。

地面土地的地租，通例被假定等于总生产额的1/3，而炭坑方面以总生产额的1/10的地租（并且不确定）。致使置产者以30倍年租的价格购买田产为平价，以10倍年租的价格收买炭坑为高价（炭常以最低价出售，易受新炭坑的影响、受薪木价格影响）。

炭坑的价值取决于丰度，也同样取决于其位置。但金属矿山的价值取决于丰度者多，取决于位置者少……世界产金属最丰的地方，金属价格，尤其是贵金属价格，就不免多少影响世界各地矿山的价格。秘鲁银矿被发现后，欧洲银矿有大部分归于废弃。各矿山所产金属的价格实际上均在某种限度，受支配于世界当时产量最大的矿山的产物价格，在大多数矿山所产的贱金属价格中，地租也只占小部分，在贵金属价格中，地租所占部分尤小。劳动与利润构成了贵贱金属价格的大部分。

（开采的成本不同，使不同矿的利润差别很大，2015年中国神华很赚钱时，不少煤炭企业已经大幅亏损。）

贵金属能在市场卖出的最低价格，换言之，贵金属长期在市场上所能交换的其他货物量通常受支配于其他一切货物普通最低价格的原理。决定这种最低价格的是贵金属上市所必须投下的资本量，换言之是贵金属上市所必须消费掉的衣、食、住三种物品。但贵金属的最高价格则似乎不取决于任何他物，只取决于贵金属本身的实际供给缺乏抑或丰饶，这与炭不同，炭的价格通常由薪木的价格决定。

效用、美质、稀少性是此等金属成为高价的根本原因。宝石需要全由美质而生，又常因稀少，采掘困难，费用浩繁，而益形加大。在大多数场合，工资及利润殆占宝石高价格的全部，地租只占极少或全无。

世界各地贵金属及宝石的价格，同样受支配于世界最大丰饶矿山的产物价格，任何矿山，对于其所有者所提供的地租，不与其绝对丰度，只与其相对丰度成比例。

贵金属或宝石最丰饶的矿山，对于世界之富，也不能有多大增加，因为物品的原本价值在其稀少性。

（这几段文字说明，产量能够增加商品的长期价格取决于成本，短期价格取决于供需。但稀缺商品的价格始终取决于供需。)

地面土地生产物及其地租两者的价值均不按照比例于其相对丰度，而按照比例于其绝对丰度。

生产食物的土地的丰度增进，无论出自何种原因都不但会使本身改良了的土地价值增加，同时并由土地生产物的新需要发生，使许多其他土地价值也同样增加。食物不仅在世界上构成了富的主要部分，并且对于其他各种货物附以主要价值的亦是食物的丰饶。

不常生地租的生产物价值（衣、住等）与常生地租的生产物价值（粮食）相对而言是不断上腾的。

在 1560 年前的 300 年间，与谷物价值相对而言，银的价值之所以会如此腾贵，其原因不外乎：①供给不变，需要随治化改进及耕作进步而增加。②需要不变，银产量减少。

银及其他一切商品的真正尺度是劳动。

不同国度的真实劳动报酬不同，其间之比例不受支配于诸国实际的贫富程度，而受支配于诸国实际的进退状态。

除了谷物及全由人类勤劳而生的各种植物，一切种类的原生产物，如家畜、如猎获品、如地下化石矿物等皆随社会财富增进治化改良而自然趋于高价。

金银在极富裕国内，自然有最大价值，在极贫国内也自然只有最小价值，在最贫乏未开化的人间，金银没有价值。

（在现代各国由于金银交易便捷，所以价格各地相差不多，其他一些独特的古董、珠宝、字画的价值仍然存在这样的规律，在富裕国价格快速上涨。应了一句俗话，人们越有钱越需要没有用的东西。）

银等赘余品在富裕繁荣时期腾贵，在贫困窘迫时期低落。谷物等必需品的真实价格在贫困窘迫时期腾贵，在富裕繁荣时期低落。

一切各类的奢侈品、珍奇品，皆猬集于富国，金银也自然猬集于富国。这两种奢侈品在富国比在穷国贵。

一国所有贵金属量之多寡，无关于该国的地理位置和矿山之肥瘠有无，乃取决于两种情形：①取决于该国的购买力，于其产业状态，于其土地劳动年产物。②取决于在一定期间内，以金银供给世界商场之矿山的肥瘠程度。

金银价值的昂贵，仅可证实矿山贫瘠，决难证实金银昂贵国之贫穷与野蛮，此等金属的价值，在贫国断乎不会比在富国昂贵。

制造业及农业的发达，则是起于封建制度崩坏，与新政府树立。后者对于产业，给予了它要求的唯一奖励，即相当保证了各人享受各自的劳动结果。

一国的贫困野蛮，虽不能取证于低贱的谷物，却可十之八九取证于那较谷物的货币价格尤为低贱的家畜及野生鸟兽。

食品价格的腾贵，如系基因于生产该物品的土地的真实价格腾贵，即基因于其丰度增加或基因于耕作改善，土地更适合于谷物生产，那我们就可以坚决地断定，该国是在繁荣进步。

至若一切制造品之真实价格渐次减少，却又是改良的自然结果，一切制造业的费用殆莫不逐渐减少（机械改善、技术、分工等原因），劳动的真实价格必腾贵，但必要劳动量的大减少一般是足够补偿劳动的大腾贵而有余。

劳动生产率的改良如果能直接使制造真实价格低落亦必须间接使土地真实地腾贵。

构成社会收入的，实在是购买力，是用通币陆续买去的货物。

用纸币代替金银一部分流通，纸币会大量代替金银，金银被移转出来，到外国消费或作为资本成为事业的基金…有人说，纸币增加，因将增加通币总量，从而低减通币价值，所以不免会提高商品的价格，这话不可靠。

（这种节省下来的金银，可以用在维持产业的基金中，这是一种"货币税"的巧妙利用。亚当·斯密时期纸币是与金银挂钩的，一般不会增加通胀，但现在的纸币通常"印了白印"，印多了肯定通货膨胀。）

地大物博之国，固然不会因私人奢侈妄为而贫穷，政府的奢侈妄为却有时可致大国于穷困。

资本家的竞争，把劳动的工资提高，把资本的利润减落，货币的利息与资本的利润共进退。

小市镇形成的原因：工匠聚集在一起的结果。大城市形成的原因：制造业、商业聚集引起的结果。

（现代大城市起因来自于经济学上的聚集效应，生产要素聚集引起的效率提高大于由于聚集带来的成本时，城市就不断增大，当两者相等时城市就不再增大。中、日、韩大城市过大的原因可能是政府权力进行资源分配的原因，这与西方不同。）

奴隶劳动虽则只需维持生活的费用，但彻底通盘计算，代价总是再高没有。一个不能获得一点财产的人，食必求其最多，作必望其最小。

（这也是封建社会比奴隶社会进步的原因之一，书中还论证了一些使用奴隶的矿生产效率更低，而且不愿创新提高效率。其实对现代企业也是这样，如果有好的激励机制企业的效率会很高，但发工资低不一定成本会降低。选择企业时，同类的企业，中高层管理人员的平均收入越高的企业，越有可能是优秀的企业。）

重商主义强调财富由货币或金银构成，对金银输出采取禁令……重商主义因奖励制造业及国外贸易，更不奖励农业，其作用都适反于其拟议的目的，而间接沮害他要促进的那一种产业。因此重商主义有利于农业……重商主义下，消费者的利益，就几乎常为生产者的利益而受牺牲，但消费者是一切生产的唯一目的与宗旨……重商学说的设计者不是消费者，那一定是生产者和商人。

（重商主义还有一些政策如鼓励出口、限制进口，对产业、行业的干预政策，亚当·斯密认为，很多政府的经济政策没有必要，经常适得其反。现在也有这种情况，政府鼓励农民种粮的政策却使粮价大跌，最后的结果是农民并没有受益。日本限制牛肉、农产品进口，却使此类商品价格很高，消费者受损。现在各国的经济政策带有浓厚的重商主义特色。）

探索新金银矿山的事业，更易于使人破产。事实上，因为人们对于自身的幸运，都怀着一种不合理的自信心，所以，就连按照自然趋势，亦常惯会有过大部分资本，流到成功希望最少的用途上去。

（现在这种情况仍然存在，大量资本投资金融、影视等看似"高大上"，实则风险很高的产业。）

一切新殖民地繁荣的两大原因，似乎是良好土地之丰腴，及按照自我方法处理自我事务之自由。

决定近代军队的战斗命运，与其说是兵士使用武器的技巧和熟练程度，就远不如说是纪律、秩序和对命令的迅速服从。

（马其顿征服希腊和大波斯帝国，罗马的崛起，是由于常备军队的建立和军队这种机制，研究中国历史同样能得出一样的结论。）

在古代，富裕、文明国民很难防御贫穷野蛮国民的侵略。真正近代，贫穷野蛮国民很难防御富裕文明国民的宰割。

少数人的富裕，是以多数人的贫乏为前提的。富裕会激怒贫者，匮乏会驱迫贫者，美望更会煽惑贪者，他们侵害富者的所有物。大宗价值财产的获得，必然会唤起治民政府的建立……治民行政组织的设施，就确是富者对于贫者的一种防御，或者有产者对无产者的一种防御。

非洲公司、南海公司、东印度公司相继消失……在欧洲各地设立的外国贸易合股公司，一共有55家，这些公司都取得了排他的特权，但都因经营上的失当，而全归失败……一个合股公司，即使未取得排他特权，也能成功。凡在作业上，有一定成规可寻，而其运用方法，又不容多少变动的事业，即无妨由合股公司经营，四种：①银行业；②水火兵灾保险业；③建修通航河道或运河；④贮引清水，以供城市。其他制铜公司、熔铅公司、玻璃公司、爱丁堡英国麻布公司全都经营失当。

（这段话让你知道，哪些企业适合国有垄断经营，哪些不适合。这对我们选择公用事业公司和国有企业很有用。）

对奢侈品所课之税，除该商品本身外，其他任何商品的价格，皆不会因此提高。对必需品所课之税，因其提高了劳动工资，必然会提高一切制造品的价格，从而减少其贩卖与消费的范围……我们常须牢记一件事：应当课税的是下层阶级人民的奢侈费，而不是他们的必需费。

（这些说法对我们的税费政策仍然有参考意义，也从侧面说明亚当·斯密的理论虽然是资本主义市场经济的教条，其思想指导了后来200多年的资本主义经济发展，凯恩斯甚至断言，在今后的300年里都不会有人像爱因斯坦推翻牛顿力学那样推翻亚当·斯密的《国富论》。但斯密并不是资本家的代言人，他常常考虑到劳苦大众。当然这在他的另一本巨著《道德情操论》中更有体现。）

## ■ 让我受益的书

最近几年读了不少书，其中这些书让我印象深刻并且受益匪浅。

**投资类**

1.《聪明的投资者》，价值投资之父本杰明·格雷厄姆针对普通大众投资的一本书。其中第8章（市场波动）、第20章（安全边际）是巴菲特推荐值得反复阅读的，当然全书也值得读两遍、三遍甚至更多。

2.《穷查理宝典》，作者为巴菲特的搭档——查理·芒格，睿智又和蔼可亲，投资、生活两相宜，更多地从哲学和心理学对投资进行探究。

3.《怎样选择成长股》，菲利普·费雪，其中包括选股15个原则、何时买入和卖出、"闲聊"方法等，颇多精华。

4.《巴菲特之道》，机械工业出版社，作者是哈格斯特朗，译者是杨天南。与《巴菲特的投资组合》为姊妹篇，该书最准确地介绍了巴菲特的思想、理念。

5.《巴菲特的投资组合》，机械工业出版社，作者是哈格斯特朗，译者是江春。这本书系统地介绍了巴菲特的投资理论和实践。

6.《巴菲特致股东的信》，最新版本由杨天南翻译。本书汲取了50多年致股东信的精华，其中公司与治理、财务与投资、估值与会计等篇章值得细读。

7.《股市进阶之道：一个散户的自我修养》，作者李杰，网名水晶苍蝇拍。非常详尽地阐述了投资过程与思路构建，读起来轻松易懂。

**哲学宗教类**

1.《科学发现的逻辑》，是科学哲学家波普尔的代表作，波普尔是金融家索罗斯的精神导师，本书让你理解证伪主义哲学。是一本不易看懂，看懂了会让你受益的书。

2.《东西方文化及其哲学》，梁漱溟著，本书将中、西、印文化概括为三种不同的人生路向，一本对文化、哲学、宗教进行深入探讨的好书。

3.《人生观的故事》，作者是尼克松总统的首席顾问寇尔森，在"水门事件"中锒铛入狱，却因此蒙恩，领悟人生真意，从此活出另一番丰富的人生。寇尔森追寻的基本人生问题：我是谁？我为什么而活？我人生的价值是什么？帮助我们从中领会人生观的重要和人生价值的取向。本书从哲学和宗教的角度对生活进行了诠释。

### 经济类

1.《西方经济学》，高鸿业主编，经济学入门读物，高鸿业是中国最早能深入浅出讲述西方经济学的人之一。

2.《国富论》，亚当·斯密，这是本资本主义市场经济的百科全书，让你了解1778年前的资本主义社会。

### 传记类

1.《大道当然》，真实记录了王石以及万科13年中面临的放下与坚持的选择，风云背后王石和万科的思考、故事、情怀，个人传记和企业成长的完美融合之作。帮你更好的理解优秀的企业和当家人。

2.《理想丰满》，冯仑对中国的社会经济现象作出自己的解读，结合了自己多年在经济生活中的打拼，反映了那一代企业家经历的生存现状。

3.《褚时健传》，讲述了昔日红塔集团掌门人、"褚橙"创始人褚时健精彩非凡、跌宕起伏的人生故事。其实优秀企业的当家人或多或少地具有褚时健的特点。

4.《洛克菲勒传》，作者是荣·切尔诺（Ron Chernow），让你了解1850～1900年美国的经济状况和洛克菲勒石油帝国野蛮生长的过程，更好地理解企业。

5.《干法》，作者稻盛和夫，关于稻盛和夫的经营哲学，让你树立正确的工作、做事的态度，对读者是满满的正能量。

### 文学类

1.《我与地坛》，是当代作家史铁生著的哲思抒情散文集。这部作品是史铁生文学作品中，充满哲思又极为人性化的代表作之一，书中的零度思考提法让你从本质、心灵深处考虑问题。

2.《纸牌屋》，作者迈克尔·道布斯［英］，译者何雨珈，百花洲文艺出版社，它对西方政坛的生态进行了深刻描述，也让你从不同的视角去看社会。

# 后　记

投资证券市场二十年，最近三年阅读了不少与投资相关的书籍，记下了百万字的读书笔记，对自己的投资进行思考和梳理，经过一年的写作终于完成本书。在读书、写作的过程中，付出了艰辛的努力，又领略到学习、思考的快乐。这本书献给这三年的岁月！

感谢我的硕士和博士导师中国人民大学的陈璋教授，陈老师将我引入经济学殿堂，带我走上正确的投资之路。陈老师主要从事宏观经济学、方法论、哲学的研究。他 20 年前写的《乔治·索罗斯若干经济哲学思想评介》《乔治·索罗斯证券分析思想及操作模式研究》等论文，现在品读起来仍然熠熠生辉，这是真知灼见的力量。陈老师在学业研究和证券投资实践中都收获颇丰，是知行合一的学者，又是具有哲学理论的投资专家。从硕士研究生学习以来，陈璋教授教诲我知识，教导我坚持独立思考。陈老师所教硕士课程"证券投资哲学"、博士课程"宏观经济学方法论"的笔记和课件，我至今经常翻看。这些年还与陈老师交流证券投资的感受，每每都有醍醐灌顶之感。本书的一些观点也屡屡能看到陈老师教诲的踪迹。从陈璋教授身上学到了书本之外的很多东西，他宽容待人的品质、严谨务实的学风和淡泊名利的作风，将使我受益终生。

感谢本书的合作者，她是从业多年的高级会计师，她主要对本书的财务内容进行了把关，同时进行了大量校对工作。

感谢雪球网站，它是一个很好的获取信息、互相交流的平台。感谢从未谋面的著名投资人段永平，我 2010 年开始跟看其网易博客，后来又到雪球网站，他的投资理念给我很多启发。

感谢很多同学、同事、学友、朋友，他们一如既往地信任、支持我。

感谢我的家人，始终是我的坚强后盾。感谢我的父母，他们永远用鼓励的目光注视着我，给我力量；感谢我的爱人，为了我的工作与学习，她默默地付出；感谢一直支持我的姐姐、妹妹、弟弟；感谢我的孩子，总是很懂事，在写作过程中女儿赴哥伦比亚大学攻读金融硕士，这所大学成就了一代投资大师格雷厄姆、巴菲特，这也说明我们家与价值投资有缘。兴趣爱好和某种使命感多种力量汇集，一直牵引着我去作证券投资，人近天命之年，我可能又要面临人生的再次变动，从一个业余投资者转变为专业投资者。

感谢在本书出版过程中给予帮助的朋友。感谢经济管理出版社几位老师的辛苦付出。感谢北京金石致远投资管理公司 CEO 杨天南、中南财经政法大学教授李春涛、招商财富总经理赵生章、网络大 V "持有封基" 金伟民对本书的推荐。